21 世纪职业教育教材·新闻传播系列

新闻采访与实训

唐成英 编著

北京大学出版社
PEKING UNIVERSITY PRESS

图书在版编目(CIP)数据

新闻采访与实训/唐成英编著. —北京：北京大学出版社，2017.3
（全国职业教育规划教材·新闻传播系列）
ISBN 978-7-301-28091-1

Ⅰ.①新… Ⅱ.①唐… Ⅲ.①新闻采访—高等职业教育—教材 ②新闻写作—高等职业教育—教材 Ⅳ.①G212

中国版本图书馆CIP数据核字（2017）第026383号

书　　　　名	新闻采访与实训
著作责任者	唐成英　编著
策 划 编 辑	周　伟
责 任 编 辑	周　伟
标 准 书 号	ISBN 978-7-301-28091-1
出 版 发 行	北京大学出版社
地　　　　址	北京市海淀区成府路205号　100871
网　　　　址	http://www.pup.cn　　新浪微博：@北京大学出版社
电 子 信 箱	zyjy@pup.cn
电　　　　话	邮购部 010-62752015　发行部 010-62750672　编辑部 010-62754934
印 刷 者	北京鑫海金澳胶印有限公司
经 销 者	新华书店
	787毫米×1092毫米　16开本　16.5印张　360千字
	2017年3月第1版　2021年8月第2次印刷
定　　　　价	36.00元

未经许可，不得以任何方式复制或抄袭本书之部分或全部内容。
版权所有，侵权必究
举报电话：010-62752024　电子信箱：fd@pup.pku.edu.cn
图书如有印装质量问题，请与出版部联系，电话：010-62756370

前　言

　　新闻采访是一种打破了传统文学写作方法的全新思维模式与写作技能。本书主要阐释了新闻记者从事采访工作时所应具备的技能，是新闻记者捕捉社会新闻热点、贴近民生、报道事实真相的重要工具与有效方法，它运用各种专业知识、专业技能和专业方法去发现新闻职业工作中实际存在的问题并解决这些问题，具有运用有效方法形成新闻记者职业胜任力的重要作用。

　　本书以教育部《关于全面提高高等职业教育教学质量的若干意见》为依据，以经典案例与实训操作为依托，以促进工学结合及实施"学中做，做中学"一体化的教学模式、培养学生的新闻职业能力为目标，全书的结构构建与教学内容设计体现出以下基本特点：

　　第一，本书的开发设计，以新闻记者工作的实际工作任务、工作过程为主线，以新闻报道的基本要求为依据，以新闻采访方法技能的应用训练为重点，以培养学生的新闻采访实用能力为主要目的，将课程划分为若干个具体教学项目。再按照每个项目具体所要求的达到的目标来设计具体的典型任务，替换了传统的教学单元（章、节），从而形成了以工作任务为驱动，基于工作实际内容、流程的教学内容体系。

　　第二，本书以"做"为主导，以任务为依托，借鉴工作情境模式，运用教学目标、案例导读、工作任务、实施流程（包括术语理解、工作要点提示、方法技巧、注意事项、实训操作、总结点评、拓展提高）等多种实训模式，根据学生的认知规律，按照先易后难的原则加以排序，形成了先易后难、循序渐进的设计思路和教学方法。这为提高课程教学实效性，强化岗位技能实效奠定了基础。因此，本书可以作为高等职业院校传媒类"新闻采访"课程使用，也可以作为机关、企事业单位内外宣传部门的培训教材和新闻采访的自学教材以及参考用书。

　　第三，本书在内容的选取上坚持教学案例源于社会实际，教学过程依据工作实际，项目实训立足问题实际，解决问题立足于新闻记者工作岗位实际的原则。

　　第四，本书最后附上了新闻采访考核方式。

　　在本书的编写过程中，作者充分吸纳了国内外一些职业院校专家的课程设计思路以及同行专家的建议与优秀成果，得到了相关媒体的大力支持，在此一并表示感谢。

　　应该指出，新闻采访与实训本身就是以厚积淀、定岗重能的职业能力，因此，本书在编写方法上运用的多种实训方法也是一种尝试与探索，不足之处在所难免，真诚地希望专家学者、受众不吝赐教。

唐成英
2016 年 12 月

目 录

绪论 新闻采访在新闻职业能力中的定位 ……………………………………（1）

项目一 新闻敏感的职业习惯养成 ……………………………………（13）
  任务一 如何判断新闻价值 ……………………………………（14）
  任务二 养成新闻敏感的职业习惯 ……………………………（26）

项目二 新闻采访行动 ……………………………………………………（43）
  任务一 访前准备 ………………………………………………（44）
  任务二 现场观察 ………………………………………………（51）
  任务三 访中提问 ………………………………………………（62）
  任务四 记录、验证 ……………………………………………（82）
  任务五 提炼新闻主题 …………………………………………（97）

项目三 新闻记者主要新闻采访任务类型 ……………………………（117）
  任务一 时政动态新闻采访 ……………………………………（118）
  任务二 社会新闻采访 …………………………………………（140）
  任务三 经济新闻采访 …………………………………………（156）
  任务四 娱乐新闻采访 …………………………………………（181）
  任务五 深度报道采访 …………………………………………（201）
  任务六 人物专访 ………………………………………………（234）

附录 新闻采访考核方式 ………………………………………………（253）

参考文献 …………………………………………………………………（256）

绪论　新闻采访在新闻职业能力中的定位

项目教学法是近年来高等职业教育中运用的一个比较有特色的教育方法。项目教学法的一个基本观点就是针对专业所对应的工作岗位职业能力进行培养目标的设定,并通过对这个岗位职业能力的解析来进行学习领域(课程)的设计,最终通过多种项目教学方法、手段的实施来完成培养目标。

一、新闻采编与制作专业的学习领域(课程)在项目教学中是如何形成的

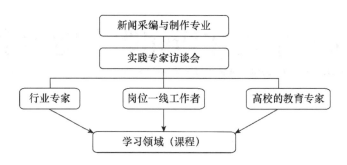

图 0-1　新闻采编与制作学习领域(课程)形成

从图 0-1 中我们可以看到,项目教学的学习领域(课程)开发来源于实践专家访谈会。实践专家访谈会的成员是由该专业的行业专家、岗位一线工作者(不同层次的)以及高校该专业的教育专家组成。他们共同讨论新闻采编与制作这个专业的典型工作任务,形成一致性结果,为学生确定专业学习领域(课程),经过项目教学方法的讲授、教学实训方法的实施,最终形成该专业学生的新闻职业能力。

二、从能力角度全新释义新闻采访

新闻采访是新闻工作中不可或缺的一个重要组成部分。新闻采访是新闻工作者的核心职业能力之一。它的重要性在新闻职业能力形成的过程中显示得异常清晰。

图 0-2 展示的是新闻职业能力的形成排序。从图 0-2 中我们可以看出,新闻敏感能力和新闻采访能力位于整个新闻职业能力的初期、中期阶段。也就是说,如果我们把一个新闻工作者的"日工作任务流程"进行解析,那就应该是"发现新闻—采访新闻—写作新闻—编辑、制作新闻"。在这个流程中,如果没有"发现新闻"也就无从"采访新闻",更不可能实现"写作新闻"和"编辑、制作新闻"。因此,新闻采访肩负着"发现新闻"与"采访新闻"两大使命,是新闻工作者的核心职业能力之一。

关于新闻采访的定义众说纷纭。"采访"一词始见于东晋甘宝的《搜神记》。据《晋书·甘宝传》记载"宝撰搜神记,因作序曰:若使采访近世之事,苟有虚错,欲与先贤前儒分其讥谤"。

从古至今,有很多的职业都与"采访"结下不解之缘。像史官、律师、统计、营销等,凡是与调研有关的职业大多与采访呈正相关指数关系。

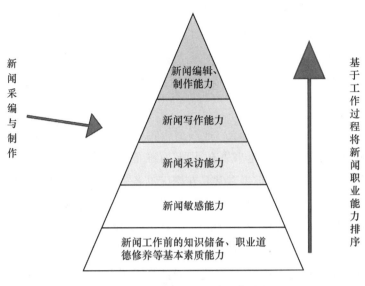

图 0-2 新闻职业能力的形成排序

作为新闻工作者的专门术语,"新闻采访"一词则是在近代新闻事业发展的基础上才予以肯定,并被赋予了充实、完整的内容。归结起来,现代社会对于"新闻采访"的定义主要有两大类:一类是新闻采访是新闻记者认识客观实际的活动;另一类是新闻采访是调查研究活动在新闻工作中的应用。这两类定义都有其合理之处,但是都没有揭示新闻采访的个性特征,所形成的概念过于宽泛化、笼统化,没有能够准确地解释新闻采访的岗位特征。

新闻采访从项目教学的角度来讲,是一门有着专门的研究对象、研究理论和研究方法的独立学科。特别需要强调的是,它是新闻工作者的核心职业能力之一,在新闻工作中占有举足轻重的作用。因此,我们给新闻采访下的一个比较准确、突出其岗位职业能力的定义是:新闻采访是新闻工作者为了收集新闻素材所进行的有意识的职业活动。

三、新闻采访的职业特点

基于新闻工作岗位的新闻采访具有以下特点。

1. 敏锐性

敏锐性是指一位新闻工作者要具有敏锐的听觉、嗅觉、视觉等人性感觉能力,就是俗称的新闻敏感。一般的人也具有敏感性,但是作为新闻职业能力的新闻敏感超出了常人对客观事物的时新性价值、传播价值、重要性价值的判断、感受能力,它是新闻报道能够实现传播价值最大化的第一道门槛。所以,一位新闻记者无论身在何处,始终要保持这根敏感的神经,形成职业习惯,才能源源不断地去发现新闻,使自己的新闻来源成为活水。

2. 时限性

其实,各种职业的调查研究都会存在一个时间性的限制问题。但是,相比较而言,除了新闻采访以外的调查研究,其他职业的调查研究相对时间跨度可以长一些,有些历史课题或专项研究课题甚至要花几年的时间去完成。新闻采访由于新闻报道时效性的特定要求,尤其是针对突发事件,要求必须在几个小时之内完成。所谓"今日报道是新闻,昨日报道是旧闻"即针对此而言。新闻是"易碎品",过时不候;在现在这样一个信息爆炸、全民爆网的时代,一个媒体传播一个别的媒体已经传播过的新闻会大大削弱自己的知名度和新闻报道传播的效果。

3. 突发性

新闻采访工作除了部分选题是事先有计划、有准备的新闻专题策划以外,其余的大多数选题都带有突发性特征,即新闻记者常常是在毫无准备的情况下,忽然捕捉到(或被告知)一个突发事件,必须立即赶赴新闻现场,迅速采访;或是由一件事情触发联想到其他的类似事件;再上升到一个行业、群体或国家更大的层面来分析判断出其新闻价值。但是,由于新闻记者长期处于这种随时采访报道的应激工作状态之下,即便遇到了突发事件,从心理上新闻记者完全能够应对突发事件报道,并不是完全对此毫无准备,而是化有备的突发事件于无备之中。

4. 客观性

新闻报道的最大价值就是在第一时间让受众知道所发生事件的真相,还事件的本来面目于受众。正因如此,在新闻采访中新闻记者秉持公正的立场,坚持真实、客观、全面的报道原则了解事件的真相,多层次、多角度地把它展现给广大的受众;让受众自己对新闻事件进行评判,却不能掺杂新闻记者个人的任何主观情绪。

5. 全面性

新闻记者本身就是一位杂家。为了应对社会中普通受众丰富多彩的新闻欲和信息欲的需求,新闻采访学本身也是一门综合性的应用学科。新闻采访作为新闻工作者的核心职业能力之一,必然要求新闻记者的知识储备尽可能得广博、全面:除了熟悉新闻学的专业知识技能以外,涉及文、史、哲、政、经、数、理、化等知识,以及社会学、心理学、法学和新媒体时代各种各样的新兴边缘学科知识都应有一定的了解和储备。倘若不是这样,在采访时新闻记者就难以迅速有效地同各个阶层的有关对象进行访谈,从而驾驭采访的方向,也难以写出适合各个阶层对象需求的新闻报道。相比而言,其他的社会科学和自然科学的调查研究人员对于某些专业知识要求的精深性、学术性、思辨性特征要远高于新闻记者采访要求的广博全面性特点。

6. 艰辛性

一般的调查研究,因为调查的项目与访问的对象比较单一、集中,专业性较强,加之非可控性因素较少,因此其调查的艰辛性程度相对较低;新闻采访则不然,其所涉及的都是在社会生活中,尤其是在社会矛盾的旋涡中反响巨大的事件(正面和负面都有),新闻记者在采访中要接受来自身与心两个方面耐挫力和耐受力的考验,因此其职业的艰辛性程度比起其他的职业来说要高得多,所以才会有"无冕之王"的称号。

四、新闻采访的基本方式

新闻采访的形式因采访对象而异,100个采访对象可能就有100种不同的采访形式。总体归纳起来,从形式上分新闻采访的基本形式有以下十一种。

1. 个别访问

个别访问通常也称"一对一"的访问形式,是新闻记者使用最普遍的一种基本活动实施形式,约占整个采访形式的90%。个别访问的优点在于,访问环境相对可控,可以谈得具体、谈得深入,且新闻记者容易把握主动权。其缺点在于,如果有多个需要采访的对象,一个一个采访就比较花费时间。所以,一般在运用这种采访形式时,需要新闻记者对采访对象进行主次顺序梳理。最主要的一两个采访对象必须要进行"一对一"的访问,非重要的采访对象可以用电话或电函等多种形式去采访,这样就能保证采访效率的提升。

2. 开座谈会

开座谈会也称开调查会,是指新闻记者可以就某个调查专题,邀集有关人员进行座谈。开座谈会的优点在于,新闻记者可以在较短的时间内收集较多的新闻材料;几位采访对象一起接待新闻记者,心理比较松弛,不易紧张、拘束,采访气氛容易轻松和谐;有利于采访对象互相启发、补充,有关材料的真伪程度一般能当场得到修正或验证。其缺点在于,新闻记者采访的环境可控性较小;由于是多位采访对象在同一现场,祥和的心理暗示成分也呈现强效应。有些较为隐秘的材料(尤其是一些不好当众人面说出的负面材料)很难挖掘出来,采访的深入程度有待考量。一般涉及面较广的大中型报道题材采用这种采访形式的效果较为显著。但这种形式使用较少。

3. 现场观察

现场观察俗称"用眼睛观察",强调新闻记者必须深入新闻事件发生的现场,充分发挥自己的视觉、听觉、嗅觉、触觉、味觉功能,对事物微观细察。现场观察的优点在于,真实感强,犹如受众自己来到新闻发生的现场,身临其境。其缺点在于,受困于现场观察设施的限制,以及现场地域的广袤,新闻记者不可能将所有的细节都观察到。这种采访形式特别适用于对突发事件报道的采访,即使是非突发事件,现场观察都是一个必不可少的环节。

4. 参加会议

参加会议一般是指新闻记者通过上会、听会,从会议中发现、提炼新闻。会议包括各类会议以及专门的新闻发布会等。参加会议的优点在于,只要参会,一般新闻记者都能写出一个开会主题的会议新闻。其缺点在于,如果新闻记者不在会议中提炼新闻点,很难把会议新闻写得有声有色,而陷入了一种会议新闻套式,形成"鸡肋效应"。这种采访形式一般适用于会议新闻报道。

5. 蹲点(常驻采访)

蹲点(常驻采访)是指新闻记者深入一个需要采访的现场或单位,长期蹲守,解剖"麻雀",作深入扎实的采访。这种采访形式通常适用于时间性不太紧迫但报道量较大、涉及面较广的深度报道题材;有些需要暗访的报道题材也多会采用。这种采访形式能使新闻记者较详细地收集和取舍材料,通过几个反复过程,即由此及彼、由表及里、去粗取精、去伪存真的加工制作过程,进而抓取典型材料和揭示事物本质特点,写出有深度、有高度和有厚度的新闻报道。蹲点(常驻采访)的优点在于,特别适合于深度报道,尤其是那些负面新闻或新闻背后的新闻。其缺点在于,由于采访条件的限制,新闻记者自身的安全有隐患存在。

6. 查阅资料

查阅资料的一般资料包括受众来信、领导讲话、基层单位的工作情况(如计划总结、简报以及各类剪贴)、原始材料的文字记载等书面性可供查阅的材料。查阅资料的优点在于,新闻记者所引用的材料白纸黑字非常清晰,不易出现用词失误。其缺点在于,这些材料缺乏鲜活的人和故事,对于新闻报道而言生动性不足。

7. 改写

改写是指把某一个新闻线索或一篇现成的新闻稿件,加以修改或补充而另成一则鲜活的、符合自我媒体定位的新闻报道,如新闻发布会上的新闻通稿等。改写的优点在于,可以有效地增强新闻发布的时效性。其缺点在于,容易局限于新闻通稿的框架内,从而忽视了更大的新闻价值挖掘。

8. 问卷

问卷是抽样调查的主要形式,即新闻记者根据题材的需要,按照概率论和数理统计的原理,从全部研究对象中抽取一部分单位作为样本,然后以纸面或网络的形式,拟定出若干个简洁明了的问题,将问卷送至受众的手中,得到所需的结果。问卷的优点在于,对于一种需要受众广泛参与的调查报道,能很快获得相应的调查结果。其缺点在于,参与的调查受众群体有限,调查结果有可能出现片面性。

9. 电话采访

在很多情况下,这种采访形式往往是补充其他采访形式不足的一种方式,尤其是在时间紧迫、采访对象众多的情况下,新闻记者只能对主要采访对象进行面对面采访,而对次要采访对象进行电话采访,使新闻得以真实、迅速地报道出来。采用这种采访形式,新闻记者注意准备要充分,提问要凝练,记录要及时。电话采访的优点在于,能够增强新闻报道的时效性。其缺点在于,电话采访有时会因为电话的传声不清等原因导致采访的一些关键性词语产生失真或误解。

10. 网络采访

网络采访的主要特点是:信息的广泛性;采集形式的多样性;新闻采写的即时性;信息容量的无限性;信息采集过程的交互性。

网络采访的主要形式有以下四种。

(1) 直接转载信息。

即针对所发生的新闻事件,对于采访对象所进行的直接的书面答复,新闻记者可以全文引用。

(2) 组织网络调查。

即通过网络问卷的形式,调查受众的反应结果,或者通过微信公众平台来进行调查和反馈。

(3) 通过电子邮件进行交流。

目前,许多的企业都建立了新闻发言人制度。该制度即如果需要采访,新闻记者应先将采访提纲通过电子邮件的方式传给企业的相关机构,然后对方的相关人员也通过电子邮件的形式进行答复。

(4) 查阅收集资料。

即新闻记者充分利用网上资源查阅采访对象的背景资料,从而对采访提纲进行充分的准备。

网络采访形式的优点在于,方便快捷,有利于突出新闻的时效性。其缺点在于,采访结果由于是由不知名的受众群体提供的,因此需要新闻记者进一步进行验证、分析和判断。

11. 巡回采访

巡回采访是指按照媒体部门的策划方案、沿着预定路线进行的采访活动。其一般没有具体、明确的采访对象和报道题目,主要由新闻记者根据媒体部门的策划报道思想灵活掌握,在巡回路途中选择若干新闻题材就地采访,连续不断地向受众进行系列报道,因此又称旅行采访。这种采访的优点在于新闻记者在一个大的主题框架之内,不受报道时间和选题的限制,采访的自由度相对较大。其缺点在于,也正是由于有一定的自由度,新闻记者自己发现新闻与采访新闻的能力就会要求比较突出,特别是对新闻记者的综合采访能力(包括摄影、摄像等能力,与被采访单位的沟通能力,融合能力等)要求很高,这对新闻记者来讲是一个大考验。

五、新闻工作者应具备的采访职业修养

有些人认为新闻采访看上去就是与别人"交谈",其实这种对新闻采访的看法过于简单。第一,新闻采访对象都是经过新闻记者严格梳理过的人选。第二,即便是梳理好的人选,对方是否愿意接受新闻记者的采访,这和新闻记者与采访对象的前期预约、沟通有非常大的关联。第三,即便是新闻记者约好的采访对象愿意接受采访,但是他与新闻记者的谈话内容并不是自己想要的内容或者谈话内容没能达到自己的满意度又怎么办等,因此,为了完成新闻采访任务,一位职业新闻记者应具备以下基本素质。

1. 作风修养

作风是指在思想、工作和生活等方面表现出来的比较稳定的态度或行为风格。长期从事新闻工作的人会形成自己的职业作风。作为一名新闻记者,加强自己的作风修养是做好

这个职业的前提。

(1) 思想作风修养。

作风修养的内涵是指新闻记者要具有一定的马列主义、毛泽东思想、邓小平理论、"三个代表"重要思想和科学发展观的理论知识水平和党的政策水平,具备无产阶级的立场、观点、方法,坚持四项基本原则,在政治上同党中央保持一致,并具有较强的事业心和责任感。在思想作风修养中最核心的是新闻记者的事业心和责任感。

(2) 工作作风。

工作作风的核心是新闻记者的牺牲精神和冒险精神。对于新闻职业的热爱成为具有这种工作作风的前提。牺牲精神在和平年代更多地体现在对自身物质生活需求的克制,冒险精神则更多地体现在对新闻职业本质精神——真实性与时效性的追求上,并将其内化为新闻记者工作的内驱力,使自己始终处于一种敏感亢奋的应激职业状态。

2. 道德修养

新闻职业道德是指新闻记者在采写、传播新闻的过程中与人、社会相处时的行为规范。我国最早提及新闻职业道德内容的当数宋代对民间小报的指控言论,如"造言欺众""以无为有"等。在这方面率先明确提出"提倡道德"是报纸职责之一的是著名新闻教育家徐宝璜先生,而最早将"品性"认定为"记者资格"第一要素的则属中国近代著名报人邵飘萍先生。

新闻职业道德包括的具体范围和基本内容包括以下六个方面。

(1) 坚持真理,忠于事实。

忠于事实是新闻记者应当坚持终身的信念,不论在任何情况下,都不能弄虚作假,做"风派"记者,或者为了蝇营狗苟而放弃这个信念;抑或屈服于邪恶势力而放弃了这个信念。作为职业新闻记者,要以党和人民的利益为根本出发点,忠实于事实本身,还事实的本来面目于受众。

(2) 谦虚谨慎,戒骄戒躁。

一位新闻记者在采访中应摆正自己与采访对象的关系,不好为人师,以诚相待,虚心求教。

新闻记者要把每一次采访都当作一次自己学习的机会,能通过采访学习新的知识、新的观点,结识新的朋友,特别是采访对象的事实叙述、人格魅力对新闻记者的灵魂有所启示,这就是不为采访而采访,通过采访受益于采访之外的更多东西。

(3) 深入实际,体察民情。

"贴近生活,贴近民生,贴近老百姓"的"三贴近"原则虽然提出了很多年,至今仍不失为是一项比较好的深入实际的采访举措。新闻记者只有深入到老百姓的生活中,体察民情,与老百姓感同身受,才能写出鲜活的新闻报道,社会影响力才能扩大。

(4) 互敬互学,积极竞争。

同行之间除了竞争以外,也还有合作。新闻单位与新闻单位之间更多的是比拼新闻记者的采访实力、写作实力、编辑实力;比拼的是新闻记者的责任心和吃苦耐劳的精神。即使要展开竞争,也要凭借正常的业务手段去健康、积极地进行,不应该有那些不利于团结、不利于事业发展的行为出现。而在同一个新闻单位里,新闻记者与新闻记者之间更多体现的是合作。如某位新闻记者发现了一个重大选题,一个人在短时间内很难完成报道,就可以邀请别的同事与自己合作完成,这样既完成了新闻报道,又结成了友谊关系。

(5) 摆正位置,不谋私利。

每一位新闻记者都应摆正新闻职业、单位与个人的位置,妥善处理好公与私、付出与回报的矛盾,决不允许用党和人民给予的报道权利去谋取个人私利。在当前,一些新闻记者在职业道德上,严重背弃了新闻工作者的职责和精神,利用工作之便拉关系、谋私利,甚至敲诈新闻当事人。作为新闻工作者,新闻记者要想在社会上重塑自我的职业形象,就要在心中重塑职业道德的底线,这样才能"铁肩担道义,妙手著文章"。

(6) 甘为人梯,严禁剽窃。

老记者带新记者的"传帮带"一直是新闻职业队伍的传统,无论是在本单位还是在其他的单位,指导实习生、通讯员是每一位新闻记者义不容辞的责任,同时,在"传帮带"的过程中,要尊重实习生、通讯员的劳动成果,该联合署名的署名,不能因为他们年轻就盗用别人的采访写作成果。新闻记者更不能在不尊重事实的情况下,盗用别的新闻记者已经刊发的新闻报道变成自己的新闻报道内容。

3. 技能修养

一位新闻记者光有对新闻事业的热情仅仅是具备了从事这个职业的态度,还要具有过硬的技能,两者结合起来,才能圆满地完成工作。我国杰出的新闻记者范长江曾经这样概括:"一个健全的记者所不可少的技术,在采访方面:流利的谈话、速记、打字、摄影和至少一门外语。在表达方面:写论说、通讯、特写、译电、翻译和演说。在行动方面:骑马、游泳、骑自行车、开汽车、打枪、驾船、长距离徒步、航海习惯,将来最好能开飞机。"[①]当然,范长江这里所讲的新闻职业技能要求对今日的新闻记者来讲并不一定要求对号入座,这段话的意思是告诉我们,既然新闻记者的职业是一个杂家,他所对应的技能也应该是丰富的。

(1) 熟悉和掌握方言和土语的技能。

作为新闻记者这个职业,在采访时需要向说着全国各地方言的采访对象了解情况。中国地域之广,民族之多,语言种类之繁杂,给新闻记者的这种采访工作增添了极大的难度。即便如此,由于一位新闻记者的职业服务地有着地域性特征、本地化色彩,因此,从媒体地域性的辐射半径出发,新闻记者除了使用标准的普通话交流以外,还应当尽快熟悉当地的方言,并经过反复练习,达到听得懂、简单会话、一般性理解的程度。

(2) 熟悉和掌握至少一门主要外语的技能。

随着我国对外开放的深入发展,特别是针对一些地处边境口岸地区,新闻记者还要熟悉与掌握至少一门以上当地常用外语,这样就能直接与采访对象进行对话,以提高采访效率,捕捉到独家新闻,并同时能够克服由于语言翻译带来的采访障碍、词不达意等问题。

---

① 范长江.中外记者成才经验谈[M].北京:中国人民大学出版社,1983.

(3) 熟悉和掌握摄影、摄像的技能。

为了满足受众日益增长的感知冲击力需求,现代媒体已经进入画面、声音、色彩的全方位多效传播时代。无论是哪一种类型的媒体(即便是纸媒),不仅需要在真实性、时效性上与别的媒体竞争,而且也需要在生动性、感知性上吸引受众的眼球。现在无论是一报一网、一台一网,还是网络媒体都已经进入了媒体整合运作时期,充分发挥各类传媒的优势来让自己的传播更具有吸引力是整体传媒市场的共识。因此,每一位新闻记者在采访的同时,还要能够拍摄出高质量的、有视觉冲击力的图片、图像,这样既可以丰富自己的采访成果,又可以为所在媒体节省人力成本进行多效传播,从而提高影响力。

(4) 熟悉和掌握电脑、移动通信设备的操作技能。

随着新闻事业的发展,现代新媒体传播手段在传媒上的运用已显示出其魅力,特别是针对"80后""90后"的年轻一代,他们更青睐于运用多媒体手段传播的新闻。为了保持新闻记者与所在媒体的"贴身联系",新闻记者所携带的通信设备应当携带方便、功能齐全,并会运用多种技能特别是多媒体技能为编辑部随时随地传输形象生动的稿件、视频、音频,提高新闻工作的时效性,提升新闻传播的影响力。

(5) 熟悉和掌握驾驶多种交通工具的技能。

为了追求新闻的时效性,新闻记者需要熟悉和掌握多种交通工具。这是基于两个方面的需要:一是新闻经常也会发生在偏远地区,新闻记者应该因地制宜,只有掌握多种交通工具,才能在遇见突发新闻时完成采访任务;二是新闻的时效性在当今已经不是按天来竞争,而是按分钟甚至是按秒来竞争。尤其是当今时代自媒体传播速率非常之快,新闻记者要学会运用多种有效的交通工具,为自己完成采访任务争取时间,并提高效率。

(6) 熟悉和掌握辨向、测时的技能。

在某些特殊的采访中,很多意想不到的情况会随时发生。如在沙漠地带,新闻记者突然发现能计时辨向的物品丢失,这时要沉着冷静,运用日出日落的基本常识、星星的位置、树叶的朝向等目测辨别方向;依据太阳下木棍、身影的长度的折射角度来辨别时间,这些知识能力的积累有助于新闻记者圆满地完成采访任务。

4. 情感修养

实践证明,在信息传播的同时,新闻记者的采访写作情感与受众的知、情、意也在同步传递交融。新闻报道只有情理并茂或者情在理前,才具有感召力、指导性,才能担负起舆论引导的责任。

(1) 情感是融洽采访气氛的桥梁。

能够在采访中化解僵化的局面是新闻记者的一种能力。这种能力则被称为新闻记者的人际关系处理能力。在处理种种人际关系的过程中,情感因素是其核心成分。良好的新闻采访人际关系是新闻记者与采访对象的情感共鸣的一种体现,其融洽的前提是真诚相倾、彼此平等尊重。无论采访对象是普通老百姓还是官员,若能平等尊重,则情感融洽是相得益彰的事情。有时新闻记者可能会遇到那种冷漠、刁难的采访对象,若是情感修养好,新闻记者也常常能够化生为熟、化冷为热,找到双方的情感共鸣点,让采访对象由被动、不愿意说,变为主动、愿意说。

(2)情感是构成谈话的基因。

新闻记者欲使采访对象打开话匣子是需要投入自身的情感的。新闻记者的情感也是丰富多彩的,或同情,或敬仰,或愤怒等,但总体来说要把握客观的角度,正面提问、循循引导。即便新闻记者判断出采访对象说的是假话,也不能直接说出这个结果,只能运用激问、反问、错问等方法,让采访对象说出自己真实的想法。如果一位新闻记者觉得某个采访谈话可谈可不谈,那么采访对象也不会对新闻记者投入更多的情感。

(3)情感是促使新闻记者采访的动力。

一位新闻记者的事业心、责任感离不开对他新闻事业的热爱和情感追求。新闻前辈穆青曾这样说:"多少年来,我们深深体会到,这种和英雄人物思想感情上的息息相通、水乳交融,有时是掺和着血和泪的。它往往产生一种无论如何都抑制不住的冲动和激情,这是一种巨大的力量,甚至简直是一种魔力。它能驱使你如果如痴,整天吃不下饭、睡不着觉,周围的一切好像都不存在了一样……这种激情、这种强烈的责任感,像一条无形的鞭子,鞭策着我们去克服一切困难,尽自己最大努力去把它写好。"

(4)情感是写作激情的源泉。

新闻记者在写作时都有这样的体会,当包含着激情采访结束时,有种恨不得立刻把稿件写出来的冲动。写作时,情如泉涌,思绪万千,文思敏捷,一气呵成。如果这次的采访让新闻记者不为之感动,按部就班写老话套话,就激发不了他的写作热情,甚至还可能拖延,不能按时交稿。罗曼·罗兰说:"要散播阳光到别人心里,总得自己心里有"。多少篇让受众深深感动的新闻报道,写作的新闻记者都是含着眼泪写出来的。

(5)情感是新闻报道的重要构件。

有情感的新闻报道,是感染受众的基础。即便是一篇经济类新闻报道,即便是在枯燥的数据、价格的围绕之中,只要新闻记者充满了情感,一样能把商战写的跌宕起伏、一波三折,在冷冰冰的数字之下反映出新闻人物的内心世界,使得新闻报道富有情趣。新闻记者可以通过叙述、描写议论等手法的充分运用,让新闻报道引发受众的共鸣。

5. 体质修养

如果想把新闻事业作为自己的一个职业理想追求,新闻记者就必须具有很好的体质修养。强健的体魄是新闻记者面对艰苦的环境和突发事件能够具有耐挫力和耐受力的基础保证。为此,新闻记者可以选择一种能够应对艰苦工作环境的体能锻炼方法与健康的生活方式。

新闻记者由于工作的特殊性质,熬夜加班是常事。打乱生活规律,不能正常按时吃饭、睡觉就是这个职业的特性。"四十岁是新闻记者的生死关"中外新闻界有识之士共同发出这一警告,我们不能再当成危言耸听。由此来讲,新闻记者的职业也是一种风险性比较大的职业。为了增加自己的抗风险能力,每一位新闻记者要养成有序的工作习惯:早晨在可能的情况下要早起晨练1小时左右,边锻炼边听早间新闻播报,并收集新闻线索,以备报选题之用;晚上睡觉之前再浏览或收听、收看一遍晚间新闻,以便积累新闻线索。另外,新闻记者还要合理地安排自己的一日三餐和睡眠时间。养成这样良好的生活习惯,手里始终有正在采访的新闻、准备采访的新闻和刚发现的新闻线索在循环周转,这样新闻记者才能做到游刃有余,保持良好的工作秩序与工作状态。长期储备,就能具有应对艰苦环境的耐挫力和耐受力,应对复杂工作任务考验的精力与能力。

6. 公关修养

职业记者也是社会活动家,为了工作方便,新闻记者应当有意识的广泛建立自己的公共关系网络。这个公共关系网络于公来讲包括新闻记者工作日常归口需要采访的关键人士,如行业或企业中企划、宣传部门的负责人,职能部门办公室的负责人等,这些关键人士是新闻记者获得新闻线索的主要渠道,也是保证新闻记者不遗漏新闻、给自身媒体带来不必要损失的有效手段。这个公共关系网络于私来讲包括新闻记者所涉历的采访对象、自己的亲朋好友,这两类群体常常是新闻记者在道听途说的日常生活中获得新闻线索的主要渠道,也是新闻记者贴近生活的基础。把这两个方面的公共关系网络形成立体交叉的网络,对新闻记者的职业工作有着无可替代的效果。

(1) 不要轻易失信。

在人与人的交往中,守信是其修养的重要品格体现之一。新闻记者的工作虽然变化性较大,但也要守信。如新闻记者在预约采访对象见面的时间、地点时事先就要考虑周全,如果已经约定了,临时更改会给对方造成不必要的工作上或生活上的麻烦。这种情况不能超过两次,若第二次约定后又有变更,第三次就很难再约定采访对象了。另外,有的采访对象虽然给新闻记者提供了新闻线索,却并不愿意在媒体上公开自己的身份,但是新闻记者为了报道的精彩度违背了承诺,最后给采访对象造成不良后果,这也会终止以后新闻记者与采访对象的交往。

(2) 不要忽冷忽热。

新闻记者对于自己建立起来的公共关系网络要精心维护。特别是日常归口的行业或企业中企划、宣传部门的负责人,职能部门办公室的负责人等,至少一个星期与他们联系1~2次,以维持网络的紧密度。特别是如果自己能力所能及地为对方解决一些问题的话要伸手相助,这也是新闻工作的一部分。对于这个群体,有新闻更好;即便是没有新闻,来自朋友的一声问候也能继续维持良好的关系。

(3) 不要夹杂私利。

新闻记者与采访对象交朋友,纯粹是为了新闻工作,为了共同的社会责任。在这种珍贵的交往中,容不得庸俗的交易成分。极少数目的不纯的新闻记者,利用报道的权力,要挟采访对象为自己牟利,这类行为受到了来自社会公众的谴责,应当坚决制止。正如首届范长江新闻奖获得者郭梅尼所说"我不图万贯家财,也不求高官厚禄,只想积累思想、积累生活、积累知识,成为一个富有的记者。"①

---

① 刘海贵.当代新闻采访[M].2版.上海:复旦大学出版社,2006.

项目一　新闻敏感的职业习惯养成

新闻记者是一类什么样的职业人？

美国著名报人普利策这样说："假使国家是一艘船，新闻记者就是站在船桥上的瞭望者。他要注意来往的船只，注视在地平线上出现的值得注意的小事。"普利策一语道破了新闻记者这个职业与其他的大众群体职业相比较而言，是一群通过自己的感知器官先于大众群体知晓外界重大事件的发生，并通过一定的传播平台把新闻信息传播出去的人。在这个过程中，新闻记者要主动收集、感知新闻线索；为了彰显报道主题，客观、全面、公正进行采访；按照最适合新闻信息传播的写作方式，通过一定的编辑、制作手段把新闻信息传播出去，以获得超常的影响力。既然如此，新闻记者就一定要具有优于一般普通人的新闻敏感能力，如此才能胜任这个职业。

新闻敏感是新闻职业人身上所具有的一种独特的内在气质，是一种判定社会事件新闻价值的职业洞察力，是一种职业心理应激反应能力，也是一种职业习惯。它通过新闻记者的感官认知外界，从感性认识上升到理性认识，进而形成新闻记者对所发生事件新闻价值的判断，驱动新闻记者去完成应完成的各种任务。

新闻记者是通过自我的新闻感官（新闻眼、新闻鼻、新闻耳、新闻味觉、新闻触觉）在限定的时间内去认知世界和感知世界的。新闻记者的感官与普通人的感官在职业嗅觉上有什么不同？为什么在普通人的眼里很平常的事件在新闻记者的眼里却具有新闻价值？本项目将通过"如何判断新闻价值"和"养成新闻敏感的职业习惯"这两个任务分别阐述新闻敏感。

新闻采访与实训

任务一　如何判断新闻价值

　　能否判断出事件的新闻价值,是一位新闻记者进行日常工作的逻辑起点,也是发现新闻这一新闻职业能力的逻辑起点。这个"逻辑起点"被多数媒体中人称为"悟性",这种"悟性"是由个体心理、习惯等多方面形成的一种综合认知判断能力。

教学目标

　　通过对各种不同类型事件的观察、感知,能够判别其新闻价值的大小,同时养成新闻敏感的职业习惯。

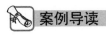案例导读

山东日照一石化企业发生火灾爆炸①

　　16日7点30分许,山东日照石大科技石化有限公司液态烃球罐泄露引发火灾爆炸,消防部门正在全力扑救。记者11时从事故现场人员处了解到,暂未发现人员伤亡。

日照岚山一停产石化企业起火爆炸,截至目前已发生4次爆炸

　　7月16日上午7点38分,已经停产一年半的日照岚山某化工厂的1000立方米液态烃球罐爆炸起火,截至目前已发生4次爆炸。日照消防已调集9个消防中队、23辆消防车、138名消防官兵到场正在全力扑救。

　　据悉,爆炸的化工厂叫日照石大科技石化有限公司,位于日照市岚山区虎山镇西潘村北侧沿海路西侧,据说已有4个球罐爆炸,最先去救援的消防车未出来,在10里外的楼上,能感觉到很大的震感,周围的村民已紧急转移。除了日照的消防部门前去救援以外,市内7个企业消防队、青岛市消防支队已增援。目前暂无人员伤亡。

　　同时,也提醒市民安岚大桥日照方向已经封路了,过往的行人请注意安全。如果市民在道路行驶时遇到了前去救援的消防车请注意避让。

---

　　① http://news.sina.com.cn/c/2015-07-16/112132114288.shtml,有改动。

上述事件在新闻记者的眼里为何被判定为新闻事件？它的新闻价值体现在哪些方面？

工作任务

（1）认知新闻敏感。
（2）通过感知判别事件的新闻价值。

实施流程

一、术语解释

1. 新闻

要想了解新闻敏感，首先要准确地定义什么是新闻。新闻的定义有两个：一是新近发生的事实的报道；二是传达事物最新变动状态的信息。前者突出了新闻的真实性、时效性原则，后者则在前者的基础上更加凸显了新闻作为一种信息属性的本质。

外国人眼中的"News"有两种解释。一种解释是，"New"是新的意思，"News"是众多的新的事。另一种解释是，1622年创刊的英国《每周新闻》这样解释，即"News"这个单词由4个字母组成，它们分别代表着 North（北）、East（东）、West（西）、South（南），"News"意味着从东西南北道听途说来的事情。

2. 新闻敏感

敏感是指人生理上或心理上对外界事物的应激反应能力。新闻敏感是指新闻工作者的通过自我感官对外界发生的新闻事实中所蕴含的新闻价值的敏锐感知能力。这里强调的概念有两个基本内涵：其一是新闻敏感必须是通过新闻记者的感知器官去感受外界事物的。所谓感知器官，就是指人的感官，包括眼睛、鼻子、耳朵、皮肤、嘴等，它所对应的人的相应感官是视觉、嗅觉、听觉、触觉、味觉等，都是能使新闻记者产生新闻敏感的器官利器。其二是虽然普通人也多多少少有一些新闻敏感，但是他们的敏锐性、及时性以及行动性都缺乏新闻记者反应的职业特征。常常有这样的时候，新闻就在我们的身边，普通人视而不见、习以为常；新闻记者却火眼金睛，一眼就能判断出来。

二、工作要点提示

（1）新闻记者通过多种方法、渠道，感知外界所发生的事件"新"在何处，"变化"在何处。
（2）新闻记者通过事件的"新""变化"与广大受众相关联的程度来判断新闻价值的大与小。

三、方法技巧

1. 判定事件是否具有新闻价值的模式

（1）第一种模式：平常的人＋不平常的事。

在芸芸众生的大千世界里，除了少部分精英以外，绝大多数都是日出而作、日落而息的普通人。如果普通人每天都过一样的生活，自然也不会出现什么新闻事件。但是，假如某一个普通人的身上发生了一般普通人一辈子都不可能发生的事件，并且这个事件对其他的普通人来讲还具有一定的影响力，那么这个事件就具有特异性、变化性和显著性特征，这个事件就是新闻事件。

例文 1-1

女子冒名顶替上学续：传公安政委花 3 万疏通①

本报讯 在湖南省邵东县出现了冒名顶替上大学的事件。2004 年邵东县考生罗彩霞被贵州师范大学录取，但她本人并不知情，一个假的罗彩霞冒名顶替成为贵州师范大学的一名新生。

冒名顶替者不仅迁移了户口，还顺利完成了学籍档案等一系列造假，并通过贵州师范大学的入学资格审核，完成四年学业。2008 年，顶替者王佳俊顺利毕业。而本应今年毕业的罗彩霞却不得不面临因身份证被盗用而被取消教师资格证书等一系列问题。

真的罗彩霞在落榜后选择了复读，并于 2005 年考入天津师范大学。今年 3 月，罗彩霞办理银行业务时发现身份证被盗用，与罗彩霞名字、身份证号码完全相同的身份证上，却是另外一个女孩子的头像，而且发证机关是贵阳市公安局白云分局。罗彩霞感觉这个女孩子像自己的一个高中同学。随后，她向派出所报案，称自己的身份证信息被盗用。后经多方求证，她发现这个女孩就是自己的高中同学王佳俊。

……

【例文评析】

例文 1-1 这个新闻事件中的主人公罗彩霞只是一名普普通通的农村中学生，在她一生梦寐以求的大学录取这件事情上，却遭遇被人冒名顶替、身份证信息被盗用而被取消教师资格证书等一系列问题。这对于一个普通人来讲就是一件非常不寻常的事情，在她之前也没有听说过这样的事情。所以，这个事件具有很大的新闻价值。

---

① http://news.sohu.com/20090507/n263814727.shtml.

（2）第二种模式：不平常的人＋平常的事。

精英在这个社会里总是少数，但他们却有着非凡的影响力。这部分人或者是明星（影视、娱乐、体育），或者是商界知名企业家，或者是有影响力的政界领袖，抑或者是学术界知名的专家、学者等。这些精英人物，是每一个媒体都需要追逐的重点，因为他们是受众关注的对象，已成为公众人物，他们的一言一行或被普通受众模仿，或被普通受众热议，成为普通受众茶余饭后的谈资。由于他们的这种影响力，即便在他们的身上发生了平常的事件，也会成为受众的热议事件，成为舆论的焦点。

例文 1-2

姚明确诊左脚骨裂赛季报销　将会缺席火箭季后赛①

搜狐体育讯　北京时间5月10日，NBA官方消息，姚明今天对受伤的左脚进行了CT扫描检查，结果被确诊为左脚骨裂，剩余赛季报销，将无缘参加火箭和湖人的第四战以及剩余季后赛的比赛。

在今天进行的进一步的检查中，火箭队医汤姆·克兰顿透露，姚明的左脚显示出头发丝状的细微骨裂的现象。姚明将需要8至12周的休养时间，不过并不需要进行手术。

……

【例文评析】

普通人脚扭伤了只是偶发事件，影响范围只是个体而已，不足以成为新闻。但是，姚明是活跃在NBA赛场上非常著名的中国体育明星，他的一举一动都会受到世界体育爱好者（尤其是中国球迷）的关注。因此，这样一个不平常人所发生的平常事也具有较大的影响力，使得该事件具有了新闻价值。

（3）第三种模式：不平常的人＋不平常的事。

作为政界、商界或是娱乐界等各界名人，他们本身就是社会中的公众人物，引人关注。如果在他们的事业、生活中又发生了一般人不常发生的非寻常事件，如出访、合作等，那么这个事件的显著性和特异性就比较高，新闻价值就比较大。

---

① http://sports.sohu.com/20090510/n263869090.shtml.

例文 1-3

习近平会见俄罗斯总统普京①

人民日报全媒体平台利马 11 月 19 日电（记者杜尚泽） 国家主席习近平 19 日在利马会见俄罗斯总统普京。

习近平强调，今年以来，中俄双方围绕庆祝《中俄睦邻友好合作条约》签署 15 周年和建立战略协作伙伴关系 20 周年，加强全方位战略协作，既促进了两国共同发展繁荣，也壮大了世界和平正义力量……

习近平指出，俄罗斯是亚太经合组织重要成员。双方要深化亚太经合组织框架内合作，落实好包括北京会议在内近年会议达成的重要共识，深入推进亚太自由贸易区进程，推动利马会议取得成功，推动亚太经合组织为亚太和全球经济增长做出更大贡献。

普京表示，很高兴再次同习近平主席会晤，俄中高水平的关系对全球和平稳定十分重要，双方应该保持密切高层交往。当前，俄中双边经贸关系发展势头良好，高新技术等领域合作取得积极成果。俄方期待着同中方共同推进欧亚经济联盟建设同"一带一路"建设对接合作。俄中双方要加强在亚太经合组织等多边事务中协调合作。

习近平和普京还就共同关心的国际和地区问题深入交换意见，一致同意要维护东北亚、中亚等两国共同周边地区的和平安全。

王沪宁、栗战书、杨洁篪等参加会见。

【例文评析】

习近平和普京都是国际政坛上的领袖人物，在国际上具有巨大的影响力，他们都是"不平凡的人"，所以他们的一言一行都是媒体追逐的新闻。2016 年 11 月 19 日在秘鲁利马举行的亚太经合组织工商领导人峰会，由于众多国际政要齐聚，本身就是一个重大新闻。在这次会议上，习近平和普京这两个大国首脑会晤，那就是"不平常的人＋不平常的事"，自然也就成了各国媒体争相追逐的时政动态新闻。

从媒体搜索新闻的角度来讲，专门针对国内外政界、商界、娱乐界等不平常的人物都设有专职记者追踪报道，这些要人的身上如果发生寻常的事件即符合"不平常的人＋平常的事"的新闻模式；如果这些要人的身上发生了具有重大影响的事件，那么它符合"不平常的人＋不平常的事"的新闻模式，对这类影响力重大的新闻事件，媒体报道的总原则是不间断地、连续性追踪报道，其都会成为各类媒体乐此不疲的永久性任务，因为这类事件是传播媒

---

① http://politics.people.com.cn/n1/2016/1120/c1024_248881509.html.

体影响力的最好载体。

2. 新闻价值认定的六个标准

大千世界每天都会发生无数事件,这些事件都是真实事件。如果一位新闻记者要想判定一个事件是否是新闻事件,主要通过以下六个标准来认定。

(1) 时新性。

由新闻定义的界定得知,时新性具有以下两层含义。

一是时间性。一个事件,只有当它刚刚发生或正在发生,绝大多数受众都不知晓,而这件事却又与受众有着千丝万缕的联系之时,这种特质才是新闻。受众由于好奇心,受自身利益、兴趣的驱使,要了解这个事件的本末,从而反推出报道者的传播效应。因此,时间就是新闻的生命,一个再有价值的新闻事件,如果隔上3~5天之后再报道出来,其新闻价值会大打折扣,甚至降到冰点。

二是新鲜性。新闻报道的"新"不仅体现在时间上的"新",而且更要体现在题材上的"新",即新鲜感强。我们常常发现,对受众影响力最大的新闻,不仅是因为这件事"刚发生",而且还因为这件事"从未发生,现在发生了"。在追寻新闻的历史长河中,"第一"和"最后"是媒体人永恒的新闻追求,这类事件(尤其是这类事件)中具有普遍意义和代表意义的刚发生或正在发生的事件一般都能彰显出一个划时代的巨变(即便是"最后"也意味着一个旧时代的终结,另一个新时代的开始),它对受众的感觉、知觉及心灵均具有较大的冲击力。

(2) 变化性。

变化性是指新闻事件具有动态性特质。很多时候,对某一个新闻事件的报道只反映了在那个特定的时间内新近发生的事实。但是,事物是在发展中变化的,也可能过了那个时间段,某个事件又有了新的发展和变化。所以,一位有经验的新闻记者常常是处于寻找事物的变化之处,当一个常规的事件发生了新的变化之时,那么又一篇新闻报道就诞生了。

(3) 重要性。

重要性是指新闻事件具有震撼人心,能在某种程度和范围内产生较大影响的那种特质。重要性是新闻价值的主要因素、核心因素之一。重要性包括我们通常所说的思想性、指导性、针对性、普遍性、传播性。试想一下,"一个普通人今天换了一件新衣服",如果这个人平淡无奇,那么这件事相对于这个个体是有影响的,但不足以成为新闻;如果这是一位山村孤儿,受到党和人民的关怀,快过年了,收到一件作为新年礼物的新衣服,而且同他一块的山村孤儿都收到了同样的新年礼物,那么这就可以判定为是一条新闻,因为这个事件的影响力是新闻记者站到一定的高度上看到在两节前后,党和政府对山村孤儿的关心慰问的问题。

(4) 显著性。

显著性是指新闻事件和新闻人物具有引人注目的特质,很显然,这是指新闻事件的非同寻常之处。即这些人所处的地位比一般人要高或者显著,或者这些事发生的场合及性质也非一般事件可比,自然影响力要大于一般事件。尤其是我们生活中的政界、商界、娱乐界的名人和要人,在他们身上发生的许多事件都具有显著性特质;生活中发生的暴力、犯罪、金钱等事件大多也具有这种显著性特质,因而受到受众的关注。但是,需要强调的是,新闻记者寻找新闻线索也不要故意寻找那些鲜为人知的低级刺激的事件,我们提倡弘扬社会主义核心价值观的主旋律的事件传播。

(5)接近性。

接近性是指新闻事件具有令受众关切的特质。这种接近主要是指地理位置、职业、年龄、心理及利害关系等方面的接近。一般情况下,与受众的距离愈接近、关系愈密切的事件,受众就愈关注。这是因为,受众在接受新闻信息强度、对比差异、时新性、趣味性等刺激以外,求近心理、关联心理也是一种重要接受定式。比如,即将面临退休的机关事业单位的工作人员非常关注中央关于养老金的并轨政策;孩子要考大学的家长则更关心高考制度改革的相关信息;普通市民更关心与他们生活密切相关的水、电、气、暖的信息等。所以,具有接近性的新发生的新事件,其新闻价值必定是大的,传通性必定是广的。

(6)趣味性。

趣味性是指新闻事件具有引人喜闻乐见的特质。受众对一个发生的事件喜闻乐见,才有兴趣进行传播。生活中有许多的软新闻正是符合了受众"求趣"的轻松心理要求,呈现在茶余饭后受众的餐桌上、笑谈中,以满足受众轻松娱乐的信息需求。同时,趣味性往往伴随着求异性,也满足了受众对未知世界的探知心理需求。

四、注意事项

(1)具有新闻敏感的能力,是一个新闻从业者初始工作的第一道门槛。如果这道门槛跨越不过去,那么很难论及采访、写作等其他工作步骤。

(2)新闻敏感能力是具有培养空间的,多数从事新闻记者职业的人都具有这种被培养的潜质。

(3)一个具有良好新闻敏感能力的人,一定是通过外在工作环境的熏陶,再加上自我的认真观察、学习、感悟、思考等方能获得这个能力。

五、实训操作

项目教学的实训方法,总的特点是"做中学,学中做",即让学生组成学习小组(每个学习小组成员以6个学生为好,不要超过7个学生,且男女均衡),自己动手按照指导教师预先设计好的程序实施实训内容。指导教师所起的作用是设计实训内容和用适当的方法引导学生;学生在实训的过程中能够充分发挥自我主动性,其所暴露的难点问题也呈现出显著性及多样性;指导教师有针对性地从理念高度、方法实用的角度指导学生完成实训任务,学生在"行动"与"行动的过程"中完成实训任务,最终掌握该实训技能。整个实训过程里,学生始终是小组讨论、分析研究,运用团队的智慧和力量解决问题的主体角色;指导教师始终是设计、引导、指导的主导角色。此过程也在实训任务完成的过程中培养了学生的责任心、团队精神、耐挫力等基本素质。

1. 解析"新闻"定义的关键内涵点——"新"

一位职业记者,每天接触的信息无数。如何才能从纷繁复杂的事件中发现新闻,一般来讲,具备了"突发性"和"影响力"的"突发事件"是我们甄别是否是新闻事件的首选。

根据例文 1-4 运用博物馆看展法进行"新"事件要素判断的实训。

项目教学中的博物馆看展法是指将学生分成若干个基础小组,以基础小组为单位,先进行讨论分析,把讨论结果放在全班进行展示(就像博物馆,每个组员都能看),让基础小组之间互相学习交流。派出去的组员再回到自己所在的基础小组把学习来的成果与本组的结果进行再次研讨形成本组最终的结果。最后,指导教师根据每个基础小组存在的问题,指导点评正确答案,让学生的印象更为深刻,完成了 2 次讨论、2 次过程实施,从而达到学习目的。

(1) 实训步骤。

工具:每个学生准备笔记本 1 本、笔 1 支;小组准备 8 开展板 1 个、彩笔若干支、彩纸若干张、剪刀 1 把、胶水 1 瓶;1 间 50 平方米带有黑板的标准教室。

第一步:布置任务(8 分钟)。

组成 6 人为一组的基础小组。小组中的每个组员先独立认真地阅读例文 1-4 中的新闻事件,将自己判定该事件是新闻的"理由"以关键词词条的形式写出来,并以书面形式记录下讨论成果。

例文 1-4

上海外滩发生踩踏事件①

中国网络资讯台 突发快讯【上海外滩发生踩踏事件 致多人倒地不起】 中国网络资讯台上海 1 月 1 日电,今天凌晨 1 点左右,记者经与上海市医疗急救中心联系,基本确定,今晚上海外滩发生踩踏事故,多人受伤,其中部分重伤。对于是否有人员死亡的问题,该中心工作人员拒绝回应,只告知抢救工作正在进行中。

第二步:小组讨论(10 分钟)。

每个基础小组的组员比较自己和同组其他组员的答案。小组组员相互讨论,各自说出理由,最后形成本组共同的答案。

第三步:小组制作展板(20 分钟)。

小组以词条的形式将答案用彩笔和彩纸醒目地书写出来,每张词条应具有统一的色彩和设计装饰图案。小组将词条贴在展板上,展板由每个基础小组自行设计,要求富有创意、

---

① http://news.sohu.com/20150101/n407462933.shtml.

生动形象。在规定的时间内所有的基础小组将展板贴在指定的位置。

第四步：小组展示(20分钟)。

每个基础小组派一个组员做讲解员,另一个组员做记录员。讲解员仔细讲解本组的讨论结果,回答其他的基础小组提出的问题,记录员认真进行记录。本组的其他组员可以到其他的基础小组进行观摩、提问。

第五步：小组二次交流(10分钟)。

派出去的所有组员回归基础小组,把听到的、看到的通过比较分析的方式补充本组结果的不足,修正本组的讨论结果。每个基础小组在观、说之中将最后的答案展示在展板上。

第六步：教师点评(20分钟)。

指导教师针对每个展板的讨论结果以及存在的问题,解析正确的答案并说明理由,以便学生加深印象。

(2) 评析内容。

构成重大新闻事件理由之一：上海外滩从未发生过踩踏事件,这是第一次发生,具有新闻事件的"新"的要素。

构成重大新闻事件理由之二：这个事件具有真实性。

构成重大新闻事件理由之三：这个事件发生在上海这个国际知名的大都市(知名地点),发生在新年的钟声敲响之际(特殊时间)。与此同时,世界各地都在举行迎新年的活动,相似性高,关注度高。

构成重大新闻事件理由之四：这个事件涉及人民群众的生命财产损失,与受众的切身利益紧密相连,影响力大。

构成重大新闻事件理由之五：由这个事件涉及延伸到在重大节日期间,各地应对安全隐患进行排查、疏导、管理等,此类事件的影响面甚大,可以追踪连续报道。

2. 在"变化"中发现新闻

一位新闻记者可能会遇到地震、海啸、洪水、空难等,但不是每天都能遇到这样的突发事件。因此,在纷繁复杂的常规事件中,能够判断出哪些是新闻事件,这才能体现新闻记者的新闻职业敏感。

以下运用扩展小组法进行"变化"事件要素判断的实训。

项目教学中的扩展小组法是指运用小组人数、层级逐步扩展、提升的方法,在小组扩大的同时,逐级进行讨论,不断吸纳新的分析成果,最后形成大组的一致结果。这种方法的优势在于学生能有4次学习吸纳优秀观点的机会,相互取长补短,从中获得学习的知识与技能。

(1) 实训步骤。

工具：每个学生准备笔记本1本、笔1支；小组准备8开展板1个、彩笔若干支、剪刀1把、胶水1瓶；1间50平方米带有黑板的标准教室。

第一步：布置任务(5分钟)。

指导教师给出案例：某地历年三九天的平均温度都在-20℃左右,可是今年三九天的温度却是-8℃,并且持续了10天左右。针对这样一个事件,你能发现什么新闻线索？每个学生独立思考上述问题,在笔记本上记录下自己的答案。

第二步:两人合作(5分钟)。

两位同学组成一个小组,讨论比较自己和搭档的答案,最后形成小组共同认可的新闻线索,并写在笔记本上。

第三步:四人一组(10分钟)。

一个2人小组与另一个2人小组组成4人小组。小组组员讨论、比较相互的答案,形成本组共同认可的新闻线索并写在笔记本上。

第四步:小组合作(10分钟)。

一个4人小组与另一个4人小组组成8人大组,在大组中讨论、比较答案,并形成大组组员共同认可的新闻线索。把答案贴在展板上,展板的制作要富有创意。

第五步:展示成果(20分钟)。

每个大组在展板上展示自己的讨论结果,并由一个组员宣讲本组的观点。在讲解时,指导教师和其他大组的组员可以实时进行提问。

第六步:教师点评(15分钟)。

指导教师根据每个展板的讨论结果,激励正确的新闻敏感方式,同时针对存在的问题进行引导性思考评析。

(2)评析内容。

正常的冬季应该是寒冷的并且会下雪,而现在的暖冬既不冷又不下雪。这就是"变化"。面对这种"变化",我们能敏感地发现什么呢?我们应该循着由冷变暖的思路,运用联想、发散思维方式来寻找变化着的真实"事实",比如:

① 既然是暖冬,至今还不下雪,那么滑雪场还有生意可做吗?

② 既然是暖冬,天气不太冷,那么商场里冬季的保暖衣物、取暖用品等还会热销吗?

③ 既然是暖冬,本来因为天气寒冷运输困难而涨价的蔬菜等食品现在涨价了吗?

④ 既然是暖冬,都市的供暖时间是正常还是延迟了呢?

天气变化只是一个现象,而隐藏在这个现象变化后面的新闻线索则通过新闻记者的新闻敏感神经在广阔的空间里被发散式发掘出来。

按照这样的思维方式,一位新闻记者通常会被所在媒体分配到某几个行业口子上把关,其目的:第一是第一时间该记者能知道这些行业口子上发生了什么新的事件;第二是这些行业口子如果发生了新闻,媒体也会通知该记者来承担采写任务。那么,怎样才能第一时间发现新闻、不遗漏新闻呢?新闻记者就是通过"有无变化"和"变化大不大"两个思考角度来"发现判断新闻"和"发现判断大新闻"的,比如:

去年葡萄丰收挣钱了,今年葡萄丰收却赔钱了?为什么?影响到谁?

今年的外贸出口同比去年增加了30%以上,为什么?

去年年底,农民工讨薪比较艰难,今年又到年底了,农民工讨薪又会遇到哪些新问题?有没有解决的新政策和新措施呢?

……

循着这样寻找"变化"的思路,常常带着"为什么"来观察事物,新闻记者会发现新闻就在自己的身边。

3. 搜寻与老百姓利益密切相关的重大新闻

所谓重大的新闻,就是俗称的爆炸性新闻。这类新闻一定与老百姓的利益密切相关。它可能关系到人的生命财产,也可能关系到老百姓的吃、穿、住、行。作为新闻记者,千万不能忽视我们的主流受众。因为这个群体是所有媒体的主流消费者,也只有他们能形成强大的舆论力量。所以,只有老百姓这个大众群体感兴趣的事件,其传通性才大,从而影响力才大,才能形成重大新闻。

以下运用旋转木马法进行重大新闻事件判断的实训。

旋转木马法是项目教学中一种非常有情趣的实训方法。其主要方法特点是让学生通过旋转,达到与自己周围的同学形成讨论群体,分析和交换学习成果的目的。学生在旋转中吸纳了更多自己的视角所无法触及的理念、知识、技能等领域,同时也在旋转中建立新型的同学相互关系。

(1) 实训步骤。

工具:每个学生准备笔记本 1 本、笔 1 支;小组准备 8 开展板 1 个、彩笔若干支、剪刀 1 把、胶水 1 瓶;1 间 50 平方米带有黑板的标准教室。

第一步:任务布置(5 分钟)。

全班学生先独立思考"生活中哪些事件涉及大众群体的切身利益"这个问题,将问题的答案写在笔记本上。

第二步:教师提示(3 分钟)。

指导教师根据这个问题,针对全班学生提示几个关键词或关键点,如老百姓最关心与自己生活关系密切的吃、穿、住、行等问题。

第三步:内圈交流(8 分钟)。

让全班学生到标准教室,站成内外两圈,两圈的人数基本相等,男女间隔有序,学生两两面对面。内圈学生在 5 分钟内将问题的答案向外圈相对应的学生讲述完毕。外圈学生只准听和记录,即使有不同的观点也不许交流。

第四步:外圈交流(8 分钟)。

外圈学生顺时针旋转 5 人,旋转后,外圈学生向与自己相对应的内圈学生讲述自己以及从内圈学生那里学习过来的成果,内圈学生只准听和记录。

第五步:内外混合交流(5 分钟)。

外圈学生再逆时针旋转 5 人,回到最初的位置,与内圈学生一起相互交流自己学到的、听到的答案。内外圈学生相互交流、取长补短,补充修正自己的答案。每个学生记录交流的全过程内容,形成自己的最终答案。

第六步:学生组成基础小组(15 分钟)。

组成 6 人为一组的基础小组。小组中的每个组员将自己听到的、记录的融合在一起进行讨论,最后把经过小组讨论而形成答案的词条贴到展板上,选一个组员进行讲解。

第七步:教师点评(20分钟)。

指导教师在学生旋转学习中,深入到学生交流组中,观察并倾听学生交谈的内容,但不做讲解,即使学生的讲述是错误的也不更正,只记录下学生存在的问题与错误观点。最后,指导教师针对展板里学生的讨论结果、存在的问题,解析正确的答案并说明理由,以便学生加深印象。

(2) 评析内容。

生活中的重大灾难性事件基本上都属于重大新闻的范围,如地震、海啸、空难、泥石流、矿难等。这些事件基本上都呈现出百年不遇、造成的生命财产损失巨大的事态状况,与老百姓的生命关切度高、心理震惊度大,因此这类事件首当其冲属于重大新闻。

生活中还有一类与大众群体的利益密切相关就是大众的吃、穿、住、行等事件,如水、电、暖、气。新闻记者会发现在这些事件中有众多的人群的利益关联其中。关注这些事件中的价格、供应链、便民与否、安全与否等变化信息,就会成为重大新闻。

4. 校内实训基地实训

学生利用校报、校电视台等进行培养新闻敏感职业习惯的实训。

5. 校外实训基地顶岗实习

学生利用校外新闻媒体进行培养新闻敏感职业习惯的综合实习。

六、总结点评

(1) 新闻线索的发现是新闻记者从事新闻工作的第一步,新闻价值的判断则是决定新闻记者在短时间内掌控新闻价值发展取向的职业底蕴所在。

(2) 新闻记者敏感的"悟性"来源于对社会生活知识的广泛涉猎、兴趣与研究。

(3) 新闻记者要有意识地培养自己的新闻敏感能力,并使之形成职业习惯。

七、拓展提高

(1) 春节期间,某个小学生的妈妈给她买了一身新衣服,某贫困山区的小学生收到捐赠的新衣裤。这两件事,哪个是新闻?为什么?

(2) 如果你是新闻记者,你会怎样去发现新闻线索?

(3) 为什么民生新闻总会引起受众强烈的反响,产生巨大的影响力?

(4) 梳理一下生活中哪些行业、哪个地方会发生重大新闻。

(5) 梳理、解析下列新闻事实中发现新闻线索的逻辑路径。

超级病毒埃博拉在西非疫情已经失控　致330人死[①]

美联社报道,无国界医生组织20日称,埃博拉疫情在西非的暴发已经"完全失控",目前

---

① http://www.guancha.cn/Third-World/2014_06_23_239972.shtml。

已造成利比里亚、塞拉利昂、几内亚 330 多人死亡。此前埃博拉病毒的致死人数的最高纪录是 1976 年在扎伊尔共和国（现称刚果民主共和国）出现的首次记录在册的疫情暴发，当时报告的死亡病例有 280 例。此次埃博拉疫情暴发是去年年底或今年年初从几内亚开始。

....

埃博拉病毒肆虐西非：中国境内是否会被病毒污染？①

根据世界卫生组织最新通报，埃博拉病毒自今年 2 月在几内亚出现以来，截至 7 月 20 日，已有 1093 人被感染，有 660 人死亡，其中死者最多的是塞拉利昂，达 219 人。而埃博拉病毒还在几内亚、利比里亚及塞拉利昂继续蔓延，这些国家的居民健康体系受到严峻考验。为防止埃博拉病毒传入中国，边境检疫部门已加强相关检查。

....

尼日利亚成功遏制埃博拉疫情②

世界卫生组织（WHO）20 日正式宣布，在经过 42 天的观察后，尼日利亚已没有埃博拉病例，继塞内加尔后正式"脱埃"。这距离病毒"登陆"尼日利亚整整 4 个月。埃博拉病毒已蔓延至欧美国家，目前中国暂未出现埃博拉病例。

....

上述三篇新闻报道是有关同一个新闻事件的，为什么一个新闻事件可以采写出这么多篇的新闻报道？其报道的角度有什么不同？新闻记者各自选择了怎样的新闻主题？由这个新闻事件所引发，我们通过发散思维，针对这个新闻事件还可以发现、预测哪些可以报道的角度？

（6）针对每年都要发生的各行各业惯常的大事，新闻记者应该如何去发现常规新闻？

任务二　养成新闻敏感的职业习惯

从心理学的角度来讲，一个人的职业习惯，是在不断被强化的过程中，通过有意识地学习与实践形成的一种应激反应能力。从对新闻敏感的认知到新闻敏感成为自己的职业习惯，每位新闻工作者都要经历一个从兴趣到责任坚守的历练过程。

---

① http://www.guancha.cn/broken-news/2014_07_28_250944.shtml.
② http://news.sina.com.cn/w/2014-10-21/023931018119.shtml.

项目一　新闻敏感的职业习惯养成

教学目标

通过对不同新闻敏感实训方法的建构,养成新闻敏感的职业习惯。

案例导读

1947年10月8日中午时分,新闻界老前辈邵嘉陵在任上海《新闻报》驻沈阳记者时,突然听见飞机的轰鸣声。当时,沈阳的客机很少,且饭店离沈阳北陵客机机场又远,很少听见飞机的声音。职业敏感促使他登上七楼饭店之顶北望,只见天空中有八架军机分四队在盘旋,邵嘉陵立刻想到,莫不是什么重要人物来了吧?他马上骑着自行车在街上转悠,同时盘算,是不是蒋介石从北平来了?此时正值国民党遭遇败局,一直封锁蒋的消息。于是邵嘉陵先来到电报局,随时准备抢发新闻。到了电报局,邵嘉陵看到,在这个国民党重要部门的必经通道,军警加岗,一长串车队自东向西驶来,最后一辆车上坐着蒋介石和宋美龄,邵嘉陵立刻返回电报局,发出蒋介石飞沈阳的重大新闻。

在上述案例中,邵嘉陵的新闻敏感是通过什么渠道获得的?他为什么会通过飞机的声音敏锐地感觉到后面可能隐藏着一条大新闻?他的这种职业敏感是怎样积累的?

工作任务

(1) 认知新闻敏感的培养途径与方法。
(2) 通过新闻敏感的培养途径与方法养成职业习惯。

实施流程

一、术语解释

1. 新闻敏感的主要内容

(1) 迅速判断某一新闻事实对当前工作的指导意义。这通常称作新闻记者的政治敏感或政治洞察力。这是新闻敏感的主要内容。

(2) 迅速判断某一新闻事实能够吸引较多的受众。即指新闻记者面对新闻事实,要迅速估量出其对广大受众的吸引力。

(3) 透过一般现象挖掘出隐藏着的有价值的新闻事实。

(4) 在同一事物的诸多事实中,迅速判断、鉴别出最有价值的新闻事实。

(5) 在对事物进展过程充分调查分析的基础上,预见可能出现的新闻。这是新闻记者对于新闻事实的发展趋势和舆论走向做出科学分析时所表现出的一种素质,是一种见微知著的能力。

2. 新闻敏感的养成

新闻敏感的养成是指新闻敏感的培养途径与方法,在主观意识强化的前提下,通过兴趣培养、跟随采访、观察学习、自觉接受、行动意识,逐渐形成新闻敏感的职业习惯。

二、工作要点提示

(1) 通过各种渠道或方式有意识地去感知所发生的事件"新"在何处?变化在何处?

(2) 经过长时间、多途径的训练、实践,使新闻敏感形成心理上的应激反应能力,最后形成职业习惯。

三、方法技巧

1. 新闻敏感的培养途径

新闻敏感不靠天赋,不靠人的偶发性反应行为,而是靠新闻记者在平时的实践中,自觉训练、培养和对经验教训的积累总结来形成的一种职业习惯、一种应激反应能力。

(1) 及时学习、掌握党的新政策、新精神。

新闻记者要较快、较准确地判别新闻,心中必须有把"尺子",党和政府的新政策和新规定就是这把"尺子"。因为在这些新政策和新规定的发布、贯彻实施中,必定会带来社会上巨大的变化。新闻是以求"新"、求"变"来展示其内在吸引人的特质的,关注社会发生的变化,首先就要关注引领这种变化政策、规定的出台。

例文 1-5

央行下调存贷款基准利率①

中国人民银行决定,自 2014 年 11 月 22 日起下调金融机构人民币贷款和存款基准利率。金融机构一年期贷款基准利率下调 0.4 个百分点至 5.6%;一年期存款基准利率下调 0.25 个百分点至 2.75%……

【例文评析】

这个政策一出台,新闻记者立刻需要思考的是它会给中国的经济发展带来怎样的变化呢,比如:

(1) 缓解企业融资成本高这一突出问题,为经济持续健康发展提供中性适度的货币金融环境。

---

① http://finance.sina.com.cn/focus/yhjx2014/.

(2) 降息后,百万房贷者月均少还234元。

(3) 地方债的融资成本也将下降,对基建、房地产行业形成利好;同时也将极大提振消费,促进明年的经济增长。而资本市场将直接受益于降息,随着融资成本的下降,为中国股市的健康发展打下基础。

新闻记者在思考、预判了这些可能发生的变化后,根据自己媒体的定位,马上要到这些可能发生变化的行业、部门进行实地观察、采访,最后写出稿件。比如,写减轻房贷压力这个主题的,新闻记者可以寻找一对刚结婚不久的"85后"小夫妻进行采访,着重了解他们的房贷因此次降息每月要少还多少钱,减轻了他们什么样的压力,他们可以用少还的这部分钱打算干什么等。

(2) 要立足全局看问题。

一件事情发生了,新闻记者的眼力,不是单看这一件事,而是要站到一定的高度,把这件事联系到同一类的群体事件中去,找出其普遍性与共有性。有了这种"普遍性"与"共有性",其影响的群体人数才是众多的,新闻的价值才够大。新闻记者只有立足于全局,才便于把某个个体的事件发散到全局范围进行观察、比较,从而才能把"有价值"特别是"重大价值"的新闻事实鉴别出来。

例文 1-6

河南高院召开发布会 给予赵作海65万赔偿及补助[①]

(大河网记者郭俊华)快讯:今日(5月13日)上午,河南省高院召开新闻发布会宣布:给予赵作海国家赔偿及生活困难补助共计65万元。

十多年前,河南省柘城县村民赵振晌和邻居赵作海打架后失踪。一年多后,村民发现一具无头尸体,以为死者就是赵振晌,并报了警。警方将赵作海作为重大嫌疑人带走。在其作了9次有罪供述后,赵作海被审判机关以故意杀人罪判处死刑,缓期二年执行。今年4月30日,"死者"赵振晌突然回到村里。

针对此事,河南省高级人民法院5月9日上午召开新闻发布会,向社会通报赵作海一案的再审情况,认定赵作海故意杀人案系一起错案。此前,省法院做出再审判决:撤销省法院复核裁定和商丘中院判决,宣告赵作海无罪。并派人赶赴监狱,释放赵作海,安排好其出狱后的生活。省法院纪检组、监察室同时启动责任追究机制。

[①] http://news.163.com/10/0513/11/66IFLJST00014AEE.html,有改动.

【例文评析】

例文1-6这个新闻事件单纯来看就是为一起冤案平反、赔偿的事件。但是把它放到整个中国法治社会建设的进程中考虑,这个事件就有着重大意义。因为在此之前,一些错案、冤案不了了之。这是改革开放后第一次以国家司法机关的名义为赵作海一案平反并做出数额巨大赔偿的案件。自此之后的那些被错判的冤案、错案,可能也会照此进行处理,所以,这个事件具有划时代的意义,在我国的法治社会建设的进程中具有里程碑的意义,因而具有重大的新闻价值。

(3) 要十分熟悉"点"上的情况。

所谓"点",是指每位新闻记者工作后都会被分配到几个行业上"蹲点"(有人也称之为"口子")。这种管理方式一方面是媒体要求在这几个"点"上,新闻记者不能遗漏新闻;另一方面也是如果这几个"点"上出现了重大新闻,"蹲点"记者也能第一时间知道。这就要求新闻记者要深入实际,充分了解这个行业的实际工作现状、发展水平以及存在的问题、群众的呼声等,什么问题最突出,哪个问题次之,各种问题、矛盾之间有什么联系,已经做了哪些报道等。新闻记者只有对这些情况了如指掌,才能掌控常规性新闻的实时报道,特别是当该行业所发生的事件会影响到全局发生变化时,新闻记者能立刻捕捉到并做出重大新闻价值的判断,给予及时报道。

(4) 知识广博助敏感。

从新闻记者的职业特性来讲,其应该是一个"杂家",各方面的知识都应该有所涉猎。因为新闻记者接触社会的方方面面,与形形色色的人打交道。这要求他的知识必须广博,能够及时地通过自己的敏感嗅出哪些是从来没听说过的新事件,哪些是可能要发生的事件,对事件的发展趋势有一个基本的预判,具有触类旁通的发散思维和逻辑推理能力。这样,一个睿智的职业记者总是能在受众了解之前把受众所需要的新闻呈献给受众。

所以,美国新闻专业大学生的前两年都在学习似乎与新闻专业无关的各类知识,直到第三年才开始进行专业学习;现在许多媒体里面招聘的新闻记者也并非都是学习新闻或中文专业的,还有学习财经、理工科等其他专业的。这说明,新闻职业所需要的知识积淀从某种意义上来讲也是半个社会学家;积淀广博的知识是新闻记者职业敏感形成的基础。

2. 积淀专业知识、修养、经验

新闻敏感不是靠天赋,既不是许多初学者感叹的看不见、摸不着、虚无缥缈的东西,又不是初学者偶尔的灵感乍现,更不是靠从课堂现学现卖新闻就能获得的。新闻敏感是一位新闻记者长期从事新闻实践的经验和结晶,是新闻记者的知识积淀、心理反应以及对新闻事业责任感等综合能力的职业体现。新闻记者提高知识修养的重要性、必要性和现实意义表现在:一是能提高采访活动的效率;二是能满足受众的求知心理;三是能加强新闻记者的采访写作综合能力。新闻记者的知识积淀主要有以下三个方面。

(1) 理论知识。

马列主义、毛泽东思想、邓小平理论、"三个代表"重要思想和科学发展观等理论,是一位新闻记者主要的、基础性的知识框架,作为世界观和方法论,在什么时候都不会过时。与此同时,新闻记者还要及时学习和补充新政策、新知识。这些大政方针是新闻记者发现与评判新闻的一把"尺子",只有心里常装着这把"尺子",新闻记者面对纷繁而多彩的世界才能心中有数,才能敏感顿生,才能有透视新闻价值的高度。否则,对有价值的新闻,新闻记者只能是视而不见,或者不问新闻事实有无价值,凭空乱抓一气。从实际工作来看,一位新闻记者在采访写作活动中,将新闻报道写短写活固然重要,但是运用自我的新闻敏感看准看深、透过现象看到本质、揭示事物的发展规律也很重要。思维决定行动,一位新闻记者如果判断的深度与广度都不够,那么很有可能即便他敏感地捕捉到一个新闻事件,也会由于深度思考不够,报道了一个浮于表面的简明新闻而已,浪费了一个有巨大影响力的新闻题材。要做到这一点,从根本上来说,取决于新闻记者的政治理论水平和理论基础修养。

(2) 基础知识。

这主要指文学、史学、哲学、经济学、语言学、心理学、社会学、法学等学科知识。此外,新闻记者还应该对天文、地理、数、理、化、医等方面的知识也要略通一点,新闻记者应该是一个广泛涉猎的"杂家"。更有甚者,新闻记者应该是每采访一条新闻,就能学到新的知识,从而成为那篇新闻报道中所涉及行业的半个专家。所以,对于新闻记者来讲,永远是学无止境。

(3) 专业知识。

这是指新闻学专业基础业务知识,主要包括中外新闻理论的基本体系、中外新闻发展史以及采访、写作、编辑、评论、外语、摄影、媒介管理、运用先进的计算机软件进行排版制作等业务知识。

在新闻界,有相当一批新闻工作者没有经过系统的新闻专业知识学习,而是通过自己在新闻实践中的摸爬滚打最后也能应付工作,于是新闻无"学"的观点曾一度占据市场。即便是一些科班出身的新闻工作者,也会觉得新闻业务是个"无底洞",不学以为满足,越学越不知足。事实上,对于职业记者来讲,拥有新闻学专业基础业务知识,能更加主动、迅速地进入新闻记者这个职业角色。而且,即便有了丰厚的新闻学专业基础知识,没有反复深入的新闻实践作积淀,也不能将这种专业知识转化成职场能力。

3. 责任感助推新闻敏感

从心理学的角度来讲,包括新闻敏感在内的新闻采访、写作、编辑等新闻工作都是一项意志活动,必须表现出相应的意志品质来。尤其对于新闻工作来讲,它面对的是广大受众,一旦有小小的失误(不管是主观的还是客观的),都会在大众传播中误导受众,影响面非常大,有的甚至会导致社会动乱。因此,职业新闻工作者对于真实性与时间性追求的社会责任感,使得新闻记者有了意志上的自觉性、持续性和自制性,心理上逐渐形成了耐挫力与耐受力。有了自觉性,新闻记者才能在职业行为中有明确的目的性,并能较为充分地认识活动的社会意义。新闻记者的第一要务就是要具有社会责任感,要把真实的事实在第一时间呈献给受众。有了持续性,新闻记者才能长时间的以超出常人的耐挫力与耐受力去敏感地捕捉新闻,克服重重障碍去采访、去写作,最后呈现给受众一篇真实的新闻报道。有了自制性,新闻记者才能善于控制和支配自己的情感言行,不人云亦云,排除干扰,运用理性思维去判断分析,揭开事实的本来面目。

4. 培养新闻敏感必须坚持的原则

(1) 真实性原则。

新闻的本源是事实,事实是第一性的,新闻报道是第二性的。

① 构成新闻的基本要素必须真实。

构成新闻的基本要素是时间、地点、人物、事件、原因、结果,这些要素是一个新闻事件能被受众理解的基本信息点。可能在新闻事件的发生和发展过程中某一个要素(如原因或结果)一时难以知晓,新闻记者可以将其他几个要素先呈现给受众,使受众在第一时间了解"今天发生了什么事",上述两个不甚清楚的要素待清晰了之后再跟踪报道。

② 新闻所反映的事实环境、条件、过程和细节、人物的语言和动作等必须真实。

新闻报道不同于文学创作,不能有一丝一毫的虚构。即使在谋篇布局、遣词造句时所运用的一些艺术手段,也必须绝对服从事实的真实性原则,基本事实不能出现偏差,否则就不是新闻报道了。

③ 新闻所引用的各种资料必须确切无误。

在新闻中引用的年代、数字、史料、背景资料等,新闻记者在采访中一定要注意反复多方核实,原始资料、权威人士、知情人士都是核实、验证的主要渠道。而一些经过加工的材料,在没有把握的情况下最好不用。

④ 新闻中涉及的人物的思想认识和心理活动等必须是真实的。

有时候,新闻记者受感于新闻事件当事人精神力量的伟大,无形中对当事人的心理活动就进行了自己的联想,如"她在冲上去的一刹那,默念着……""他跳下去时想到……"事实上在紧急关头的一瞬间,即便是英雄人物也来不及想很多。这种新闻报道在拔高英雄人物的同时,也在细节上失去了客观性标准。所以,新闻记者在追求真实性的同时,包括细节的真实也在其追求之列。

⑤ 讲究分寸,留有余地。

这个意思包括两层含义:一是新闻报道既要客观全面,又要注意防止片面化、绝对化。否则,即便是一个基本真实的事实报道出来后会引起受众不必要的逆反联想。如国内媒体曾经广为刊发的《××省人民政府开了四天会没花一分钱》一文,新闻记者的意图是传播一种节约办会的作风。其主导思想没有问题,可是"没花一分钱"这句话太绝对了。这样的新闻报道用词过于绝对化,容易引发受众不必要的逆反联想。二是在许多情况下,某一个具体的事实就局部而言是真实的,但是把其放到全局的大背景下来考量,就很难反映全局的真实情况。因此,新闻报道只能就事论事,不能以偏概全、无限拔高,那样的话只能揠苗助长。

许多的新闻记者在新闻报道中所犯的非真实性错误或因时间紧张来不及对细节进行验证,或因粗心大意将名称、职务等信息书写失误,或因惰性使然合理想象等。应该说除了最后一种原因以外,多属于无心之失。即便如此,对于视真实为生命的新闻报道来讲,容不得半点非真实的文字存在。因为这样不仅会误导受众,而且也会给媒体以及新闻记者自己的职业生涯带来声誉上的损失,使媒体的公信力下降。

探究新闻报道失实的原因主要有以下八个方面。

a. 初步接触,不明要求。

这主要是指一些刚从事新闻工作的年轻记者,由于缺乏工作经验或者没有接受过系统的新闻业务技能训练,在报道时,对新闻报道的基本要求理解不透,客观报道的尺度掌握不准确,常常出现虚构、想象之辞,致使新闻报道失真。所以,从事新闻职业也是一个不断学习、摔打、成熟的过程。

b. 作风浮夸,粗枝大叶。

新闻工作一直强调新闻记者的敏感性要好,要抢时间、抢速度。但这并不意味着在采访中新闻记者为了时效性就可以走马观花、被表象蒙蔽,或者偏听偏信、先入为主,或者心不在焉、应付了事。新闻记者刚工作时出现上述问题比较正常,但是如果自己一直任其下去就会形成粗枝大叶的工作作风,到那个时候想改就不那么容易了。所以,新闻记者既要胆大还要心细,要运用独立思考的能力来分析判断外界不同的观点,用事实说话,方能取信于受众。

c. 知识不足,真假难辨。

新闻记者接触的采访对象各种各样,采访的新闻也是五花八门,不可能对所有采访的新闻都有知识储备。因此,每一次采访事实上都是新闻记者自己吸纳新知识的好机会,这也是推动其不停地往前奔走的动力之一。如一篇《孕妇跳河救人》的新闻报道,由于报道的是英雄人物,所以新闻记者用了"跳河救人"这个词语。当新闻报道出来之后,一位妇产科大夫对此提出质疑,表示如果这位孕妇身怀六甲却跳河救人,那么她所怀的小孩无论如何都会受到致命的威胁,可事后这名孕妇所怀的小孩都安然无恙,说明她当时救人的方式并非是"跳河"而是"下河"。最后,通过核实,孕妇的确是"下河救人"。这个实例也再次说明,新闻采访过程应细致入微、合情合理合法才能让受众感到真实可信。

d. 道听途说,不经核实。

道听途说是新闻记者发现新闻线索的一个重要途径。但是,新闻记者在"包打听"之后,一定要对新闻采访中的人和事加以核实,用三角定位法(即一个事实三方证实)进行验证方可通过公开媒体进行传播,否则就会出现报道失实的情况。如 2013 年 12 月的一条图片新闻《外国小伙扶摔倒中年女子疑遭讹诈》经媒体迅速传播。拍摄者只是拍摄到了这样一组照片,对于事件的真相缺乏调查核实,就想当然地添加了一些文字说明上传到网上。事后经北京警方证实,当事者该外籍男子系无证驾驶,是主要过错方,拍照者也通过微博发表正式道歉声明。这条新闻被评为 2013 年十大假新闻之一。

e. 追求生动,合理想象。

有时候,新闻记者在采访时未能达到全面细致,可是在写稿时又需要一些细节,于是就进行自我"合理想象",结果发表出来造成不好的影响。如苏联战地记者波列伏依曾经到莫斯科一家工厂采访一位成绩卓著的老工人,他并没有亲自见过这位老工人的头发,为了写得更生动形象,他在文中这样写道,"他刮了刮脸,仔仔细细地梳了梳头发……"结果报道刊发出来后,这位老工人当天就找到波列伏依说"您怎么那样写啊?"他当着波列伏依的面把帽子一脱,原来他是秃顶,一根头发也没有。这个实例说明,波列伏依想象当中一般正常人是应当有头发的,所以"他刮了刮脸,仔仔细细地梳了梳头发"也就顺理成章,结果闹了个大笑话,让当事人很不满意。

f. 急功近利,混淆事实。

一些新闻记者出于某种功利思想,争抢"见报第一""轰动效应",把本来还处于欲发生而未发生阶段的新闻,进行"提前报""预言",把"动工"说成"竣工",把"正在收割"说成"喜获丰收"。最后导致报道失实,误导受众。新闻中的这种"膨化"文风是违背了真实性原则的恶劣文风,应当坚决摒弃。

g. 移花接木,牵强附会。

有些新闻报道,就说而言,是真实的,但是由于缺乏对该事实前因后果的分析、解释,为了达到某种拔高的目的,以至于让受众读后有牵强之感。如某报社曾经报道市郊南汇区有一个"长寿乡",报道中列举该地80岁、百岁以上的老人很多这些都是事实。但是在分析老人长寿的原因时,新闻记者在报道中说道:"这个乡之所以成为长寿乡,是因为改革开放以来,农民生活安定,医疗卫生条件得以改善。"[①]这种分析可能只是老人长寿的原因之一,还有生活污染少、心态平和、饮食清淡等可能都是长寿原因之一。

h. 沽名钓誉,胡编乱造。

作为新闻记者,应当严守自己的职业操守,不编造假新闻,不为利益所诱,对社会、受众富有责任感,真实客观地进行报道,把其作为自己从业的心理底线。如果破了这个底线,不仅给自己,而且也会给所在的媒体带来致命影响。如一张由某摄影记者拍摄的曾经获得中央电视台《影响2006》年度新闻图片铜奖的图片,最后被证实是处理过的。这位摄影记者前期的策划想法非常好,为了表现青藏铁路通车这个主题,他选择在列车驶过青藏铁路高架桥的同时有藏羚羊从桥洞底下穿越。这样既体现了改革开放给西藏带来的巨大变化,同时也用藏羚羊巧妙地体现了青藏铁路这个国人引以为豪的工程。但是,当这位摄影记者蹲伏在西藏两个月之后,他的拍摄计划落空了,大桥底下根本看不到藏羚羊的影子。最后由于急功近利的驱使,这位摄影记者进行了移花接木。当这张图片获奖之后,受到来自藏羚羊保护区保护者的质疑,认为藏羚羊是一种非常敏感的动物,在火车从桥上驶过巨大的声响中,藏羚羊根本就不可能从桥下穿越。当这个移花接木的图片被揭穿后,这位摄影记者也因此而付

---

① 刘海贵.当代新闻采访[M].2版.上海:复旦大学出版社,2011.

出了沉重的代价。

(2) 思想性原则。

传播信息是思想性得以实现的客观条件。在今天的形势下,传播马列主义、毛泽东思想、邓小平理论、"三个代表"重要思想和科学发展观,传播社会的正能量已经成为媒体的共识。要传播社会主义核心价值观,抓准问题是关键,抓党的方针政策在贯彻执行过程中迫切需要解决的问题(如反腐倡廉的问题),抓广大群众普遍关心的问题(如医疗费高居不下的问题)等。

(3) 时间性原则。

时间性就是新闻的时效性。为此,新闻记者的时间观念要转变,工作作风修养要加强。

(4) 采编人员分工不宜过细。

在现在这样一个网络互通的时代,采编人员分工过细的纸媒明显竞争力弱于其他类型的媒体。所以,作为传统媒体的纸媒纷纷转型为"一报一网"。

(5) 先简后详地连续报道。

当新闻记者发现一个重大突发性事件时,由于时效性原因,可以先以简明新闻(字幕新闻)的形式报道出来,然后再细化成消息,再进行深度报道等,这样就能够既不漏掉新闻,又能够由简入繁,把新闻报道一步步引向深入。

四、注意事项

(1) 多听、多看、多思考是新闻记者具有新闻敏感的前提,新闻敏感的培养更需要长久坚持。

(2) 一位新闻记者对新闻的"敏感神经"应该融入自己的心里,成为心理定势反应,成为"职业病"。

五、实训操作

1. 发现新闻线索的渠道

有许多新记者一开始进入工作岗位不知道去哪里寻找新闻线索。如果让新记者先从主观上认知有哪些渠道最容易发现新闻线索,然后再有针对性地去实践,那么就会比较快地进入职场角色。

以下运用完全行动法进行发现新闻线索的实训。

完全行动法也是项目教学中常用的一种实训方法。它打破了传统教育"满堂灌"的模式,让学生在行动中学习知识、掌握技能、抒发情趣。除了组成基础小组以外,还要组成学生专家小组,与指导教师一起共同为每个基础小组评定成绩。学生既是学习者,又是专家代表,有参与评定成绩的权力。这就增强了小组的荣誉感,在学习、讨论与竞争中获得技能。

(1) 实训步骤。

工具:每个学生准备笔记本1本、笔1支;小组准备8开展板1个、彩笔若干支、剪刀1把、胶水1瓶;1间50平方米带有黑板的标准教室。

第一步：布置任务(5分钟)。

组成6人为一组的基础小组,指导教师提出"从哪些渠道可以发现新闻线索"这个问题。指导教师请每个组员独立思考该问题。

第二步：小组讨论(10分钟)。

每个组员将自己独立思考的答案与小组的其他组员一起分享,然后小组组员相互交流,最终形成小组的答案,并以书面形式记录下讨论成果。

第三步：组成专家小组(15分钟)。

每个基础小组推荐1人组成专家小组。专家小组获得各基础小组的讨论结果,同时在专家小组里相互交流本组的讨论结果。指导教师参与旁听并记录下讲解要点。

第四步：循环交流(10分钟)。

每位专家再回到自己所在的基础小组,向基础小组依次报告专家小组的讨论成果。基础小组根据专家小组的讨论结果,取长补短,最终形成本组的答案。

第五步：展示、评定成绩(15分钟)。

每个基础小组把最终的讨论结果制作成富有个性的展板,选一个组员进行讲解,其他的基础小组可以实时进行提问,展示组有义务回答。专家小组与指导教师一起为每个基础小组打分,成绩取二者的平均分值。

第六步：教师点评(20分钟)。

指导教师针对讨论、展示的结果,解析正确的答案并说明理由,以便学生加深印象。

(2) 评析内容。

① 通过党的政策、决议及负责人的讲话、活动获取。

党的政策、决议及各类政界、商界负责人的讲话、活动是时政动态新闻的主流内容,而且这类政策、决议又带有浓烈的法律性质特征,属于全国各级政府、单位需要遵照执行的。任何一个党的政策、决议均会对全国各地相关领域产生重大影响。因此,关注党和政府的政策、决议及负责人的讲话、活动信息发布将是获得时政动态新闻和本地化时政动态新闻的最好渠道。如2016年7月14日人力资源和社会保障部公布《人力资源和社会保障事业发展"十三五"规划纲要》。这个纲要针对国人退休和养老方面、工资收入以及社保方面都有很多的变化。

针对这个纲要,所有的新闻记者都会发现并捕捉到这样一个"变化",即人力资源和社会保障部关于延迟退休以及公务员的基本工资调整的政策即将出台,其具体内容是什么,对已经退休和即将退休人员有何影响,退休年龄怎样延迟,养老金怎样适当提高等。其关涉的受众人群较多,属于重大本地化时政动态新闻。

② 通过各种会议简报获取。

在现在的社会生活中会议众多。这些会议都有非常大的信息传输价值,新闻记者可以通过参会发现很多有价值的新闻线索,同时还可以利用会场这个聚集要人的平台,在短时间内采访到许多自己想要采访的对象。作为社会细胞的各个单位群体,除了各类媒体传播的信息以外,各行业也有一个传播行业信息的内部平台。一位新闻记者在被媒体分到某个行业口子上之后,要及时获取行业简报信息,从中发现新闻线索进行采访。

③ 通过新闻记者的耳闻目睹获取。

从来没有一位新闻记者不搜寻任何信息,只是坐在办公室里苦思冥想就能写出新闻报道的。当一位新闻记者浏览完公众媒体信息依然没有找到任何新闻线索的时候,就不能只被动地等候新闻线索的出现,而要到社会生活中去发现新闻线索。耳闻目睹,是新闻记者感知世界的最佳渠道,无论是坐车还是步行,新闻记者听到、看到、感受到的人或事都或将成为一篇重大新闻报道的起点。

例文 1-7

富家子飙车撞死人该当何罪 可判 10 年以上[①]

....

5月7日晚8时许,年仅25岁的小伙子谭卓在杭州市区穿越斑马线时,被这辆三菱跑车撞死,留下了年迈无所依的父母和女友……根据警方调查,肇事者为20岁的胡某,是杭州某高校学生。事发时,他的两名同伴也各自驾驶跑车,在市区道路上飙车……

【例文评析】

例文 1-7 这篇新闻报道是新闻记者亲眼目睹发现的线索。新闻记者可能是路遇这起突然发生的车祸现场,也可能是肇事方的同学告知新闻记者,还有可能是新闻记者从交警队那里了解到的情况线索等。所以,一个新闻记者的感官,不是普通人的感官,他带着自己特有的视觉、听觉、嗅觉,以一种超出普通人的敏感气质,去感知生活中那种新的、有影响力的、有特异性的事件,自己去发现新闻线索。

④ 通过新闻记者对日常情况的积累获取。

为什么老记者的新闻线索总是源源不断?这与老记者的日常积累有直接关系。一位新闻记者在被分到某个或某几个行业口子上之后,首先应该对这个行业做一个全面的了解,这样一旦到了某个关键的时间点,新闻记者就会发现新发生的事件,并预测可能会发生的变化,新闻报道就有源源不断的线索了。

另外,无论一位新闻记者采访过什么新闻,都是对其以后再次采访这类新闻的积累。如某位新闻记者曾发表过关于新疆库尔勒香梨的新闻报道,就会知道每年新梨上市的季节在8月10日左右。那么快到8月初的时候,这位新闻记者就要向有关方面了解今年库尔勒新梨

---

① http://news.sohu.com/20090512/n263901505.shtml.

的产量、价格、预期销售等情况,并与去年进行对比,这样就能通过日常积累发现变化之处并报道新闻。

⑤ 通过广大受众、亲友的提供和与他们的接触获取。

新闻记者也是一个普通人,需要与人交往、与家人共处。关键是新闻记者的新闻敏感神经是埋藏于自己的日常生活之中的,无论是吃饭、闲聊还是旅游等活动,新闻记者都会从点点滴滴中发现新闻线索。

2. 培养新闻敏感的具体方法

(1) 培养对新闻的强烈兴趣。

新闻记者要培养自己对新闻的强烈兴趣,特别是要培养那种发现新闻的愉悦心理、自我价值实现的认同感。

一位优秀的新闻记者之所以能成为无冕之王,首先源于他对于自己职业的热爱与兴趣。试想一下,一个对新闻职业没有兴趣的人,其在工作中必是属于被动型的角色,犹如算盘珠子一样,即便是从事惯常性工作,也不可能拥有工作给其带来的欣喜感、成就感和价值感。因此,一位新闻记者要培养自己的新闻敏感,首先从培养自己对新闻的兴趣入手,培养自己发现新闻线索的欣喜感;再通过自己的采写,终究会体会到新闻报道在公开媒体上发表的价值感与被社会认同的成就感。

(2) 培养好奇心。

好奇心是指人们对自己所不认知的事物、现象所产生的新奇和感兴趣的心理冲动。新闻记者这个职业常被称为"包打听"。"眼观六路,耳听八方",新闻记者是社会活动家,只有充满了好奇心,才能激发新闻敏感,努力捕捉新闻事实。一位好奇心强的新闻记者对周围的事物总有一种新鲜感,善于联想与思考,喜欢多问几个"为什么",思路开阔,善于运用逻辑思维进行(正向或逆向)比较、推理和判断,总想刨根问底,把问题搞个水落石出。处于这样的好奇心状态的人,会对普通人认为再平常不过的事情留心留意、察言观色,积极挖掘事件背后隐藏着的真相,心里总是蕴藏着一种多报新闻、报好新闻的职业冲动。

(3) 培养每天阅读、关注主流媒体新闻动态的习惯。

想要成为一位职业记者,每天至少要完整地观看一次中央电视台的新闻节目或者浏览新闻三大门户网站。新闻记者这个职业是走在社会发展前沿的瞭望者,观看主流媒体新闻的目的是为了对国家和政府的大政方针,对国家的发现现状、发展趋势有一个正确的了解与把握,使自己的思维始终保持着一种耳聪目明的状态,站在形势发展的最前沿。

(4) 培养注意力。

注意是人的心理活动对一定对象的指向和集中。心理学研究表明,人的心理活动分为无意注意和有意注意,尤其是无意注意向有意注意的转化是养成新闻敏感不可或缺的重要条件。新闻敏感的养成是新闻记者对各种有关事物先进行有意注意训练。如夸张的形状、色彩、广告牌;未曾听说过的事件、人物活动;耳闻目睹当中的具有显著特征性的物体、言语、动作、人群等都应引起新闻记者的注意。经过长时间的有意注意训练,使自己逐步把有意注意变成职业习惯,形成新闻职业敏感的应激反应能力。

综合素质较高的新闻记者,无论是工作,还是休闲,都会有第六感观,也就是新闻嗅觉或新闻感观,一切信息都会经过这个"新闻筛"的挑选和过滤,一旦有新闻线索触网,无意注意会立即调动有意注意的神经,对新闻事实进行搜寻、捕捉、加工。诚然,一位新闻记者新闻敏感素质的高低,主要表现在从无意注意到有意注意之中,对事物新闻价值判断的精确程度上。如果无意注意转化为有意注意之后,花费了时间和精力,不值得报道或者说报道的新闻价值不大,那就证明这位新闻记者的新闻敏感的有效性不强。无意注意转化为有意注意的速度,是衡量新闻敏感强弱的重要尺码,新闻敏感的学问主要表现在这个转化速度上:不该转的草率转了,表现为"神经过敏",结果是徒劳无功;该转的没有转,会丧失机遇漏掉新闻,表现为麻木迟钝,是失职的行为。

(5) 培养发散思维、联想思维和比较分析的思维能力。

所谓发散思维能力,是指新闻记者往往接触到的是事件的个体,这只是一个点。这个点能否成为一个新闻事件,是要通过该新闻记者迅速的联想、类比、对比等发散思维能力来分析判断这个事件是否具有新闻价值。如果新闻记者判断这个事件在这一类事件中具有重要性、显著性外加时新性特征,那么基本上可以判断这是一个新闻事件,否则就不是。

只有通过类比和对比,新闻记者才能知道在大量的事实中哪一条新闻价值最大。只有通过联想,新闻记者才能将新闻事件的意义和价值想深想透。新闻记者通过发散思维能力使自己站到一定的高度,想到一定的深度。有经验的新闻记者,总是一边记录采访的材料,一边记录偶尔迸发出的思想火花,如分析、思考、归纳、疑问、感想等。这样边采访、边分析、边归纳,待采访结束,哪件事从哪个角度写心中就有数了。与此同时,在采访中发现的新的新闻选题也就确定了。总之,比较和分析的过程是一个"淘金"的过程,一个"剥皮"的过程,它能帮助新闻记者透过现象看本质,抓住最有新闻价值的东西。

(6) 培养敏感的气质。

敏感气质的外在表现形式是新闻记者在个性特征上对外界反应的灵敏度特征。从心理学气质类型学说上来说,具有多血质、胆汁质气质的人,对外界的反应更敏感。我们会发现周围有许多优秀的新闻记者都具有这种敏感与睿智的气质,他们身上的这种敏感与睿智最主要得益于自己的责任感,他们对新闻事业的热爱以及在新闻行业里长期的积淀。当然,新闻记者经常有意识地培养自己的好奇心,培养自己对外界事物超出常规的敏感度,对任何事物都抱着"三多"(多问、多看、多想)的态度,作为一位新闻记者来讲怎样都不过分。这样,经过长时间的训练,新闻记者就会具有这种敏感的气质。

(7) 培养发现新闻线索的持续能力。

很多时候,新闻记者在采访一个新闻事件的时候会同时发现了另外一条新闻线索。这时新闻记者要迅速地在采访本上用醒目的标记记下,等本次采访一结束,立刻落实刚刚记下的新闻线索是否具有真实性等大致情况。第二日晨会新闻记者就可以申报这个新闻选题,等上一篇新闻稿件一交稿就可以立刻继续采访这条新闻。这样,一位新闻记者的新闻线索就会源源不断。一般来讲,一位新闻记者的手中同时要握有三条线索:一是正在采访的新闻事件;二是即将发生的新闻事件;三是正在孕育的新闻事件。

3. 每日晨会筛报新闻选题的具体方法

(1) 先完整地浏览中央电视台、各门户网站的新闻各一次,特别要注意波及全国范围的时政动态新闻(新政策、新法规、新动向等),通过发散思维把能够本地化的新闻线索筛选出来、记下来选报。

(2) 查阅采访本中以前采访时随手记录下来的新闻线索选报。

(3) 将与家人、朋友相处、相聚时听闻的新闻线索落实选报。

(4) 电话咨询归属于自己蹲点的行业口相关负责人后,对其提供的新闻线索进行梳理、落实后选报。

(5) 查阅媒体当日的新闻热线,经过筛选后选报。

(6) 对每日耳闻目睹的新鲜事进行梳理落实,尤其对那些含有"第一""最后"等显著性特征突出的事件要加以特别关注并选报。

(7) 在晨会选题申报的头天晚上或者第二天申报选题前,必须将上述工作一一梳理完成。

(8) 选出的新闻线索得到主编的认可后,认真听取、记录主编对这篇报道新闻采访与写作前的指导。

(9) 如果上述方式的选题都被主编否定,这时新闻记者要到大街上、市场中去转一转,另辟蹊径,寻找新闻线索。

4. 校内实训基地实训

学生利用校报、校电视台等进行养成新闻敏感的职业习惯的实训。

5. 校外实训基地顶岗实习

学生利用校外新闻媒体进行养成新闻敏感的职业习惯的综合实习。

六、总结点评

(1) 新闻敏感是许多新闻初学者的第一道门槛。经不起这道门槛的考验者多会对自己的新闻悟性以及自身适应工作的能力产生怀疑,自然也会被淘汰于新闻职业之外。

(2) 新闻敏感能力的获得固然有先天的气质因素,更多的则是对一个新闻工作者学习能力、实践能力以及耐挫力的考验。

(3) 新闻敏感能力的获得一方面是因为新闻工作者对新闻的持续热爱,更重要的是把新闻事业当作是自己的使命,体现了自身的社会责任感。

(4) 新闻敏感能力的获得,是从偶然一次的新闻线索发现的,逐步形成职业习惯,最终成为自身的一种心理应激反应能力。

七、拓展提高

（1）为什么不是学习新闻专业的人也能从事新闻工作？

（2）同样是新闻记者，为什么别的同事能从与家人的聊天中听出新闻，我怎么就听不出来呢？

（3）走在大街马路上，新闻记者怎样才能发现新闻？

（4）想要获得新闻线索，新闻记者最好通过哪些渠道才能获得？

（5）新闻记者应怎样从别的新闻媒体的信息中发现自己所需要的新闻线索？

（6）蹲点的时候，新闻记者要怎样与行业人士进行沟通联系？

（7）每年的6—8月都是我国长江沿岸抗洪形势严峻的时期，如果你是一位新闻记者，应如何运用发散思维能力预测可能发生的新闻事件？

（8）美国著名记者泰勒在初当记者时，有一天，总编交给他一个任务，是采写一位美国著名女歌星的演出报道。泰勒准时来到了该歌星的演出地点，满以为剧场门口会人山人海，可他所看到的是空空如也。原来剧场外挂了一块牌子"因故停演"。泰勒想，既然演出已经被取消，自己就只能返回了，而且这篇演出报道的任务也就没有什么可写的了，自然取消。于是，他未经请示，擅自回家蒙头大睡。半夜里，急促的电话铃声将他唤醒，总编怒气冲冲地拿着别的报社已经印好的第二日要发行的报纸对泰勒吼叫："由于你的失误，使我们今天报纸的销量大跌，其他报纸都在头版头条刊登了那位女歌星自杀身亡的消息。"

请根据上述例子回答问题：泰勒在这次采访中有什么不妥之处？针对这次采访怎样做才是正确的？

（9）任务考核。

全班分成6人一组，分别到农贸市场、商场、影院、书城、人才市场等实地去发现新闻线索。每个小组至少要发现2条新闻线索，进行采访，并将其中的1条线索写成600字左右的新闻稿，同时配以3张以上现场采访图片，做成PPT文件。

每个小组将做成的PPT新闻稿运用多媒体平台在全班进行展示讲解，并说明本组发现新闻线索的理由以及方法。小组组员互评，指导教师即时评析。学生组成专家组与指导教师一起给各小组打分，取平均分值（分值中还包含有团队合作、PPT制作等分项），公布成绩，指出存在的共性问题。

项目二　新闻采访行动

　　本项目是在发现新闻线索,通过晨会向版面主编申报新闻选题并得到确认和指导之后进行的具体采访活动。本项目与新闻敏感都属于新闻采访这个学习领域,它也是新闻记者岗位的核心职业能力之一。这个能力位于整体新闻记者职业能力的中段,采访的成功与否、翔实与否意味着一篇新闻报道能否顺利写作出炉,能否挖深挖透,能否使新闻价值最大化。

　　新闻采访行动是一个系统工程,一般分为第一阶段、第二阶段和第三阶段,通常也称采访前期、采访中期和采访后期。采访的第一阶段也即采访的策划与准备阶段。这是在新闻记者得到新闻线索后,对新闻选题通过集体讨论决定从什么角度去报道,图片应如何拍摄,准备什么背景资料,对新闻事件中的哪个人物进行专访等所做的访前准备与策划。采访的第二阶段是现场观察和提问阶段,这个阶段是新闻采访行动的核心阶段。新闻报道内容是否真实、丰富,不仅要听采访对象说什么,而且更要用新闻记者的感官去现场看、听、嗅、触、品等,这样既有助于受众留下对新闻现场的直观印象,又有助于验证采访对象口述的真伪。新闻报道是否翔实,与新闻记者提问内容的全面性、提问方式的开放性有关。问什么,如何问,目的只有一个,即达到有效提问。采访行动的第三个阶段是记录和验证阶段。在这个阶段里,新闻记者在问的同时,要把采访内容的要点、遗忘点等关键内容记录下来;事后迅速整理,运用多方求证、电话回访、资料查询等多种方式验证,最后形成新闻报道的基本内容。

任务一　访前准备

有些新闻初学者认为新闻采访准备没那么重要。俗话说："预则立,不预则废。"任何事情只要做好充分的准备,成功的把握就大一些。新闻采访也是一样,即便是对一些突发事件的采访,新闻记者临时接到任务无法准备,然而他们应对起来却从容不迫。有些人认为新闻记者的这种应激反应能力带有很大的偶然性,事实上新闻记者在这看似没有准备的表面之下,在平日里下足了准备工夫,运用平时的采访工具准备、知识积累、经验积累、路径的疏通、临场应对心理素质等才能出色地完成任务。

教学目标

通过对访前软件、硬件各项工作的充分准备、策划,明晰报道思想,为采访创造良好的条件。

案例导读

里约奥运会于北京时间2016年8月6日开幕,这次夏季奥运会也是继2014年世界杯后又一巴西体育盛事。

作为新闻记者,你需要做哪些采访准备？

工作任务

(1) 认知访前准备的具体内容。
(2) 通过实训能够将访前所需的软件、硬件等都准备妥当。

实施流程

一、术语解释

1. 访前准备

访前准备是指新闻记者接到采访任务后在采访之前所做的准备工作,既包括硬件设备的准备(如笔、采访本、手机、录音笔、照相机等),又包括软件资料的准备(如采访提纲、被采访人的资料、采访时间的约定等)。

2. 采访计划

采访计划是指大体的采访活动流程,新闻记者确定要访问的部门、人员及其先后顺序,设想一下写什么主题、体裁,多少字,确定采写周期等。

3. 采访提纲

采访提纲是指所要提问的大纲细目,即新闻记者提问的主要内容。

二、工作要点提示

(1) 新闻记者确定将要采访的新闻事件有哪几个主要人物,采访地点在何处,路程远近。

(2) 新闻记者要列出采访提纲。

(3) 新闻记者要准备好相应的访前硬件设备与各类软性资料。

三、方法技巧

1. 明确报道思想

报道思想是指新闻报道的目的以及实现这一目的的范围、内容、方法。它是媒体依据党和政府在一定时期内有关的宣传报道方针、政策、策略而规定的新闻报道所要达到的目的,以及要达到目的的方式方法的大体框架。

(1) 新闻采访目的受报道思想的制约并服务于报道思想。

在每次采访之前,新闻记者要明确本次采访的目的,则成了整个采访行动的指南。然而,要明确采访目的,必然会受到报道思想的制约,也就是说,新闻记者不能游离于报道思想之外随意确立采访目的。这个报道思想是所在媒体对党和政府的大政方针、政策等在新闻报道中的体现,是某新闻事件价值最大化的体现,也是所在媒体的定位体现。一般新闻初学者在申报选题被主编确认时,主编就会对报道思想加以明确与指导;老记者在接受重要报道任务时也要与主编共同探讨报道思想。这样,根据报道思想,确立采访目的、采访范围、采访对象、采访时间等,采访行动的目的性就一目了然。当然,在采访中新闻记者如果有新的重大主题发现,则要及时与主编沟通,改变报道的侧重点。如果采访目的偏离了报道思想的约束,就容易导致采访行动的盲目性、随意性和片面性,最终导致失败。

(2) 报道思想要符合实际。

采访目的要服务于、服从于报道思想,同样,报道思想也要符合客观事实。新闻报道是真实事实的报道,报道思想毕竟是主观的策划,它如果与新闻记者在现场看到的事实出入很大,那么就一定要按照事实的本来面目进行报道,这是一位职业记者的操守。如在2008年的冬季,一位新闻记者了解到由于我国南方长时间冰冻雨雪天气,导致天寒路滑,云、贵、湘等省区的煤炭供应趋紧,按照惯常思维,由于冬季取暖用煤量大,他估计自己所在的地区煤炭供应也应该紧张。结果这位新闻记者到了当地煤炭厅经了解才知道,本地煤炭的供应基本平衡。这样的事实就与原来的报道思想产生冲突。但是这位新闻记者并没有固守原来的报道思想,而是运用逆向思维的方法——南方煤炭供应紧张,本地却很平稳,也不失为一条好新闻。

报道思想与主观"框框"实质上是一回事,只不过是一个问题的两种说法而已。但不管怎样,新闻报道的主题都要以事实为基准。

2. 如何进行采访准备

(1) 平时准备。

俗话说:"养兵千日,用兵一时。"一般来说,一位新闻记者如果仅仅是写一篇千字左右的消息,那么,他连采访带写作的时间也不外乎是 4 个小时左右,此时新闻记者必须集中全部精力,运用一切可以运用的方法、资源、交通工具,调动自己所有的感知器官来完成这个任务。因此,在有限的采访时间内,新闻记者平时的准备就显得非常重要。新闻记者的平时准备主要有以下内容。

① 理论的准备。

即新闻记者要根据形势的发展需要,有计划、有系统、有针对性地学习政治理论,熟练运用马列主义立场、观点、方法去研究解决实际问题。新华社资深记者郑伯亚说得好:"提高记者采写水平的决定性环节是提高记者的理论水平。只有这样其采访才有深度,写作才能站在全局看问题,有高度、有深度,才能使事件的新闻价值最大化。"

② 政策的准备。

从某种意义上来说,新闻记者是执政党大政方针的传播者、解读人。对于这个角色来讲,只有新闻记者先吃透了政策精神,才能面对一个新事件的发生,用政策的尺子衡量它、解读它、报道它。否则,新闻记者的采访就没有依据,所提的问题就切中不了要害,新闻价值就达不到一定的高度。

③ 情况的准备。

由于新闻记者是眼观六路、耳听八方的"包打听",所以本能地面对一个新闻事件,脑海里会立刻调出存储在其中的有关该事件的所有已知或相关信息、记忆,这就是情况的准备。这种准备可能是完整的,也可能是碎片化的、正面的、反面的、政策面的、基层的、外界的、自己观察到的或者曾经采访过的、听说的等。实践证明,积累、熟悉这些情况,新闻记者在采访时就能更好地了解过去、认识现在、预测未来,能更好地从客观的角度把握事件的定位,不会先入为主、极端、主观,失去了新闻记者的客观性立场。

④ 知识的准备。

新闻记者的博学多识来源于平时的积极储备与采访实践经验经历的储备。采访对象如果遇见一位博学多识的新闻记者,就会以一种平等的心理(无论采访对象的地位有多高)接纳对方,并对这位新闻记者产生敬意。知识的准备对新闻记者的访前行动有什么优势呢?

一是有助于新闻记者同采访对象进行迅速有效的沟通。

新闻记者与采访对象往往是话不投机半句多,如果新闻记者所提问的问题不能引起采访对象的兴趣与注意,那么对方会觉得是在浪费时间,就会敷衍了事。如果采访对象认为新闻记者的问题能问到点子上,尽管新闻记者不是这方面的专家,对方也会对新闻记者刮目相看,会把新闻记者想知道的事实真相全部都告知。

二是有助于新闻记者敏锐地捕捉到有价值的新闻事实。

新闻记者若是知识功底扎实或准备充分,那么面对采访对象所述的材料,会立刻做出自己的判断。否则,新闻记者就会与有价值的材料失之交臂或者让采访对象牵着鼻子走,失去事实的真相。

三是有助于新闻记者深刻地揭示新闻主题。

新闻记者的知识储备充分,看问题就能达到一定的高度和深度,深刻揭示新闻主题就不是难事。如《羊城晚报》的主编让两位新闻记者去看看在全国农村都实行联产承包责任制的改革开放形势下,昔日计划经济中的"三面红旗"之一的大寨大队有没有什么变化。结果等两位新闻记者到的时候正好赶上大寨大队分田到户。两位新闻记者立刻敏感地意识到,如果连大寨大队这个计划经济的最后一个死角都实施联产承包责任制了,那么,全国各地农村还有哪个地方没有实施联产承包责任制呢?这个具有划时代改革意义的主题使《大寨也不吃大锅饭了》这篇新闻报道荣获"中国好新闻奖"。

(2)临时准备。

新闻采访作为一种复杂的意志活动,有时新闻记者必须面对突发事件和突发情况。这时,新闻记者的灵活应变准备能力就起了关键性作用。这包括新闻记者头脑中对采访对象相关资料的收集、熟悉,采访活动计划的拟订等复杂应激性反应和新闻记者的应变准备过程。不经历这一过程,采访目的就难以实现。另外,面对千差万别的采访对象,采访的方法、采访的特殊性也是多种多样的,这要求新闻记者做出全面、合理、灵活的权衡行动,制订和选择对实现采访目的最为有利、时间最有效的计划方法。因此,新闻记者除了做好平时准备以外,临时准备也必须认真施行。

新闻记者的临时准备主要有以下内容。

① 收集新闻事件的相关资料,打有准备之仗。

新闻记者要在最短的时间内注意采访事件的前期发展事实和后期发展脉络,预期该事件可能出现的结果,这就是俗称的新闻背景储备。

② 熟悉和研究采访对象的基本情况,找准心理差异。

新闻事件当事人的基本情况包括性别、年龄、职业、经历、学历、特长、兴趣等,新闻记者在采访时了解的越翔实,对其特有的心理差异的判断就越准确,就越容易打开对方的采访通道。不管新闻事件中有几个主体人物,新闻记者都要了解他们的基本情况。

③ 拟订采访计划和调查纲目。

这是新闻记者主观愿望与客观实际行动更能趋向一致,实现采访目的的不可缺少的一步工作。许多时候,新闻记者接到的采访任务是突发性的,可以利用乘车或步行的时间档口在头脑里大体规划一下采访提纲和所提的问题。

④ 检查有关物质的完备情况。

新闻记者要检查必备的采访证、笔、采访本、电话、录音笔、照相机(摄像机)、钱包、充电器、身份证等。如果出远门采访,新闻记者还要检查自己的行李箱等。

四、注意事项

(1) 在采访时,新闻记者要避免带的东西过多或过少,以实用、够用为好。

(2) 新闻记者访前准备的硬件设备基本上是模式化的,在工作中应常备。

五、实训操作

1. 访前软件、硬件必需品准备

以下运用魔术盒教学法进行采访准备的实训。

魔术盒教学法是项目教学中通过变魔术的方式来提高学生的动手能力和学习兴趣的一种方法。它主要是将实训中需掌握的要领,通过变魔术,一一展现在学生的面前;运用猜谜竞技方式,调动猜谜小组争取荣誉的心理以及其他观摩小组的尝试心理和评判心理。这种方法适合于直观简单实训任务的完成。

(1) 实训步骤。

工具:指导教师准备笔记本电脑包1个,里面装有采访时需要带的多种物品(封闭状态)。每个学生准备笔记本1个、笔1支;小组准备8开展板1个、彩笔若干支、剪刀1把、胶水1瓶;1间50平方米带有黑板的标准教室。

第一步:布置任务(8分钟)。

组成6人为一组的基础小组。指导老师在某个基础小组中挑选一个语言表达能力较强的组员用手摸笔记本电脑包里面的物品,描述物品的形状、颜色、用途,但不能说出物品的名称。该组员可以指定本组的任何一个组员与其配合说出自己描述的这个物品的名称,另一个组员在展板上把物品的名称记录下来,在展板上贴上物品名称词条。

第二步:小组记录讨论(10分钟)。

其他基础小组的组员可以同时记录下关于所述物品名称的答案,然后相互讨论并各自说出理由,最后形成小组共同的答案,以词条的形式贴在展板上。

第三步:物品展示(10分钟)。

被选定小组的组员此时将笔记本电脑包中的物品一一向大家进行展示。指导老师提问提示性问题:这些物品在新闻记者职业工作中应该是做什么用的?缺了什么物品?多了什么物品。

第四步:讨论补充(10分钟)。

每个基础小组的组员相互交流笔记本电脑包里物品的用途,把第三步里提出的3个问题的答案以词条的形式贴在展板上,特别要注明缺少的和多余的物品。每个展板由各基础小组自行设计,要求富有创意、生动形象。所有基础小组的展板贴在指定位置,并派一个组员进行讲解。

第五步:教师点评(20分钟)。

指导教师针对每个展板的讨论结果以及存在的问题,解析正确的答案并说明理由,以便学生加深印象。

(2) 评析内容。

访前需准备的随身基本必需品,硬件有笔、采访本、手机、记者证、通讯录、现金、身份证、银行卡、录音笔、照相机(平面媒体记者选用)或摄像机(影视媒体记者选用)、钥匙。不是说一位新闻记者在采访时带的物品越多越好,因为新闻记者在紧急采访的情况下可能需要步行、钻洞、上山等,负荷太重,行进的速度就会减慢,会失去观察真相的最佳时机。但是,新闻记者也不能什么都不带,如果是那样的话,遇到一些艰苦的环境将无法开展工作。访前需准备的随身基本必需品,软件有采访提纲(如果采访提纲在采访本里也可以忽略)、简略的人物背景资料。

2. 预约的具体方法技巧

(1) 新闻记者了解采访对象的工作性质、职务。

(2) 新闻记者了解采访对象的工作时间和可能接受采访的时间。

(3) 新闻记者了解采访对象的心理接受度。

① 积极配合型。

积极配合型的采访对象会积极按照新闻记者的要求提供素材,显得十分主动热情。

② 一般协作型。

一般协作型的采访对象的态度公事公办、不冷不热,采访活动显得平静无高潮。

③ 蓄意应付型。

蓄意应付型的采访对象根本不愿意接待新闻记者,态度冷漠生硬,拒不回答或否认自己知晓的情况,甚至与新闻记者唇枪舌剑,挖苦讽刺新闻记者。

(4) 电话预约。

一般来说,新闻记者在预约采访对象时通常先采用电话预约的方式。这种方式能使新闻记者方便快捷地知道对方是否愿意配合采访。

(5) 书面预约。

有的单位在预约采访时需要走正规的程序,即用电子邮件的方式先发送至该单位相关负责人,该负责人再将电子邮件传送至更高层的负责人以决定是否接受采访。这种预约的方式按部就班,但是非常耽误时间。

(6) 让采访对象自己约定时间、地点。

新闻记者在与采访对象沟通之后,确认采访对象愿意接受采访的信息时,可以在新闻记者自己可控的时间内让采访对象自己挑一个可以接受采访的时间和地点。

（7）非常规性无约而至。

这类采访对象总是以各种各样的理由拒绝、推脱采访。或因为新闻事件很敏感，采访对象不好说、不敢说或不愿说，故这种方式只能在采访对象故意推脱、拒绝采访的情况下运用。这里无约而至的时间最好把握在会后、饭后、采访对象一个人独坐在办公室这些时间段里。当新闻记者无约而至见到采访对象时，被拒绝是预期之中的事情，新闻记者常常会用"给我5分钟时间"这样的话语打动采访对象，迫使其接受采访。

3．校内实训基地实训

学生利用校报、校电视台等进行访前准备必备物品的实训。

4．校外实训基地顶岗实习

学生利用校外新闻媒体进行访前准备必备物品的综合实习。

六、总结点评

（1）访前准备需要充分，新闻记者工作是一项常常需要应对突发情况的工作，有备无患。

（2）不能因为有备无患，就竭尽所能把能带的都带上。新闻记者常常需要行动迅速，带的东西够用适度即可。

（3）万一有什么物品缺失，新闻记者可以就地灵活迅速地寻找替代品。

（4）家中常备方便出差的行李箱，里面需装好必要物品以及随身衣物用品，以备应对突发事件到外地采访。

七、拓展提高

（1）一位新闻记者外出采访忘了带记者证，时间又不允许他回家去拿，这时他应该怎么办？

（2）一位体重为50公斤的女记者身上背了20公斤重的设备工具，你认为她带的设备工具是重了还是轻了？如果要减负的话，她可以减去哪几样？

（3）有些记者认为，外出采访不需要对新闻事件的人物背景做过多的了解，认为这是浪费时间，对此你有什么看法？不做软性资料的准备会出现什么结果？

（4）一位初入媒体的新记者在老记者的带领下去采访新闻，可是当到达采访对象的面前时，采访对象已经说了3分钟，新记者依然手足无措地站在那里，直到老记者喝令他"赶快记呀"，他才恍然大悟。那么，这位新记者正确的做法应该是怎样的？

（5）"无约而至"的采访往往出现在什么采访情况之下？

（6）对于重要领导的采访，一般要先通过哪个部门去进行预约？如果总是预约不上，媒体又催着交稿件，新闻记者应该怎么办？

（7）思考一下，著名记者法拉奇一般都是通过什么渠道预约上各国政要作为自己的采访对象的？

任务二 现场观察

现场观察是新闻采访非常重要的环节。俗话说:"耳听为虚,眼见为实。"当新闻以其真实性为自己的生命之时,现场观察就成为体现新闻真实性的一个最直接的表现手法。进行现场观察类的采访行动,就意味着新闻记者自己站在了离真实的事实最近的地方,让自己的这篇新闻报道最接地气,也就最有公信力。

教学目标

充分调动学生的所有感官,特别是视觉器官,按照新闻主题的逻辑思路,对新闻现场进行仔细观察,给受众呈现最真实的描写图景。

案例导读

北京机场两乘客误机　闯入控制区拦飞机要求登机[①]

北青网9月17日消息,9月14日清晨北京首都国际机场,两名旅客,一男一女,因误机与值机人员发生冲突,随后撞倒值机人员,冲进登机桥,闯入机场控制区,无视安检人员的阻拦,冲到飞机前阻拦飞机出港,逼迫机组开舱门让其登机,该航班为CA1519,由国航787-9执飞,预计9:30推出。

据了解到,这两名旅客没有接到值机的通知而导致误机,其本人就在登机口休息,回过神儿来飞机已经准备出港了,这才发了狂般冲了下来。

事件惊动了各部门领导,15分钟后国航值机部门领导来机坪与旅客协商,不过完全没效果。

女性旅客理直气壮,无视工作人员的劝告,坚持要登机,不让她登机飞机就别想走。

机组表示意见很统一,不允许开门。

最后女性旅客被男性旅客强行拖走,两人上了公安警车,随后飞机滑出,全程延误20分钟。

---

① http://news.sohu.com/20160917/n468559120.shtml,有改动。

上述案例主要是报道 2016 年 9 月 17 日在北京首都国际机场发生的一个新闻事件。在新闻报道中,新闻记者多次运用了现场观察的采写手法。请你根据文中的新闻事实运用倒推法,指出新闻报道中的哪些地方新闻记者运用了现场观察的手法?这些现场观察的事实是通过新闻记者的哪些感官表达出来的?其又是按照一种怎样的逻辑线条串联起来的?新闻记者要通过这些事实表达的是一个什么样的主题?请你画出这些现场观察的逻辑结构图示。

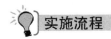

（1）认知新闻现场观察的方法及作用。
（2）运用多种感官特别是视觉器官对新闻现场进行有目的的观察。

实施流程

一、术语解释

1. 现场观察

现场观察是指新闻记者运用视觉、听觉、嗅觉、味觉、触觉等感觉器官以及大脑同时运作,以视觉为主,从而使主观认识与客观事实相一致的现场采访形式。

2. 现场观察的特点

（1）强调现场观察即是强化视觉、听觉、嗅觉、味觉、触觉等新闻记者的感觉功能。因为人的一切认识活动都必须靠感觉开始,感觉是人的感觉器官与客观实际相联系的反应;其中,视觉是人的感觉中最灵敏的感觉器官。

（2）能核实新闻事实的真伪,增强新闻的可信性。有些新闻失实的主要原因,是新闻记者仅凭当事人的一番言语或者摘编简报的某个结论所致。当事人的描述的确对还原事实真相非常重要,但不可否认的是当事人也会带有这样或那样的自我主观色彩。如果新闻记者没有到现场看个究竟,佐证当事人的描述,那么新闻记者的心里就不踏实。其呈现的事实可信度难免遭人质疑。如果新闻记者到了现场,真实的场景状况一目了然,事实的真伪用自己的眼睛就能判断出来,不受外界观点的干扰,可信度自然就增加了。

（3）能激发鲜明、生动地表达事物的灵感,增强思维的敏捷性。许多新闻记者在采访的时候常常遇到的一个难题就是采访的基本材料有了,主题并不十分清晰,不知道从何说起,脑子里很混乱。这个问题反射出新闻主题模糊状态,抑或是导致新闻"由头"的选择出现障碍,这常常源于新闻记者在现场观察中缺乏一次灵感的洗礼,尽管新闻导语的类型有很多种,但是一条生动的让人过目不忘的导语却是新闻记者通过现场观察获得的表现主题的绝佳灵感机遇。

(4)能加深对主题的理解,增强新闻的深刻性。人们对客观事物的认识是从现象到本质、从感性认识到理性认识的过程。巴尔扎克描写老葛朗台的吝啬,是从他住的房子、点的蜡烛、吃的饭食等开始观察的。新闻记者也应该是这样,如"黑心米粉"事件,新闻记者先走进黑心米粉的生产环境:结了许多污垢的汽油桶;压米粉机上结着的蜘蛛网;加工好的米粉晾晒上面,一个女人的内裤正在往下滴水……当这一切现场通过新闻记者的眼睛展现出来的时候,不用多余的话语,受众自然得出了"黑心米粉"的结论。

(5)能为通俗地解释事物提供前提,增强新闻的可读性。有些新闻报道的专业性很强,对受众来讲是一个非常陌生的领域,如报道我国第一艘航母辽宁舰等,新闻记者在采访中亲临现场,对其进行现场描述(长、宽、高、航速、战斗机的起落等),让受众一下子就有了直观的印象,增加了新闻的可读性。

二、工作要点提示

(1)新闻记者首先要有"耳听为虚,眼见为实"的现场观察意识。
(2)在现场观察前,新闻记者的头脑里要有一个大概的主题思路。
(3)新闻记者按照主题思路去观察。
(4)如果在现场观察中有突破原来构想的主题思路的场景,新闻记者要以事实为主修正原来构想的主题。

三、方法技巧

现场观察是新闻真实性的突出体现,也是新闻客观性原则的实现基础。世界上最优秀的新闻报道都有大量篇幅的现场描写,有些战地记者为了能进行现场观察,还受众一个真实的事实真相,甚至为此付出了生命的代价。现场观察的主要方法技巧如下。

1. 明目的

新闻记者在进行现场观察之前,首先要明确观察的目的是什么。这个目的直接与新闻报道的思路密切相关。只有新闻主题在新闻记者的脑海里基本成型,现场观察的范围、角度以及重点观察对象的选定才可能清晰起来。

2. 多请教

在现场观察中,新闻记者可能会涉及自己不熟悉的专业领域,这时要虚心地向被采访单位的专家或熟悉情况的人请教。另外,新闻记者最好由专家现场陪同观察,这样可以提高观察效率,保证对事实认知的准确性。

3. 抓特点

新闻记者在进行现场观察时,应凭借敏锐的"新闻眼",突破全面,烛幽探微,抓住富有个性特征的典型、细节,窥一斑而观全豹,为自己呈现的新闻主题提供全面的事实支撑,也为自己的新闻报道找到新闻"由头"。

4. 选地点

所谓地点,是指新闻事件发生的直接区域。现场观察的"现场"就是新闻事件发生的现实场合。新闻记者不能离这个区域太远,否则其听觉、视觉、触觉等很难接触、感受到事实的真相。突发事件尤其要求新闻记者在第一时间要赶赴现场,为受众再现或还原"当时这个地方或此时此地这个地方到底发生了什么"。

5. 善用脑

有些新闻记者虽然身临实地进行观察,却抓不住有价值的事实。为什么会出现这种情况呢?就是因为新闻记者没有形成明确的报道思路,没有在观察之前用脑思考"我到底要观察什么""我想观察什么""在哪里才能观察到这些事实",所以显得现场观察杂乱无章,即使有价值的新闻出现在面前也会视而不见,与重大新闻失之交臂。新闻记者的现场观察从某种意义上来说不亚于律师为自己的辩论寻找证据。新闻记者是在给自己的新闻报道寻找真实的场景与物证、人证,只不过把这些材料描写成了典型的人和事。

6. 主题的最终确定要服从事实观察

新闻记者在进行现场观察时有可能会出现突破自己事先设定的报道思路的情况,发现了更为有价值的新闻主题。这时,新闻记者要服从事实,使新闻价值最大化。

例文 2-1

新疆五家渠共青团农场西瓜滞销瓜农挥泪甩卖　私家车来随便装[①]

都市消费晨报讯(记者于江艳　马元摄影报道)　一年到头起早贪黑,辛辛苦苦种出来的西瓜,却因为"生不逢时",全堆在地里卖不出去。

由于西瓜成熟较晚,今年五家渠共青团种植的上万亩西瓜滞销。

8月9日,记者在五家渠共青团农场的一块瓜地看到,八九百亩的大条田田埂上堆满了大大小小的西瓜,偶尔有少数的瓜贩来拉西瓜,价钱便宜得也似白送的一样,一公斤核算下来只有几分钱到一毛钱。

中午时分,张淑文坐在自家的瓜地里,一动不动,像是一尊雕塑一样,人仿佛一夜之间傻了。"一下赔了十二三万,我都不知道该咋办了,现在脑子已经是一片空白。"

---

① 于江艳.新疆五家渠共青团西瓜滞销瓜农挥泪甩卖　私家车来随便装[N].都市消费晨报,2016,有改动.

张淑文嗫嚅着说。

眼泪在眼眶里不停地打转,但硬是憋了回去,忍住没有流出来。

不想说再多的话,也无心卖瓜,张淑文就这样静静地坐着。担心媳妇想不开,老公李兴伟一直陪着媳妇坐在地里,两人一人坐一个大西瓜上面。瓜已不值钱,李兴伟已无心再卖……

记者了解到,7月初,新疆西瓜地头收购价达到1.20—1.30元/公斤,到7月中旬跌到1.00元/公斤,到7月下旬跌到六七毛钱一公斤,而进入8月西瓜价格骤然下跌,从六七毛钱跌到三四毛钱,然后是两三毛钱,尤其是最近两天立秋的一场秋雨,将西瓜价格彻底"浇凉",天气太凉没人吃西瓜,瓜贩也不来地里拉瓜,西瓜一下降到几分钱到一毛钱一公斤……

为何今年种瓜就等于赔本,五家渠共青团瓜农崔见伟给记者分析道,今年7月上中旬时,虽然西瓜价格行情好,但是内蒙古和宁夏的西瓜也没下来,到7月底8月初,内蒙古、宁夏、新疆三地的露地西瓜扎堆到一起上市,虽然新疆西瓜甜,但新疆毕竟距离内地城市太远,所以内地瓜商来新疆拉瓜的越来越少。

同时,最近天气偏凉,西瓜消费量也迅速下滑,致使北疆晚熟西瓜普遍滞销。目前,不只是五家渠共青团农场西瓜便宜,包括昌吉老龙河、石河子西瓜都跌到一两角钱一公斤,即便是最有名气的石河子下野地西瓜现在也只卖两三角钱一公斤。

地里的西瓜已经熟透,可是收瓜的瓜贩不见踪影。五家渠共青团农场的瓜农们急了,他们纷纷跑到农场附近岔路口拦车,"看到内地的大半挂车就去拦,还有本地的小皮卡车也拦,双手在胸前比画出一个西瓜大的圆形,是经常收瓜的他们看到的能懂,要是拦停车了就爬上去缠着下来收瓜,他们不收瓜就不让走,就这样死拉硬拽才将收西瓜的人拦了一些来。"瓜农李长青说。

据悉,五家渠共青团农场今年种植的露地西瓜有上万亩,其中仅李兴伟、崔见伟、李长青等约10户瓜农种植的西瓜就有八九百亩,目前他们合计商量决定:只要不让西瓜烂到地里就好,凡是乌鲁木齐市民、昌吉市市民、五家渠市市民开着小轿车来拉瓜,包括越野车在内,到地里随便装,装满一车给50块钱赔钱拉走。

目前,瓜农们发出的信息已有好心人转发到微信朋友圈,最近一两天已陆续有少量乌市市民开着私家车去地里拉瓜,"昨天有个乌市来的私家车主,拉了满满一车西瓜,车后备厢、车后排座位上全部塞满了西瓜,我们也是只收50块钱。"瓜农李长青说。

今年，李长青的姐姐李秋芳，弟弟李长江、李长旭都在五家渠共青团农场包地种西瓜，4家人总共种了470亩西瓜。今年一家赔一二十万元，他们打算将西瓜卖完后，去摘西红柿、摘棉花，挣点路费钱回老家。

……

【例文评析】

例文2-1这篇新闻报道为"新疆五家渠共青团农场西瓜滞销"新闻事件。由于这类新闻事件发生时新闻记者并不一定在现场，所以，事发当天或得知线索之后，新闻记者要在最短的时间内赶赴事发现场，按照突发事件的主题逻辑，循着新闻六要素的逻辑思路，尽可能多地展现事发现场的真实场景，这对新闻报道的真实性起着决定性作用。该报道真实性的体现是依靠以下四个现场采访描写构筑的。

（1）新闻记者目击现场。

在新闻报道的第一段导语段中就有这样的现场描写："8月9日，记者在五家渠共青团农场的一块瓜地看到，八九百亩的大条田田埂上堆满了大大小小的西瓜，偶尔有少数的瓜贩来拉西瓜，价钱便宜得也似白送的一样，一公斤核算下来只有几分钱到一毛钱。"新闻记者先用视觉从宏观的范围直观目测到西瓜的数量"多"，买瓜者"少"，受众通过新闻记者的视觉的对比感受到西瓜市场向买方市场一边倾倒；再从听觉上让受众感受到一公斤"几分钱"，确实可谓白送，使得受众的印象非常深刻。

（2）两名瓜农来还原西瓜滞销事件的现场。

当事人之一：五家渠共青团农场瓜农夫妇李兴伟、张淑文。从视觉上观察"张淑文坐在自家的瓜地里，一动不动……人仿佛一夜之间傻了""眼泪在眼眶里不停地打转"，李兴伟"担心媳妇想不开""两人一人坐一个大西瓜上面。瓜已不值钱……"；又从听觉上继续感受"在新疆赔得底朝天，老家还有五六万块钱贷款，真的不知道未来怎样过。"

当事人二：五家渠共青团农场瓜农李长青。通过视觉行为"看到内地的大半挂车就去拦，还有本地的小皮卡车也拦，双手在胸前比画出一个西瓜大的圆形，是经常收瓜的他们看到的能懂，要是拦停车了就爬上去缠着下来收瓜，他们不收瓜就不让走，就这样死拉硬拽才将收西瓜的人拦了一些来。"不买就拦车的"强卖"现场，显示出瓜农的无奈之举。

（3）新闻记者目击微信朋友圈现场。

"目前，瓜农们发出的信息已有好心人转发到微信朋友圈，最近一两天已陆续有少量乌市市民开着私家车去地里拉瓜"五家渠共青团农场瓜农李长青说："昨天有个乌市来的私家车主，拉了满满一车西瓜，车后备厢、车后排座位上全部塞满了西瓜，我们也是只收50块钱。"运用听觉、视觉还原卖瓜实际上是送瓜。

(4) 现场目击者分析此次西瓜滞销的原因。

当事人之三：五家渠共青团农场瓜农崔见伟。新闻记者通过听觉分析滞销原因："今年7月上中旬时，虽然西瓜价格行情好，但是内蒙古和宁夏的西瓜也没下来，到7月底8月初，内蒙古、宁夏、新疆三地的露地西瓜扎堆到一起上市，虽然新疆西瓜甜，但新疆毕竟距离内地城市太远，所以内地瓜商来新疆拉瓜的越来越少。""同时，最近天气偏凉，西瓜的消费量也迅速下滑，致使北疆晚熟西瓜普遍滞销。"

总之，例文2-1新闻记者运用了视觉、听觉等感官，对新疆五家渠共青团农场西瓜滞销的事实，由远及近、从面到点、从整体到典型个案都进行了现场还原，不仅展现了西瓜滞销的场景，而且也展现了人物的内心世界，特别是通过对3个瓜农的人物肖像、言谈举止、心理等的现场描写，把西瓜滞销给瓜农带来的惆怅、无奈情绪都真实地报道出来，受众好像自己也在现场一样，具有真实感。

四、注意事项

(1) 现场分析是新闻报道展现其真实性最有效的方式之一，当一位新闻记者需要报道一条新闻时，应该第一时间先到现场进行观察，到得晚了，有可能现场模糊杂乱，不能还原事件发生的真实情况。

(2) 一位新闻记者所进行的现场观察应该是有目的性的，这个目的与新闻报道的主题相一致，因此新闻记者要在现场观察之前对所报道的新闻事件有一个基本的预判，进入现场后是有所侧重的。

(3) 当然，如果新闻记者在现场观察中发现了新的重大事实，也要及时重新修正自己的报道主题。

五、实训操作

1. 通稿记者"五官"让受众感受真实性

案例倒推法是项目教学中非常有特点的一种实训方法。这种实训方法是指导教师先给出一个成型的新闻报道案例，然后让学生根据案例内容倒推出该新闻报道的逻辑思路、报道意图。因为新闻报道的原则之一是客观，即新闻记者对自己报道的意图、情感不能在叙述中直接宣泄，而是要通过大量事实的列举，让受众自己去判断是与非。在这种情况下，学生可以通过新闻报道中列举的事实还原出新闻记者的报道意图和逻辑思路。

根据例文2-2运用案例倒推法进行现场观察的实训。

例文 2-2

地沟油是如何流向餐桌的?①

中国网络电视台消息(焦点访谈):最近,公安部公布了在"打四黑除四害"的专项行动中,破获的10起制售地沟油的案件。这些案件涉及的地域广,人数多,作案手法多样,隐蔽性强,比如说其中一起典型案件就涉及江西、广东两省,制售地沟油达1600多吨。追根寻源,这些流向餐桌的地沟油,源头竟然来自一个打着生物柴油研究招牌的看似正规的企业。

大量收购潲水油　精炼成地沟油

这家企业名叫江西省环宇生物柴油有限公司,从名字上看,很正规,也很环保。但是前不久,当地警方怀疑该企业在制售地沟油,对其进行了突击检查。

据江西省南昌市南昌县公安局治安大队行动中队万勇中队长介绍,他们一进到厂子里面,就发现到处都是又脏又臭,走路都不能走,鞋子都能够粘掉。在车间里,摆放着大量飘散着酸臭味的油桶,里面装的都是从市面上收购来的地沟油大约有二三十吨。

地沟油又叫潲水油。潲水油就是餐厨垃圾上面漂着的那层油。老曾是潲水油收购户,他从养猪户那里收购来这些潲水油之后,还要再过滤沉淀一下。老曾说,从去年开始,环宇公司每个月都要从他那里进这种地沟油。一个月有一车,一车有百把桶。每桶380斤,百把桶就意味着环宇公司每月单单从老曾这里就收购30多吨地沟油……

……那么环宇,作为一个没有生物柴油生产资质的公司,为什么大量高价收购潲水油呢?在警方对环宇的突击检查中,发现了不少生产生物柴油根本不需要的原料和设备。

…………

据了解,白土是一种吸附剂,主要用于动植物油脂的精练。这个企业里的白土,究竟是做什么用的呢?该公司的老板万爱梅说,是他们7月份生产饲料混合油没有用完的。

除了白土,厂里还有制盐、脱色罐、蒸馏塔等这些和生物柴油无关的设备,对此,万爱梅的解释是都是用来制售饲料混合油的。而根据工商注册的备案,环宇公司也不具备生产饲料混合油的资质。

---

① http://news.cntv.cn/program/jiaodianfangtan/20111217/117376.shtml,有改动.

饲料混合油的国家标准中有一个重要的卫生指标,酸价≤20。可是在万爱梅和下家广东省东莞市胜辉饲料制品经营部签订的购销合同中,酸价明确要求<2。酸价越小,说明油脂质量越好,新鲜度和精炼程度越好,我国食用植物油的卫生标准是酸价≤3。这家企业为什么对饲料混合油的要求要向食用油的标准看齐呢?万勇说,这正是让警方怀疑的地方,因为生产生物柴油一般不那么注重酸价的。

原来,所谓生产饲料油,只不过是万梅逃避监管的一个托词。去年,万爱梅花了20万元进了一整套的先进设备,专门用来精炼地沟油。经这套设备精炼过的地沟油,酸价低、杂质少、颜色纯、无异味,从表面上看与食用油区别不大。

提纯地沟油　散装变精装　销往批发零售点

这些精炼过的地沟油,被卖给了广东一个名叫张胜飞的人……

据张胜飞说,他以前是跑运输的,拉油罐车,由于一些人经常雇用他的车拉这种油,他发现其中有利可图。为了赚取更多的利润,张胜飞从万爱梅处购买精炼的地沟油,在黑窝点进一步提纯,通过冷凝器等设备,把动物油脂逼出来,以便假冒食用油时,不会在低温下凝固,露出马脚。然后张胜飞把这些假冒散装食用油,卖给了粮油批发市场经营户。其中,中天食品有限公司的老板王文义是张胜飞最重要的客户。

王文义把从张胜飞那里买来的深加工地沟油与正品食用油勾兑,根据季节和气温的不同,勾兑比例也不同,目的是为了避免假冒食用油在常温下凝固。然后,分装成了不同容量的精装"食用油"——花生调和油。"花生调和油",就是把勾兑过的地沟油,颜色调得更透明一些,然后再掺入花生香精。

王文义不仅在地沟油的颜色和味道上做了手脚,而且还贴上了20多种未经注册的食用油商标,销往了粮油市场。据警方调查,这些油主要销往佛山、惠州、广州等地的粮油批发店及零售店。

就这样,地沟油经过层层加工包装之后,大摇大摆地走上了百姓的餐桌……

(1) 实训步骤。

工具:每个学生准备笔记本1本、笔1支;小组准备8开展板1个、彩笔若干支、剪刀1把、胶水1瓶;1间50平方米带有黑板的标准教室。

第一步:任务布置(5分钟)。

组成6人为一组的基础小组。小组组员独立思考下列问题:例文2-2这篇新闻报道的现场描写有哪些?这些现场描写的事实片段是按照何种逻辑线条架构起来的?新闻记者通过这些现场描写要表达一种什么样的观点?

第二步:小组讨论(10分钟)。

小组在讨论中形成一致的结果,并以书面形式记录下讨论成果。

第三步：教师引导(15分钟)。

指导教师在黑板上将例文 2-1 中新闻事实的逻辑思路用下图标识出来：

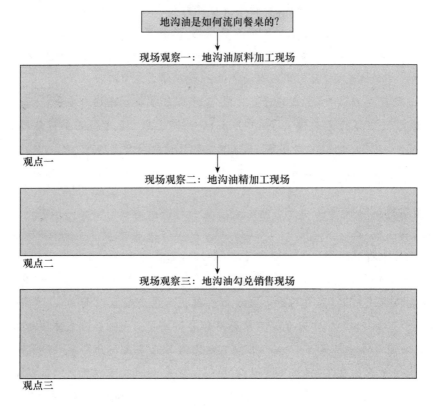

第四步：小组填空(20分钟)。

其中的 3 个基础小组根据指导教师所提供的案例现场观察逻辑思路，分别将每个具体现场的观察内容填写在相应的方框中并说明理由。

另选 3 个基础小组分别补充、修正前 3 个基础小组的填充情况并说明理由以及要表达的观点。

第五步：教师点评(30分钟)

指导教师根据每个基础小组填写的内容一一进行点评，并说明理由。

(2) 评析内容。

最后，通过新闻记者给受众算了一笔账，万爱梅精炼地沟油，每吨净利约 1000 元。张胜飞深加工提纯成假冒散装食用油，和王文义把假冒"散装"变成假冒"精装"食用油这两个环节，每吨纯利润就高达 3000～4000 元。在这样的利益驱动下，通过这样的加工销售渠道，黑心地沟油大摇大摆地流向百姓的餐桌，具体的评析内容参见第 61 页的图示。

2. 校内实训基地实训

学生利用校报、校电视台等进行现场观察的实训。

3. 校外实训基地顶岗实习

学生利用校外新闻媒体进行现场观察的综合实习。

```
                        ┌─────────────────────────┐
                        │ 地沟油是如何流向餐桌的? │
                        └───────────┬─────────────┘
                                    ↓
                    现场观察一：地沟油原料加工现场
      ┌──────────────────────────────────────────────────────────┐
      │ 1. 嗅觉：新闻记者和警方闻到的味道是又脏又臭。            │
      │ 2. 触觉：粘脚，走不动路。                                │
      │ 3. 视觉：二三十吨的地沟油油桶。                          │
      │ 4. 加工现场堆积着大量的让地沟油脱色的白土以及制盐、脱色罐、蒸馏塔等。│
      │    这些是和生产生物柴油无关的设备。                      │
      │ 5. 新闻记者看到万爱梅和下家签订的购销合同中，酸价明确要求<2，看齐食用油。│
      └──────────────────────────────────────────────────────────┘
  利  观点一：现场观察结果是，环宇生物柴油有限公司具备了加工地沟油的一切条件
  益                       ↓
  驱           现场观察二：地沟油精加工现场
  使  ┌──────────────────────────────────────────────────────────┐
  黑  │ 1. 新闻记者看到张胜飞从万爱梅处购买地沟油的合同。        │
  心  │ 2. 新闻记者看到张胜飞为了进一步对地沟油提纯而购置的冷凝器等设备。│
  地  │ 3. 把大桶地沟油进行散装假冒食用油，卖给了粮油批发市场经营户。│
  沟  │ 4. 跑运输的人卖起食用油。                                │
  油  └──────────────────────────────────────────────────────────┘
  流  观点二：精加工现场具备了从桶装到分装冷凝提纯的条件
  向                       ↓
  百           现场观察三：地沟油勾兑销售现场
  姓  ┌──────────────────────────────────────────────────────────┐
  的  │ 1. 王文义把从张胜飞那里买来的深加工地沟油与正品食用油勾兑的现场。│
  餐  │ 2. 20多种未经注册的食用油商标。                          │
  桌  │ 3. 新闻记者看到那些掺入花生香精的"花生调和油"。          │
      │ 4. 销往佛山、惠州、广州等地的粮油批发店及零售店。        │
      │ 5. ……                                                    │
      └──────────────────────────────────────────────────────────┘
  观点三：勾兑销售现场具备了调味、兑色、假冒商标贴制、销售渠道通畅的完善条件
```

六、总结点评

（1）新闻记者的现场观察是体现新闻真实性的最重要方式之一，因此在一篇新闻报道中要尽可能多地运用现场观察的采访手法。

（2）新闻记者在现场观察时注意一定要围绕着新闻主题来观察，而不能漫无目的，应使新闻采访更具有有效性。

（3）在进行现场观察时，新闻记者应透过现象看本质，防止被人为的假现场所迷惑。

七、拓展提高

（1）每篇新闻稿件采访都需要进行现场观察吗？

（2）新闻的现场观察与文学作品的现场观察有什么区别？

（3）新闻记者现场观察的采访方式是放在采访主要采访对象之前还是之后？

（4）现场观察对于一篇新闻报道起着怎样的作用？

（5）现场观察在新闻报道中的篇幅需要多大？在语言表达上有什么要求？

（6）下面是一篇有关小孩被抢的新闻报道，请你运用案例倒推法，将该报道的现场观察一一标明，并说明其现场观察的逻辑思路。

女子广场抱走小孩 被众人拦下竟倒地耍赖①

如今无论是网络还是朋友圈都疯传抢小孩的消息,不知道是真是假。但是近日,在武汉武昌民族大道上钱村尚谷杰座小区门口,就发生了一起女子抢小孩的真实事件。当天一名小女孩就在小区边上玩,而一名女子竟然抱起女孩就走,所幸小区一名居民及时发现并拦截。

昨天上午9点钟前后,在尚谷杰座小区大门口的广场旁,拉面馆老板韩先生正在店里忙碌,3岁的女儿独自在距离拉面馆约50米的广场边玩耍。尚谷杰座业主邱女士说,当时她在路边吃早饭,看到一个红衣女子躺在附近的花坛中。她觉得奇怪上前查看,谁知红衣女子爬起来就追她,邱女士赶紧跑开。没过一会儿,红衣女子就靠近韩先生的女儿。她抱起小女孩,一边走,一边说:"去给你买吃的,买玩具。"

邱女士觉得这个女子并不是拉面馆老板的家人,便上前去追。红衣女子抱着小孩刚走出约50米,就被邱女士拦住了:"这是你的孩子吗?你要带她去哪里?"红衣女子放下小女孩,小女孩迅速朝着自家拉面店跑去。

然而令人没有想到的是,这个女子被群众拦下后,竟一头倒地并哭泣,表现出情绪失落。随后群众报警,民警很快赶到将女子带走。真是太猖獗了!光天化日之下当街抢小孩,不得不说这些人贩子在利益的驱使下,什么事都做得出来。各位家长一定要照顾好自己的小孩,不让这些人贩子有可乘之机。

任务三 访中提问

新闻记者所有的采访活动轴心就是"问"。问什么,怎么问,这是新闻记者提问的关键。新闻记者提问的目的是要把自己想要的新闻材料通过采访对象的回答叙述出来。如果这个环节失败,新闻记者采访完之后的写作任务就无法完成,等于做无用功。采访提问有多种多样的方式,有谈心式的提问,也有请君入瓮式的追问……无论采用哪种方式,最后都以获得真实的材料为佳。这也是新闻记者呈现自我表达能力、沟通能力、心理素质以及人格魅力等的巨大平台。

教学目标

通过对采访对象的提问,获取新闻报道所需要的全面、客观性材料。

---

① http://news.qq.com/a/20150706/041745.htm?pgv_ref=aio2015&ptlang=2052,有改动。

案例导读

一场经典采访是怎么诞生的——法拉奇 PK 基辛格序曲[①]

看法拉奇的书真是一种享受,犀利、智慧、幽默,同时又告诉你很多秘密。比如她采访过的那些顶尖政客中,哪个受访者同她一样犀利、智慧、幽默,哪个只是徒有其表又愚蠢的家伙。

《风云人物采访记1》收录了太多经典采访战役,用战役来形容,实在是因为这些对话的火力、谋略不亚于任何真正的战争,只看其中一场大战的小小序曲就能深有体会。

《风云人物采访记1》开篇收录的就是法拉奇采访中国人民的老朋友:基辛格。

她说:这个人太著名,太重要,太幸运了。他被人们称为超人、超级明星、超级德国佬。他拼凑自相矛盾的联盟,签订无法实现的协议,他可以在他想见毛泽东时就能见到,在他想去克里姆林宫时就能进去,在他认为合适的时候叫醒美国总统并进入总统的房间。他能建议发动战争或结束战争,他自认为能改变甚至已经改变了我们的命运。

关于他的书有几本。《基辛格和弄权》记述了他的政治和文化生涯,这书是个曾同他一起在大学任教的人出于对他的钦佩而写的。《亲爱的亨利》则专门颂扬他富有诱惑力的才华,作者是一位爱慕基辛格的法国女记者。基辛格从来不愿与他那位大学同事讲话。一提起这些作者,他就会做一个表示厌烦的鬼脸,并扬起他那肥实的手,打一个否定的手势,表示对方"什么也不懂"或那作品"没有一点儿是事实的"。

就是这么个难对付的,而且从不单独接受记者采访的基辛格,在看了法拉奇对越南人民军总司令武元甲将军的采访后,居然回复可以考虑与她对话,同时也提出了苛刻的受访条件:他在接见中将什么也不告诉法拉奇,而法拉奇得说话,他将根据法拉奇所说的来决定是否接受她的采访。也就是说,法拉奇必须先接受一场小战役考验,只有战胜,才能进入更大的战场。对法拉奇来说这很不公平但也很公平,好比一场高手对决,而她必须先"挨打",也只有"挨得住打",她才有与此高手对决并名留青史的机会。

一开场,基辛格就带有敌意,比如面无表情,比如让法拉奇尴尬地站在办公室中间,自己却在办公,比如选高于法拉奇的椅子坐,制造居高临下的局面。法拉奇真的紧张了,但她也从他的虚张声势中看出他的不自信。任何人都和传说中不一样。第一回合:平。

紧接着,基辛格开始询问法拉奇采访武元甲的细节,以及她对这个美国越战对手的看法。这个回合很有意思,两人一会儿像朋友一样,传递着对方不知道的信息并交换意见,一会儿又成了敌人。法拉奇必须利用基辛格对信息的渴望而设下小小的圈套,以便自己能留在这场对决中,不被过早踢出局。基辛格虽然上当了,但他也得到了他想知道的消息,25分钟后,基辛格终于同意受访。第二回合:法拉奇完胜!一场最著名的采访事件,诞生了!

[①] http://www.jyb.cn/book/dskp/201203/t20120328_485473_1.html,有改动。

之后的一小时里基辛格边工作边回答问题,在接到尼克松总统的电话后匆匆离开,采访就此打住。

法拉奇整理并发表了采访录音,其结果是在国际上引发核爆般的轰动,无论从文化、历史、政治、新闻等任何角度讲,这次采访都成为人类最重要的记录之一。

法拉奇:基辛格博士,我已经感觉到了。我从来没有采访过一个像您这样避而不答问题或对问题不作确切解说的人,没有人像您这样不让别人深入了解自己。基辛格博士,您是不是有点腼腆?

基辛格:对,我是个相当腼腆的人。另一方面,我觉得我还是相当沉得住气的。您看,有人把我描写成一个苦恼和神秘的人物,也有人把我描写成乐天派,整天嘻嘻哈哈:这两种形象都不准确。哪一个都不是我……我是……不,我不告诉您我是什么样的人。我对谁都不说。

类似上文,虽然基辛格在整个采访中都是这种回避的态度,但依然被法拉奇迂回地挖出了不为人知的许多东西。采访披露后,尼克松对基辛格十分恼火,无论是基辛格打电话还是亲自上门,尼克松都拒绝见他。因为基辛格居然对一个记者说了让他很不高兴的话。在很多事件上基辛格说的是"我如何解决"而不是"我们如何解决"。第三回合:法拉奇完胜!当然,最后尼克松和基辛格和解了,他们策划的停战实现了,一年后基辛格还当了国务卿,得了诺贝尔和平奖。

法拉奇是"世界采访之母",她最擅长的就是对世界各国政要的采访,这也使得她作为一名新闻记者而享有崇高的荣誉。在这篇新闻报道中,法拉奇最想了解到基辛格对越南战争的看法。请你梳理出法拉奇是怎样通过一个又一个问题接近这个目标的?她的灵活应变采访能力体现在哪些方面?

工作任务

(1)认知新闻采访的提问是与采访对象的心理交流过程。

(2)通过新闻采访的提问技巧与采访中的心理交流过程的实训,能够获取新闻报道所需要的全面、客观性材料。

实施流程

一、术语解释

1. 采访提问

采访提问的实质是运用谈话的方式与采访对象进行沟通的一种方法,是新闻记者采访活动的主要实施形式,也是关系到采访活动成败的关键。

2. 心理沟通

心理沟通是指新闻记者运用有效的交流方式,调节融洽的谈话气氛与采访对象进行心灵沟通,达到最终采访目的的心理过程。

3. 倾听

倾听是指新闻记者在提问的同时集中注意力来进行记录采访对象叙述内容的感官过程。倾听是采访中提问之后的重要环节。听得清楚,新闻记者才能拥有主动提问、问什么、怎样问的主控能力。

二、工作要点提示

(1) 新闻记者要创造良好的访问条件。

(2) 新闻记者提问的问题要简明易懂。

(3) 新闻记者要认真倾听采访对象的谈话内容、谈话语气,理解采访对象的谈话心理。

(4) 新闻记者对访谈中出现的偏离主题的现象要及时调整应对。

三、方法技巧

1. 怎样创造访问条件

为什么要创造良好的访问条件?因为新闻记者要在有限的时间内,最大限度地挖掘出所需要的事实材料,然而,采访对象的配合态度、性格以及心理反应各不相同。面对这些心理反应不一的采访对象和种种复杂的采访局面,新闻记者又要限时限刻、有质有量地完成采访任务,除了掌握熟练的采访方法、技巧和具备良好的意志品质以外,新闻记者在访问前和访问中还必须创造各种良好的访问条件,为采访任务的顺利完成创造条件。否则,访问效益难以实现。

新闻记者在采访中应创造哪些访问条件呢?

(1) 商定适宜的访问时机。

从心理学的角度来讲,人们从事一项活动,必欲先对这项活动产生注意,继而靠一定的注意稳定性去支配从事这项活动的兴趣和持续力。采访行动也不能除外。要想使采访对象顺利地接受采访,就得先让其对新闻记者的采访行动产生注意和一定的注意稳定性。

但是,在当今信息高速发展的时代,人们对新闻记者的采访已经不像以前那样觉得神秘,而是司空见惯,有一部分采访对象甚至持有一定的反感情绪。这是因为现代媒体竞争非常激烈,新闻记者的身份已经由原来的指令性安排新闻采访变为现在主动到各行各业去找新闻、抢新闻,寻求采访时机。同时,采访对象也有自己的工作,有时会因为接待新闻记者而受到干扰,有时会因为口风不紧而受到上级的批评等。由于种种原因导致许多的采访对象不愿意接受新闻记者的采访。因此,新闻记者不能用粗暴命令的口气强迫采访对象接受采访,而是需要运用一定的智慧与技巧来商定较适宜的访问时机。

一是让采访对象自己约时间。这样做一方面可以让采访对象抽出空闲时间,便于注意的指向、集中和稳定,避免干扰;另一方面也可以使采访对象在访前有所准备,所回答的内容比较充分。不足的是这种方式可能会延误新闻的时效性。所以,一般新闻记者即便让采访对象自己选定时间也是在自己的可控范围内,不能盲目超越媒体规定的写稿和截稿期限。

二是与采访对象一起工作或生活片刻。尤其是针对一些口不善言或者对新闻记者有一定误解的基层采访对象,最好的方式是新闻记者与他们一起工作或生活片刻,让采访对象在心理上接受记者,后面才能说出新闻事件的实情。

三是在采访对象故意推诿、不接受采访的情况下,新闻记者要主动预约,并给其限定一个可采访的时间范围。

(2) 设计得体的仪表风度。

新闻记者与采访对象多是第一次见面,必然会给采访对象留下第一印象。何谓第一印象?就是第一次见面给对方留下的印象,包括新闻记者的体态、服饰、气质、仪表、谈吐等表象特征。记者与采访对象的关系是平等的关系,只有对方在心理上信任你、尊敬你、接受你,这种平等的关系才能建立起来,采访对象才愿意把自己知道的真实情况告诉新闻记者,新闻记者才能顺利地完成采访任务。

新闻记者在工作场合的服饰要求是庄重大方。一般来说,参加新闻发布会,女性记者可以穿的颜色艳丽一些,这样可以让主持人迅速地看到自己,增加提问的机会。如果新闻记者到机场、剧场、会场、宾馆等场合去采访外宾、领导、专家、演员等,不妨着意修饰一下自己,以符合礼节规范,甚至连细节也要注意。如果新闻记者到田间、地头、车间、矿区等基层单位进行采访,则尽量要穿着朴实,便于行动,便于与采访对象一起工作、生活。

(3) 讲究文明的言谈举止。

在采访中,新闻记者稍有不慎,一个动作或是一个眼神、一句口头禅便可能导致双方正常的交流沟通受阻。这是因为这些可能会刺伤采访对象的自尊心,使信任度下降,从而产生反感情绪。因此,新闻记者在采访时应避免出现这些小动作,如手机在采访时最好设成静音;即便有再紧急的事情,新闻记者在采访时接电话的次数不可超过一次;在接完电话继续采访时要向采访对象表示歉意。

(4) 调节融洽的访问气氛。

在采访时,新闻记者既是一个提问者,同时为了保证采访对象所述材料的完整真实,又必须是一个现场轻松气氛的调解者。特别是针对基层群众,如果气氛调节不当,会使得采访对象感到紧张,对新闻记者打开局面非常不利。

① 如果面对的是基层采访对象,原则上新闻记者先避开正题,选择采访对象最熟悉、最感兴趣、最容易回答的事物和问题为话题,与对方闲聊片刻,其具体步骤如下:

第一,只需简单表明身份和来意,然后找个地方坐下来,可以顿时缓解紧张的气氛;

第二,趁落座之机,迅速用眼光扫视一下室内环境的布置和装饰,然后将视线停留在某一物体上;

第三,以这一物体为话题,与采访对象闲聊片刻。

② 如果面对的是多次接受过采访或者是对采访并不陌生的采访对象,那么新闻记者可以直接说明自己的来意,坐下来与采访对象进行交谈。新闻记者千万不要半天都进入不了主题,这样采访对象会认为新闻记者是在浪费自己的时间,对新闻记者会产生能力不足的轻视感。

③ 如果面对的是不愿接受采访的采访对象,那么新闻记者可以先表明身份。此时,采访对象对于新闻记者的突然到访是比较恼怒的。这时新闻记者必须立刻化解这种尴尬的气氛,要对采访对象表示歉意,然后非常诚恳地请求采访对象给自己采访的时间。采访对象一般会接受新闻记者的建议。

2. 摆正合理的相互关系

新闻记者应该尊重采访对象,原则是不卑不亢、谦虚庄重,对待任何采访对象都要以礼相待、以诚相处。

见了外宾、领导、名人、专家等采访对象,新闻记者不要低三下四、阿谀奉承,否则会招致采访对象的厌恶与不信任。新闻记者始终要牢记自己是新闻工作者,无论对方是什么身份,都是与自己平等的同志、朋友。这样新闻记者自己的自信心增强了,采访对象也会更加重视这次采访。

见了基层普通群众,新闻记者也不要盛气凌人,这样会使采访对象的自尊心受到伤害,形成逆反心理。中国近代著名报人邵飘萍曾留下这样一句话"谦恭不流于谄媚,庄严不流于傲慢",说的就是这个道理。

3. 穿插丰富的形态语言

(1) 面部表情。

面部表情是人类最主要的形态语言产生之地,在采访中起着重要的作用。表情主要集中在眉宇、眼睛和嘴这三个部位。新闻记者在提问后与采访对象的交流中更多的是运用倾听方式,但是要达到双方交流同步,就必须使用丰富的面部表情形态语言。心理学家认为,女记者比男记者更多地使用目光接触等面部表情语言,因而得到的材料会比男记者更多。如微笑点头表示赞许,这个表情会鼓励采访对象继续往下说;微微皱眉和扬起嘴角的面部表情,表示新闻记者没有听懂,采访对象需再进行解释等。

(2) 仪态表情。

新闻记者的站、坐、走等姿态都会表达出一定的信息。试想,没有任何一位采访对象喜欢接待体态不雅的新闻记者,这类新闻记者会严重影响媒体的形象和自身在采访对象心目中的价值。

(3) 手势。

手势是在新闻记者与采访对象交谈时用以加强语言效果表达的肢体语言。恰到好处的肢体语言可以强化交流效果,反之,一些新闻记者的肢体语言过于夸张,会给采访对象留下不值得信任的肤浅感觉。

4. 掌握灵活的注意转换

如果新闻记者与采访对象正在交谈,受到外界因素的干扰会引起谈话的中断,从而分散、转移了采访对象和新闻记者原来的注意力,这对采访是有消极作用的。遇到上述情况,新闻记者若能灵活处理,则能提高采访活动的效能,具体做法如下。

(1) 一开始新闻记者就强调采访的意义,使得采访对象提高注意力。

(2) 新闻记者约束自己的仪态、语态、动作。当采访对象谈兴正浓且思路正确时,新闻记者可能分散采访对象注意力的仪态动作不宜过多,以免影响关键材料的获取。

(3) 排除外界的干扰。如果在采访到关键问题时遇到外界的干扰,此时新闻记者需要灵活地运用无意注意方法使之转化成有意注意。如乘机给采访对象倒杯茶,然后等采访对象处理完事情后,再用慢节奏的语气启发采访对象"刚才我们谈到……那后面又发生……"这样将采访对象又拉回到原来的采访中来。

(4) 注意座位的选择。有的采访对象喜欢在自己办公桌的正前方摆上一把椅子,有的采访对象喜欢在办公室的沙发上与新闻记者进行交谈。遇到这两种情况,新闻记者的座位应如何选择?心理学有关原理认为,两个陌生人在小于1米之内的距离目光对视的时间仅为3秒;超过这个时间,双方均会产生紧张的心理反应,尤其以双方为异性时,这种反应更为强烈。如果双方都很紧张,采访的效果可想而知。

① 新闻记者如果看到采访对象坐在办公桌的后面等自己,而办公桌的正面正好摆放了一把椅子。这时,新闻记者在与采访对象握完手说明来意后,应不经意地、自然地将椅子搬到采访对象位置的斜侧面(即办公桌斜侧面)坐下。这样既能避免与采访对象的目光直对正视,也能更好地观察、判断采访对象所表达的观点的真与伪。

② 如果遇到采访对象要在摆成"凹"形的沙发或者办公桌旁边的沙发里接待自己时,新闻记者应该选择哪一排沙发坐下?新闻记者忌讳与采访对象坐在同一侧的长沙发上(单独的两个短沙发中间有茶几的除外),因为这种坐姿不便于新闻记者观察采访对象,也不便于进行记录。此时,新闻记者最好选择与采访对象成直角或者在采访对象对面的沙发坐下,同时让采访对象面朝阳、新闻记者面向阴,这样便于新闻记者进行选择观察。

四、注意事项

(1) 在提问中新闻记者要善于倾听,只有听清楚了,才能更有针对性地提问。

(2) 新闻记者的提问要一语破的,不要漫无目的、东拉西扯。

(3) 新闻记者在提问时要避免先入为主,应根据事实做出判断,由此及彼,由表及里。

五、实训操作

1. 问什么(提问的内容)

以下运用角色扮演法进行访中提问的实训。

角色扮演法是项目教学法中入情入境的一种实训方法。该方法是让学生组成若干个学习小组,各选取一个当下非常有影响力的新闻事件,或扮演新闻事件中的新闻记者一方,或扮演新闻事件中的当事人(多个)一方,以此来模拟新闻记者现场采访事件当事人(多个)的全过程。其他的学习小组则作为受众一方,评判这个学习小组在采访时是否客观、公正、全面,所提问的问题是否把握了新闻六要素。这个过程让学生仿佛置身于仿真的工作环境中,发现问题、解决问题,具有实战性特征,也能更好地提高学生的学习兴趣。

(1) 实训步骤。

工具:每个学生准备笔记本1本、笔1支;小组准备8开展板1个、彩笔若干支、剪刀1把、胶水1瓶;1间50平方米带有黑板的标准教室。以讲台为界,讲台上面摆放一排供采访对象受访使用的桌子,讲台下面对应摆放一排供新闻记者采访使用的桌子。采访现场与受众区域隔开3米的空间,以便表演之用。

第一步:任务布置(10分钟)。

全班组成3个学习小组,每个学习小组选取一个热点新闻事件。小组里挑选3个组员扮演新闻记者,1个组员扮演采访对象。每个学习小组先用5分钟讨论选定的新闻事件,然后由组长与其他的组员共同协商分配每个组员扮演的角色。各学习小组安排1周课外策划、排练时间。

第二步:组成专家小组(5分钟)。

每个学习小组分别选2人组成1个专家小组,每位专家都能拿到本组所模拟的新闻采访提纲1份、评分表1份。指导教师单独组成另外一个专家组,也能拿到所有学习小组的采访提纲、评分表。评分表由指导教师设计。专家组的任务是考量新闻记者是否运用三角定位法选择采访对象,所提的问题是否客观、全面。

第三步:小组表演模拟采访(1周后,50分钟)。

指导教师事先安排学生布置好采访现场。每个学习小组分成两批人上场:第一批人扮演新闻事件的当事人、专家、目击者、政府有关人士;第二批人扮演媒体的采访记者。每个学习小组演绎采访的全过程。

第四步:提问、讨论(20分钟)。

专家小组的每个组员有权向每个学习小组模拟新闻记者和采访对象的组员提出1~2个问题,指导教师也可以实时进行提问,其他的学习小组也可以进行提问。每个学习小组派人记下所有的问题,现场作答。

第五步:评分(10分钟)。

每个学习小组表演完毕、回答结束后,专家小组打分,指导教师打分,二者打分取平均值,就是每个学习小组最后的得分。指导教师记录讨论交流的全部内容,记录计分表的所有内容并存档。

第六步:教师点评(20分钟)。

指导教师全程参与学生的角色扮演与讨论过程中,深入到学生交流组中,观察并倾听学生交谈、争论的焦点内容。每个学习小组表演、争论结束时,指导教师实时进行点评。最后,指导教师针对评分内容、分值以及共同存在的问题,解析正确的答案并说明理由,以便学生加深印象。

(2)评析内容。

① 对新闻事件采访问题的提炼,主要围绕新闻六要素来进行。这六要素是:

a. 时间(Time,如果是突发事件要求知晓详细的时间,并精确到分、秒);

b. 地点(Place,详细的地点);

c. 人物(Who,当事人、专家、目击者、政府有关人士等);

d. 事件(What,发生、发展、高潮、结局、细节);

e. 原因(Why,各方面原因);

f. 结果(How,死、伤、财产等,后续的救助行动、赔偿等,如果没有的话要随时跟踪)。

② 针对不同的发布者的角色,新闻记者所提问题的侧重点有所不同。

a. 针对当事人、目击者:新闻记者提问的重点是还原现场、事件的详细经过等。

b. 针对政府有关人士:新闻记者提问的重点是对新闻事件的处理结果、采取的措施、有关法律规定等。

c. 针对专家:新闻记者提问的重点是新闻事件所带来的宏观层面、微观层面、法律层面的影响、政策解读等。

2. 怎样问(提问的方式)

以下运用博物馆看展法进行提问方式的实训。

(1)实训步骤。

工具:每个学生准备笔记本1本、笔1支;小组准备8开展板1个、彩笔若干支、彩纸若干张、剪刀1把、胶水1瓶;1间50平方米带有黑板的标准教室。

第一步:布置任务(5分钟)。

组成6人为一组的基础小组。小组中的每个组员先独立思考指导教师的问题"采访提问的内容已经有了,现在思考用什么样的方式来问这些问题",然后将自己思考的结果以关键词词条的形式写出来,并以书面形式记录下讨论成果。

第二步:小组讨论(10分钟)。

每个基础小组的组员比较自己和同组其他组员的答案。小组组员相互讨论,各自说出理由,最后形成本组共同的答案。

第三步:小组制作展板(20分钟)。

小组以词条的形式将答案用彩笔和彩纸醒目地书写出来,每张词条应具有统一的色彩和设计装饰图案。小组将词条贴在展板上,展板由每个基础小组自行设计,要求富有创意、生动形象。在规定的时间内所有的基础小组将展板贴在指定的位置。

第四步:小组展示(20分钟)。

每个基础小组派一个组员做讲解员,另一个组员做记录员。讲解员仔细讲解本组的讨论结果,回答其他的基础小组提出的问题,记录员认真进行记录。本组的其他组员可以到其他的基础小组进行观摩、提问。

第五步:小组二次交流(10分钟)。

派出去的所有组员回归基础小组,把听到的、看到的通过比较分析的方式来补充本组结果的不足,修正本组的讨论结果。每个基础小组在观、说之中将最后的答案展示在展板上。

第六步:教师点评(20分钟)。

指导教师针对每个展板的讨论结果以及存在的问题,解析正确的答案并说明理由,以便学生加深印象。

(2)评析内容。

① 提问宜简洁。

新闻记者面对不同的采访对象,总的提问原则是亦短勿长。为此,新闻记者事先要在自己的用语长短上做精心设计与推敲。这是因为,人的记忆力是有限的,问题一长或者复杂,采访对象就容易前记后忘或者不知什么才是新闻记者提问的重点。如某位新闻记者去采访一个关于高校校风主题的新闻稿。新闻记者这样提问:"×校长,您认为造成目前我国高校相当部分教职工不安心学校工作而纷纷调到其他效益好的单位,相当部分学生整天逃课甚至纷纷退学去经商以致学校的教学秩序日趋混乱的局面的主要原因是什么?"这个问题里,塞了一大段教师流失、学生厌学的背景材料,使得主要问题模糊,所以让听的人不知从何答起。新闻记者应该顺藤摸瓜,把问题大化小,这样看似简单,但却能使逻辑主题线条更加明晰。

② 提问宜具体。

新闻记者面对的是形形色色的采访对象。有些采访对象的理解能力比较强,有些采访对象的理解能力比较弱。如果新闻记者提问的问题过于抽象、笼统、概念化,即便是理解能力强的采访对象也无法几句话就能回答完毕。

西方的新闻记者非常注意提问的"报酬递减率",即提问越长,回答越少,甚至有问无答。有经验的新闻记者在提问时最大的功效是自己说最少的话,要让采访对象说最多的话,并运用开放式问题而不是封闭式问题进行提问。

③ 提问宜深刻。

新闻记者在采访干部、专家、学者等具有一定专业知识的采访对象时,问题虽简洁但要有深度,这样使得采访对象愿意与自己畅谈他的思想,彼此之间有一个采新纳故、相互提升的沟通平台。一位新闻记者在媒体中会被分派到时政、经济、社会、娱乐等大类部门,由于新闻记者长期在某个大类部门的采写与积淀,使得他会对这个行业的知识、信息有一定的了解与积累,也使他相应地会成为这个行业的半个专家。人们之所以愿意在社交场合与新闻记者交谈,是因为他们认为新闻记者见多识广,能让他人获取新知识和新信息。

④ 提问宜自然。

新闻记者提问与采访对象作答,实际上是进行一场谈话。既然是谈话,新闻记者就要营造一种平等、亲切、自然的氛围,让采访对象感觉到有共鸣(无论是表情、语言还是心理),就愿意跟新闻记者谈下去;采访对象感到自然、亲切,就愿意把心里话都告诉新闻记者。常常是如果新闻记者的语气自然平缓,那么采访对象也会娓娓道来;如果新闻记者表现得紧张不自然或者盛气凌人,那么采访对象也会不知所措,有一句没一句的。

⑤ 提问宜节制。

新闻记者采访为何要先拟制采访提纲,主要是不能随心所欲,要有一定的节制和自我约束。具体而言:一是新闻记者的提问要讲究分寸,对待采访对象觉得敏感的问题(如隐私问题、军事秘密、个人疾病等)要十分小心,非得触及要问不可时,也要讲究说话的分寸;二是要注意时间的效用,能用 1~2 个小时采访完毕的就不要花费更多的时间。如果让采访对象感觉到新闻记者是一个啰啰嗦嗦、前言不搭后语的人,他下次也许就不会接受采访了。

3. 遇到阻碍怎样提问(怎样克服提问的障碍)

很多时候新闻记者遇到的采访对象是应付型、沉默型或是蓄意隐瞒型的人。他们对新闻记者的采访没有直接拒绝,但是从心理上已经对新闻记者关上了门。

以下运用现场模拟法进行克服提问障碍的实训。

现场模拟法是项目教学中的一种仿真实训方法。即以实训内容为主题,根据实训内容所要达到的目的、要求来设置实训场景,使学生如身临其境,增加其岗位的熟悉度和应用能力。角色扮演法与现场模拟法在扮演角色方面有相似之处,其不同之处在于:角色扮演法是选定特定的案例角色进行扮演;现场模拟法是选定一个命题,在模拟角色上有非常大的发挥空间。

(1) 实训步骤。

工具:每个学生准备笔记本 1 本、笔 1 支;基础小组准备 8 开展板一个、彩笔若干支、剪刀 1 把、胶水 1 瓶、定纸贴若干个;1 间 50 平方米带有黑板的标准教室。以讲台为界,讲台上面对应摆放一排供采访对象受访使用的桌子,讲台下面对应摆放一排供新闻记者采访使用的桌子。采访现场与受众区域隔开 3 米的空间,以便表演之用。

第一步:任务布置(5 分钟)。

组成 6 人为一组的基础小组若干个。小组中的每个组员先独立思考下列问题:如果你是一位职业记者,当你遇到应付型、沉默型或是蓄意隐瞒型的采访对象时,你应该怎样提问?思考 3~5 分钟后将问题的答案记录到笔记本上。

第二步:模拟准备(课后一周时间)。

2 个基础小组自愿合并成 1 个大组。每个大组选取不同的、正在发生的热点新闻事件,进行现场模拟采访准备(其中,模拟新闻记者 2 人,事件的当事人、专家、目击者、政府官员各 1 人)。

第三步:组成专家小组(5分钟)。

每个大组分别选2人与指导教师一起组成一个专家小组,指导教师单独组成另外一个专家组。每位专家都能拿到本组所模拟的新闻采访提纲1份、现场模拟采访对象名单1份、评分表1份。

第四步:模拟采访(40分钟)。

每个大组的模拟记者与事件中的各个当事人依次上台模拟采访,并在模拟采访之前向专家组及观众说明自己采访的新闻事件和目的。采访对象在被提问时尽量想办法为难新闻记者,成为应付型、沉默型或是蓄意隐瞒型的采访对象;而新闻记者也要通过各种方法达到采访目的。

第五步:讨论、评分(10分钟)。

每个大组模拟完毕后,专家小组的成员有权就模拟采访提出1~2个问题,下面的观众也可以提问。等到大家充分争论后,专家组打分。最后的成绩取专家组和指导教师的平均分值。指导教师与每个大组讨论模拟采访的过程。

第六步:教师点评(20分钟)。

指导教师全程参与学生的模拟采访过程,观察并倾听组员交谈、争论的焦点内容,最后针对评分内容、分值以及存在的问题,解析正确的答案并说明理由,以便学生加深印象。

(2) 评析内容。

① 正面提。

即新闻记者的提问要开门见山、直截了当、单刀直入,不要拐弯抹角兜圈子。这种提问方式适用于两类采访对象:一类是新闻记者熟悉的;另一类是干部、学者、演员、外宾等。第一,正因为熟悉,情感交流早已建立,所以新闻记者的开场白过于寒暄反而会浪费时间。第二,因为这类采访对象有着丰富的社交经验和社会经历,容易领会新闻记者的意图。第三,这类采访对象一般工作较忙,惜时如金,所以直截了当不失为一种好的提问策略。

② 侧面探。

即新闻记者运用启发引导的原理和技能,旁敲侧击,循循善诱地促使采访对象对以往的新闻材料产生回忆。启发引导通常也称联想,这种提问形式常常适用于想谈,但由于时过境迁,不能对事件产生回忆或不知从何说起的采访对象;以及有些采访对象有意隐瞒自己的真实意图,因此新闻记者需要通过积极启发引导,打开对方记忆的闸门;或者循循善诱使采访对象说出真实意图。

这种启发引导的提问方式可以遵循以下三种方法。

a. 接近性启发引导。

即新闻记者凭借经验,对在空间上或时间上相接近的客观事物形成联系,从而使采访对象通过一事物回想起另一事物。如一位目击者看到自己居住小区的ATM机发生了一起暴力突发事件。但是由于过度惊吓,一时不知从何说起。这时新闻记者不妨从采访对象所住的地点问起:"您先告诉我您住在哪里?"

"我住在××小区××单元502室。"

"12月9日10点钟,您在做什么?"

"我吃过饭,出来散步。"

"您路过小区的ATM机都看到了什么?"

"我看到……"

通过新闻记者由地点的接近性引导,采访对象的情绪渐渐稳定下来,就会把目击事件的整个过程描述出来。

b. 相似性启发引导。

即新闻记者凭借经验,假设、列举出在性质上相似的一些客观事物,而使采访对象通过这些事物回想起另一些事物。如一起空难发生了,新闻记者请目击者回忆空难发生当时的情景,目击者由于惊魂未定可能会显得思绪混乱。这时,新闻记者不妨拿另一起耳熟能详的空难启发性引导目击者,使其逐渐有序地描述自己所看到的空难的全过程。

c. 对比性启发引导。

即新闻记者列举、假设出在性质上相反的一些客观事物引起采访对象对另一些事物的回想。如某位猪肉销售商在春节期间涨价20%。当新闻记者问及为何要涨价时,这位猪肉销售商告知新闻记者他的肉品一直都是这个价格。这时新闻记者应该列举不远处的某市场里猪肉价格每公斤比这里低8元。这时,这位猪肉销售商才告诉新闻记者"柜台费贵、人工费贵、进货渠道贵"这样三个原因,当然也有节假日买的人多了,想卖个好价钱的求财心理。

③ 反面激。

即新闻记者通过一定强度的刺激设问,促使采访对象的感觉由"要我谈"转变为"我要谈",从而打开采访谈话的通道。这种形式通常用于谦虚不想谈、有顾虑怕谈或自恃地位和身份高而不屑谈的采访对象。

新闻记者可以从以下两个方面掌握"反而激"。

a. 激问。

即新闻记者在其所假设的问题中,投入一定强度的刺激,迫使采访对象感觉朝相反方向转化,然后新闻记者趁势追问。

b. 错问。

这种方式的刺激强度要超出激问,而且要求新闻记者从事实的反面设问。如新闻记者明明知道某人在某件事情的做法上有一定的道理,但新闻记者故意说对方毫无道理,这样,当事人就会有一种要澄清事实的心理,于是就会将隐情、真情讲出来。

4. 对待跑题者、沉默者和不知所措者三类采访对象的提问

新闻记者无论在采访中遇到的采访对象多么的千差万别,最终都要以完成采访任务为目的。其中,新闻记者遇到跑题者和沉默者两类采访对象比较棘手。

"跑题者"这类采访对象的特点是以非常热情的态度来接待、配合新闻记者的采访。但是,这类采访对象最大的问题在于,由于他们非常"健谈",新闻记者问东他说西,抓不住重

点,漫无边际的发挥,使得新闻记者采访的主要内容含糊不清,耽误了时间。

"沉默者"这类采访对象的特点恰恰与"跑题者"相反,他们本身对新闻记者的采访就有一定的抵触或反感,只是由于不得不接受采访的种种原因予以应付;或者由于所受访的新闻事件敏感等原因,这类采访对象不愿意说的太多,怕惹祸上身,所以保持沉默。

"不知所措者"这类采访对象,或是首次接受采访,或是长期处于社会底层,或是文化层次相对较低。其特点是完全处于被动或惶恐状态,手足无措,不知要怎么说才好。

以下运用旋转木马法进行应对三类采访对象的实训。

(1) 实训步骤。

工具:每个学生准备笔记本1本、笔1支;小组准备8开展板1个、彩笔若干支、剪刀1把、胶水1瓶;1间50平方米带有黑板的标准教室。

第一步:任务布置(5分钟)。

全班学生先独立思考"当你在采访时遇到跑题者、沉默者、不知所措者这三类采访对象时,你应该如何提问"这个问题,将问题的答案写在笔记本上。

第二步:指导教师提示(3分钟)。

指导教师根据这个问题,针对全班学生提示几个关键词或关键点。

第三步:内圈交流(8分钟)。

让全班学生到标准教室,站成内外两圈,两圈的人数基本相等,男女间隔有序,学生两两面对面。内圈学生在5分钟内将问题的答案向外圈相对应的学生讲述完毕。外圈学生只准听和记录,即使有不同的观点也不许交流。

第四步:外圈交流(8分钟)。

外圈学生顺时针旋转5人,旋转后,外圈学生向与自己相对应的内圈学生讲述自己以及从内圈学生那里学习过来的成果,内圈学生只准听和记录。

第五步:内外混合交流(5分钟)。

外圈学生再逆时针旋转5人,回到最初的位置,与内圈学生一起相互交流自己学到的、听到的答案。内外圈学生相互交流、取长补短,补充修正自己的答案。每个学生记录交流的全过程内容,形成自己的最终答案。

第六步:学生组成基础小组(15分钟)。

组成6人为一组的基础小组。小组中的每个组员将自己听到、记录的融合在一起进行讨论。最后把经过小组讨论而形成答案的词条贴到展板上,选一个组员进行讲解。

第七步:教师点评(20分钟)。

指导教师在学生旋转学习中,深入到学生交流组中,观察并倾听学生交谈的内容,但不做讲解,即使学生的讲述是错误的也不更正,只记录下学生存在的问题与错误观点。最后,指导教师针对展板上学生的讨论结果、存在的问题,解析正确的答案并说明理由,以便学生加深印象。

(2) 评析内容。

① "跑题者"这类采访对象是想谈而谈不到点子上。他们看似一直在接受新闻记者的

采访，但是由于思绪天马行空，因此配合完成任务的效率很低。对于这类采访对象，在其谈话告一个小段落时，新闻记者要时时把自己采访要提问的问题插进去进行回输性反复提问，如：

新闻记者：汪主任，好长时间不见您了，身体还好吧？

汪主任：哎呀，最近不太好，这不我才从医院出来。现在医院的服务真是太差了，那天我……

新闻记者：（发现汪主任尽谈医院的事，快速插话进去）就是啊，现在医院……汪主任，您看我今天来主要是你们企业改制的事……

汪主任：哦，改制呀，我们企业大动作很多的，前一段有……这一段有……

新闻记者：您能把你们现在准备与××公司合资的事情给我讲讲吗？

…………

新闻具有时效性，新闻记者需要在最短的时间完成采写才能呈现新闻的价值需求。从上述举例我们可以看出，汪主任在与新闻记者交谈时，主题总是"老抛锚"，新闻记者要时不时地把他拉回到正题上来。如果新闻记者不这样做，那么很难做到速战速决、及时完成任务。

② "沉默者"这类采访对象从心理上抵触新闻记者的采访，他们不会主动与新闻记者交谈，甚至会刻意隐瞒一些新闻记者想知道的真实信息。新闻记者在对这类采访对象有一个基本的判断后，要主动从外围迂回渗透。如王海作为"中国打假第一人"在全国都有一定的知名度。后来他办了一家打假公司备受诟病。一些网友认为，王海是利用他"中国打假第一人"的头衔，打着"维护公共利益"的旗号为自己谋利。自然王海本人是不认可这种说法的，为此中央电视台《经济半小时》记者专访中国打假第一人——王海。

例文 2-3

> **央视《经济半小时》栏目播出对王海的专访（节选）**①
>
> （《经济半小时》主持人）：最近的大小媒体都在报道一件事，就是打假英雄王海在广西南宁因为一点儿小事大打出手……从1995年开始打假索赔，5年来王海一直是众矢之的……
>
> 记者：在这次事件（派出所大打出手事件）发生之后，你马上就宣布退出个人打假这个圈子，你是靠这个成功的，现在为什么要不干了？
>
> 王海：1995年的时候我就说过，或者说我就有一个预言。我就说，买假索赔这种事情，素质高的人可能不屑去做，素质低的人呢，不一定能把这件事做好。

---

① http://news.sina.com.cn/china/2000-10-18/136094.html，有改动.

记者：你是哪一类人呢？

王海：我是希望自己能够素质越来越高的那种人。

记者：你现在洗手不干，跟你刚才说的这个素质有关系吗？

王海：应该说没有关系。

记者：现在洗手不干了，是因为什么呢？……

王海：《消法》已经是成为知名度最高的一个法律了……

记者：这次宣布个人打假索赔你要退出来，可能还有另外一个原因，就是你不愿意和这一部分人为伍，是这样吗？

王海：对，这是主要的原因。我就发现很多买假索赔者，在假打在乱打。

记者：这些人你现在怎么来形容他呢？

王海：我觉得，他们就是一些，以这种买假索赔为生的，这么一些个人。

记者：你不是吗？

王海：我不是。

记者：你是靠什么为生的呢？

王海：我是靠公司，靠专业化的这种打假。

记者：从开始打假到现在，你赚了多少钱？

王海：应该可以买房子买车了。

记者：所有赚来的这些钱全部都是合法的吗？

王海：都是合法的。

…………

记者：一个人冒着这么大的风险（生命危险）去做这样的事情，你到底是为了什么呢？

王海：我只是希望追求自己的理想。

记者：你的理想是什么？

王海：我的理想，简单地说，是追求自己的幸福。

记者：在1995年的时候个人打假能够赚到钱，是不是也很有吸引力？

王海：那当然有吸引力，而且是一个很主要的吸引力。因为能赚到钱，它才能持续下去，才能发展下去……

记者：有很多人把你叫作打假英雄，那么英雄出的这本书里边，在它的序言里，有一段很奇怪的话，一位经济学家曾经说："我希望王海进一步要求自己成为一个道德高尚的人"，可能大家都没有听说过，对一个英雄要求道德高尚一点？

王海：对。

记者：为什么？

王海：因为我一开始,就被人指责不道德……

记者：你是人们想象当中的那种英雄吗?

王海：好像不是。

记者：所以大家也不应该用过去的那种道德标准来要求你?

王海：对对对。

…………

记者：你曾经说过我们打假是不计手法的,任何计谋都可以使用,因为手法和计谋只是工具,你这个手法包不包括在津成事件当中将计就计拿造假者的2万元钱的订金呢?

王海：包括。后来还给了一个5万元钱的和解费。

记者：对方是造假的人?

王海：对。

记者：他给你钱?

王海：对。

记者：你也拿?

王海：对,没有枪没有炮敌人给我们造嘛。

记者：当你拿了他的钱之后,你变成一个什么身份呢?

王海：还是打假。并没有停止对他的监督。我拿了他的钱以后,总的来说,是在坏人的眼里我成了坏人。

记者：在好人的眼里你是什么呢?

王海：那我还是好人。

记者：可你拿了造假者的钱?

王海：这是出于工作需要。

记者：你认为这都是自己的合法收入吗?

王海：都是合法的,本身并没有违法,也没有违背公共利益。

记者：结果是打假。在你看来,只有结果和目的才是最重要的吗?

王海：对。

…………

记者：你会在什么时候使用私了的办法?

王海：很多时候。

记者：比如说我是一个商场,你不要起诉我了,我们不要走法律的程序了,你说多少钱我给你,好吧,咱们私了?

王海：对,这种(情况)有。

记者：你一直有这么一个口号,我是通过维护公共利益来赚钱,如果使用私了这种手段的话,你在什么时候维护公共利益呢?

　　王海：那首先说这种手段是合法的,另外一个私了,那么就是所谓的和解,他也会给对方造成损失,赔偿嘛,他要支付赔偿,那么这种损失,这种赔偿会增加售假者的风险。增加售假者的成本,这样必然会导致售假者减少他的这种售假行为……

　　记者：你现在有自己的公司了,你是一个商人吗?

　　王海：中介机构。对,是商人。

　　记者：你好像不愿意提这个字?

　　王海：没有没有。就是商人。

　　记者：商人的第一个目的和最后一个目的都是赚钱?

　　王海：这是《公司法》规定的,公司是以营利为目的存在的组织。

　　记者：但是打假的目的是为了维护公共的利益,如果这两个目的发生了冲突,你会选择哪个?

　　王海：我会选择公共利益。不可理解是吧?

　　记者：我觉得你有胆量冒死打假,但是没有胆量来回答这个问题,给我一个真实的回答?

　　王海：这是一个真实的回答。商家为了谋求他的长远利益,为了谋求他的更大的利益,他不会为了一点点短期的利益去牺牲自己的长远利益。

　　记者：维护公共利益怎么能是你这个商业公司的目的呢?

　　王海：维护公共利益,是我这个公司的手段。我们是通过维护公共利益来谋求公司的利益。

　　记者：你现在打假不是以消费者的身份了,而是一个公司的老板,你靠什么让我们这些观众相信你这个老板说的话? 我不是为了赚钱,我是为了你们的利益啊!

　　王海：我们都不需要告诉你,我靠什么。

　　…………

【例文评析】

　　在例文 2-3 中,"维护公共利益与个人获得利益"在受众的社会价值观中长久以来就是一对矛盾体。受众普遍认为,如果维护了公共利益,个人利益就必然要受到损失;有了个人的既得利益,公共利益就必然要受到伤害,二者处于相排斥的关系中。王海口述自己为法人的打假公司现在个人盈利不小,可以"买房买车"。但该公司所从事的"事情"都是为了维护公共利益,这种矛盾的表述与其公司现实状况同受众的价值观相悖,这一点正是王海的打假公司饱受争议的一点。采访他的新闻记者一开始并未触及这么尖锐的问题,而是先问王海:是否办了一家公司;你办的是一家什么样的公司;你是靠什么为生的呢;从开始打假到现在,你赚了多少钱……最后新闻记者在采访王海公司"黑吃黑"的津成事件时才提出了那个最尖锐的问题。

记者:"你一直有这么一个口号,我是通过维护公共利益来赚钱,如果使用私了这种手段的话,你在什么时候维护公共利益呢?"王海这时在思考,紧接着,沉默多时的王海才说:"那首先说这种手段是合法的……"现场黑屏。现场戴着墨镜接受采访的王海,面对新闻记者的多个尖锐问题常常保持沉默,现场黑屏的次数也比较多。尽管如此,新闻记者仍能通过多侧面的迂回方式,把饱受争议的焦点揭示出来。这就是新闻记者在提问时的迂回能力、"请君入瓮"的能力;当把采访对象的言谈事实真真切切地呈现在受众面前的时候,不用新闻记者下什么结论,受众自己就能判断出来了。

5. 校内实训基地实训

学生利用校报、校电视台等进行访中提问的实训。

6. 校外实训基地顶岗实习

学生利用校外新闻媒体进行访中提问的综合实习。

六、总结点评

(1) 新闻记者应该用最简洁的语言文字提问题,换取的是采访对象最丰富、最翔实的语言文字的回答。反之,如果新闻记者把采访对象的观点都讲完了,采访对象只回答"是"或"否",那么,这次采访就是失败的。

(2) 在提问时,新闻记者要牢记自己的工作职责,不能被采访对象的职务、身份等外界因素所干扰并影响自己的采访情绪。

(3) 碰到欲言又止或者有所隐瞒的采访对象,新闻记者要运用多种提问技巧,激发对方说出实情。

七、拓展提高

(1) 提问环节才是新闻采访的核心环节,新闻记者对采访对象的提问是想什么时候问就问吗?新闻记者应该怎样准备?

(2) 新闻记者提问的问题是否应该事先有所设计?新闻记者应该怎样设计提问的问题?

(3) 新闻记者应该怎样在提问时更具有亲和力?

(4) 新闻记者应该怎样把握提问中的倾听?

(5) 碰到提问的不同类型障碍时,新闻记者应该采用什么方法来达到采访的目的?

(6) 有没有二次提问?对于二次提问的尺度新闻记者应该怎样把握?

(7) 对于没听清楚的问题,新闻记者应该怎样回问?

(8) 下面的新闻报道,请你运用反推法倒推出:

① 本篇新闻报道采访了哪几个采访对象?为什么要采访这些人?

② 新闻记者对这些采访对象都提出了一些什么问题,请你把问题还原出来。

③ 新闻记者为什么要提出这些问题?这些问题对突出这篇新闻报道的主题、体现新闻价值最大化方面有什么好处?

游客因未在指定商店购物上车被拒　凌晨被甩曼谷①

8月18日凌晨,因携带10个乳胶枕,被领队拒绝登上前往机场的大巴,赴泰游玩的南昌市民张先生只能在异乡的黑夜里徘徊。回国后,张先生在网络论坛上发帖,述说境外被"甩"遭遇。

……………

带商品上车被拒

8月2日,张先生和女儿在江西万达亚细亚国际旅行社报名参加"泰尊品直航包机七日游",费用为每人2520元。付费后,父女两人还与江西万达亚细亚国际旅行社签订相关合同。由于报名者不多,张先生和女儿以散客身份与江西春秋国际旅行社进行拼团。8月12日晚,旅行团一行38人从南昌直飞泰国曼谷。

"8月17日傍晚,即将启程回国,非常喜欢当地一款乳胶枕,就买了10个,经压缩真空包装后放在纸箱内。"张先生说,到次日凌晨1时,旅行团在领队的带领下准备乘大巴车前往机场候机。装载行李时,领队看见了张先生的纸箱,便问里面装的东西和购买时间、地点,张先生如实相告。领队陆洲却说,根据旅行社的规定,旅客未在行程安排的商店内购买的物品不能带上大巴……

经百般交涉仍被拒绝上车后,张先生将护照交给18岁的女儿,只身提着装有乳胶枕的纸箱在酒店停车场徘徊。"由于旅行团所住酒店离市区较远,到通往机场的马路约400米。"张先生回忆说,在大巴车驶离8分钟后,酒店方派车送自己到大路上找出租车,才得以到达机场。

被甩游客发帖维权

回国后,张先生先后致电江西万达亚细亚国旅、春秋国旅,希望能维护自己的合法权益,并处罚当事人陆洲。在未得到满意答复后,8月26日,张先生在南昌一个本地网络论坛上以"某国际旅行社境外甩客"为题,述说了被"甩"遭遇。截至9月1日17时,该帖阅读数超过5万次,回复数达555次。

记者查阅该帖发现,第一条回复是《2016年8月12号泰国旅游团队情况说明》,落款为

---

① http://news.sohu.com/20160902/n467258279.shtml,有改动.

张先生此次出游的领队陆洲。"张先生擅自脱团购物,受泰国爆炸案影响安检级别提高,大巴车司机要求张先生自己想办法把行李物品送达机场。"在这份说明中,回复人称张先生被甩在异乡责任在张先生本人。

"陆洲回复的内容完全与客观事实相悖,于是我向南昌市旅发委投诉。"张先生说。

领队遭旅行社开除

8月23日,江西春秋国际旅行社下发了一份《关于处理领队的通知》。通知显示,江西春秋国际旅行社认定领队陆洲于8月12日泰国七日游带团期间,工作失职,对突发事件处理不当,导致一名游客未能随旅游大巴去机场,造成游客独自一人在泰国凌晨1时打车赶赴机场,而且态度极其恶劣,对游客严重不负责任。经公司决定将其开除,永不录用,同时向江西省旅游发展委员会申请吊销其领队资格和注销其证件。

8月30日,陆洲本人出具了一份书面检讨……

南昌市旅发委质监所相关负责人介绍,接到张先生的投诉后,立刻与江西省春秋国际旅行社和江西万达亚细亚国际旅行社的取得联系……按我国《旅行社服务质量赔偿标准》相关规定,江西春秋国际旅行社应向张先生支付旅游费用总额30%的违约金,并承担出租车费等其他费用。

……

任务四 记录、验证

记录、验证的过程是新闻采访的第三个阶段。在这个阶段里,提问的成功,只是达成新闻采访成功的一般历程;能否有效记录、甄别采访材料的真与伪,需要新闻记者沉下心来,认真思考,才能为提炼出新闻事件的最大新闻价值打好基础。需要说明的是,记录的过程事实上伴随着提问的全过程,但考虑到记录、验证、梳理工作任务的内在逻辑性问题,所以把这个任务纳入了"访后"——记录、验证这个单列任务更为适合。

教学目标

通过对访采访对象的所谈内容、情感、个性化语言的记录、验证,为新闻报道主题的提炼打下逻辑性思考基础,为新闻报道的顺利出炉进行内容上的完善。

📖 案例导读

女生被骗离世　骗子电话难追查[①]

刚刚过去的24小时,对很多临沂人来说是悲痛和愤怒的一天！罗庄高都街道中坦社区的18岁女孩徐玉玉,因为大学学费被骗含恨而去……

据了解,罗庄女孩徐玉玉今年高考以568分考入了南京邮电大学,(2016年8月)19日她接到一骗子打来的诈骗电话,声称有一笔2600元的助学金要发放给她。由于处世未深,女孩被骗9900元学费。

在和家人到派出所报案回来的路上,女孩呼吸心脏骤停,后经医院两天的全力抢救,最终还是离开人世。

晚报记者调查得知,当时用于诈骗开头为"171"的号码归属地为济南,目前仍处于关机状态。

而徐玉玉当时把钱打入的银行账号,经查询归属地为贵州贵阳。

23日,记者从罗庄公安分局了解到,目前警方已经成立专案组,案件已在前期侦查阶段。

…………

无独有偶,8月19日,临沂市河东区汤头镇派出所接到一起报警,女大学生说自己被骗了,经警方询问,原来是该女大学生遭遇了电话诈骗,家里东拼西凑的6800元学费被骗光。

目前,警方已对此事立案调查。

170/171号段被曝"100个号码99个用于诈骗"。

据《新快报》报道,江苏、广东、福建、浙江、湖南、陕西等地,均发生过涉及170/171号段的电信诈骗。

部分基层民警反映,因170号段实名登记不严、实际归属地不明等,颇受诈骗犯罪嫌疑人青睐。

…………

在上述案例中,你能通过新闻报道的内容还原出新闻记者在采访过程中主要记录了哪些内容要点？又通过哪些渠道对报道内容进行了验证？

📎 工作任务

(1) 认知采访中记录、验证的具体内容。

(2) 通过实训能够有效地记录采访对象的所谈内容、情感以及个性化语言,并进行及时

[①] http://news.qq.com/a/20160824/024550.htm.

整理、反复验证。

 实施流程

一、术语解释

1. 采访记录

采访记录即在新闻采访中,将采访对象有关新闻事件过程内容的描述,采访对象的仪态、语态、情态等特征记录在采访本上;同时记录新闻记者自己对现场观察的结果以及在思考过程中闪现的花絮。

2. 验证

验证即新闻记者把采访的材料通过自己的思维、分析、推理、印证、查阅等多种方法验证其真实性的过程。

3. 整理

整理即新闻记者对当天的采访笔录及时进行浏览、补充、标记的过程,以排序新闻事件的完整要素。

二、工作要点提示

(1)新闻记者要边问、边听、边记录。
(2)新闻记者要从第三方(主要是政府官方的结果)来验证采访对象提供的材料、观点。
(3)采访结束后新闻记者要迅速整理采访笔录。
(4)在必要时新闻记者要进行补充采访(二次采访)。

三、方法技巧

1. 记录

新闻记者的采访究竟需不需要进行记录,对此问题历来有很多的争论。到底是以心记为主,还是以笔记为主,对此问题历来也有不少的争议。

一种看法是,以心记为主。理由:在采访时,新闻记者的主要精力应该集中于谈话的提问,而且还要察言观色。如果又要提问,又要忙着做笔记,一心二用,势必会扰乱采访的效果。新闻记者可以事后通过回忆追记采访的内容。

另一种看法是,以笔记为主。理由:当场记录可以保证新闻事实的准确性,事后追忆,难免遗漏。这样新闻记者还可以博得采访对象对自己谈话内容的重视感。

以上这两种看法都有合理性,表面上好似很对立,其实并不矛盾。许多资深记者的采访经验都证明了这一点。我们的观点是:以笔记为主、心记为辅。记忆的心理活动规律告诉

我们,人们对瞬时记忆所获得的信息,予以特别注意后,就可转入暂时记忆;然后将这些信息在大脑中多次反复记忆,最后可转入长时记忆。显然,新闻记者由于工作性质的缘故,每日接触的工作千头万绪,采访完了要待安静下来才能写作新闻稿。那么,靠瞬时记忆、暂时记忆是保证不了新闻报道的真实性、准确性的。另外,单一信息或少量有凸显特征的信息,人们或许不用笔记录也可以记住。但是,新闻记者的采访是个复杂的信息收集工程,单靠心记就会出现后记前忘、最突出的记下来了细节却被忽视了的现象。那么,采访完毕后对于写稿是非常不利的。

以笔记为主、心记为辅要求新闻记者在提问时协调问、听和记的三种功能。在采访中,新闻记者最主要的是在"问"了之后要学会"倾听",倾听采访对象如何说,边听边记;听的过程中若有问题,还可以再问。这样,这三者就统一起来了。

新闻记者记录内容主要有以下六个方面。

(1)记要点。

所谓要点,即新闻事实的关键材料或新闻事件发展过程中的关键之处。一位新闻记者不可能也没有必要记下采访对象所述的全部内容,因为人写字的速度不可能比说话的速度快或同步。因此,新闻记者在记录时着重于记录新闻事件的要点,如事件发生的时间(包括详细时间)、地点(包括详细地点)、发生、转折、原因以及产生的后果,还包括典型细节、重要的背景材料等。我们从中可以看出,事实上新闻六要素是记录的重中之重。

(2)记易忘点。

一般来说,人们对自己最不敏感的东西容易遗忘,如时间、地点、人名、数字、职务和各行业的专用术语等。这些材料不容易长时间记忆,也容易搞错,可是在新闻报道中绝不可以含糊,因此,新闻记者必须弄清楚,当场做好记录,免得后续因弄错而带来不必要的麻烦。如果事后新闻记者在整理笔录时对这些敏感点有疑问,也必须向采访对象进行二次补充采访的核实工作。

(3)记疑问点。

由于多种原因会造成采访对象所述情况与客观实际不符,或者与旁人介绍的有出入,致使新闻记者产生了某种疑问。这时新闻记者应在产生疑问的地方用醒目的问号做标记,待采访对象的谈话告一段落时,用巧妙的方式请采访对象就疑问点进行补充说明或事后向第三方核实。

(4)记采访对象的思想和有个性的语言。

所谓采访对象的思想和有个性的语言,是指记录采访对象谈话时思想的闪光点和能反映心声、体现个性特征的话语。新闻记者笔下的新闻人物要体现其真实性,很重要的一点就是用他们个性化的语言表现出自己个性化的思想。如姚明、刘翔、孙杨都是体育明星,但是他们的个性化语言各有不同,展现他们思想的方式不一样,在受众心里塑造出的形象也不一样。新闻记者就是要记录能反映人物真实个性与思想的"闪光点"。

(5)记观察所得。

著名作家刘白羽曾说过,访问人家,也不光是记,对方的表情、言谈笑貌、特征、房屋的陈设,都在对方不知不觉中观察得清清楚楚了。新闻记者采访,除了记录与新闻事件相关的内容以外,还应该记录采访对象的音容笑貌、手势、所生活的环境等,这样写出来的新闻报道才能生动感人,对解释主题、刻画人物有提升。因为在一个人物身上所发生的事件,与其生活环境、特定的生活理念都是分不开的,有些是独一无二的。

(6) 记新闻记者的联想点。

在采访时,新闻记者常常会在倾听采访对象的叙述时产生很多联想,这些联想可能是新闻报道新发现的一个主题,也可能是由采访对象的一句话引发的另一条新闻线索,还可能是对其他采访材料的一个疑问等。这些联想转瞬即逝,但又非常重要,所以新闻记者必须及时地用简短的几个字醒目地记录下来,等采访一结束就马上整理出来。如果是重大主题,新闻记者要赶快构思标题;如果是新线索,新闻记者要赶快落实加以存储;如果是对另一个材料的质疑,那么新闻记者要赶快进行验证。这就是新闻记者边问、边记、边思考的由浅入深的"三协调"过程。

2. 怎样仔细验证材料

验证材料是新闻记者将在采访对象那里得到的材料经过第三方求证和验证的过程。

新闻记者遇到的采访对象是形形色色的,他们所告诉新闻记者的"事实"也未必全是真实的。再加上采访对象的心理情绪、表达能力、周围环境以及新闻记者的理解能力等多重因素的影响,使得对采访材料的真实性进行验证就显得非常必要。同时,出于对受众的责任感,以及受众对媒体信任度的使命感要求,新闻记者通过自我之手传递给受众的信息也必须是真实的。

新闻记者验证材料的具体方法有以下四种。

(1) 投入记者智力进行验证。

有些材料不能直接通过采访对象进行验证时,就需要通过新闻记者的逻辑推理,凭借以往的经验知识,从而对有关材料做出合乎规律和实情的检验。

如某市高新区的一家民营药业公司据称要投资 10 亿元建立当地最大的药业产业园,新闻记者找到这家公司的董事长进行采访,该董事长慷慨激昂地把公司的宏伟蓝图给新闻记者进行详尽的展示。当新闻记者问及他所投资的 10 亿元从哪里筹措这个问题时,该董事长说可以用银行贷款、社会融资等方法来解决,让新闻记者不用担心。可是,新闻记者凭借着自己的智力分析,这家年产值不过几千万的公司张口就要投资 10 亿元,并没有其他的真凭实据能证明自己有这个实力,怀疑该董事长可能只是画了个馅饼而已。因此,在进行新闻报道时新闻记者很客观地告知受众:"这个药业园目前只是一幅美好的蓝图"。这句话当时还引得那位董事长非常不满。

事隔 5 年之后,那个所谓的药业产业园依旧只是两个地基大坑,没有任何进展,可见当年新闻记者的智力判断是正确的。新闻就是这样,发生到哪里,就写到哪里;新闻记者不可以被采访对象牵着鼻子转,而要有自己的逻辑分析判断力。

(2) 通过三角定位法进行验证。

这种方法即如果要确定一个事件的真实性,需要通过三个信息来源进行核准,从而对有关材料做出合乎规律和实情的检验。一般在中国国内的新闻媒体非常认可政府职能部门的验证。

国外新闻采访理论强调,要把事实差错消灭在采访阶段,要求新闻记者在采访中始终保持高度的警觉并要求伴随以质疑思维习惯,形成一种反复核对事实的愿望和职业习惯。如新闻记者若是采写一篇关于经济犯罪的新闻报道,仅仅是犯罪嫌疑人(当事人)本人承认犯罪事实还不行,还得去找目击证人、物证材料;去公安、法院、检察机关进行有关事实的佐证;此外还得访问专门从事经济工作的专家、律师等以协助验证犯罪事实的真实性。上述采访缺了一个"角",这个事件的真实性就经不起推敲。

(3) 通过查阅资料等进行验证。

新闻记者可以通过国家以及当地相关部门查阅有关报告、简报,还可以通过电话本黄页、号码百事通、百度地图等这些现代化的查询服务功能化平台进行验证。

(4) 呈现多角度的材料验证。

在采访到一位采访对象说的一些材料,发现与前一位采访对象的表述有出入时,新闻记者可以运用现场多角度的材料进行验证,对采访真相进行矛盾的破解。

例文 2-4

成都女司机被殴事件细节:两次"斗车"互相喊话①

3日下午,一段行车记录仪视频在网上疯传。在这段仅有35秒钟的视频里,一名身穿黑色上衣、白色短裤的男子,开车将一名长发女子逼停,当街殴打。

根据行车记录仪显示,5月3日下午2点13分,一辆红色的POLO轿车和一辆红色现代轿车在成都娇子立交桥下出现。POLO轿车将现代轿车逼停后,一名男子从POLO轿车上下来,冲到现代轿车驾驶室旁,伸手和车内女子发生抓扯。

目击者看到,当日14点13分20秒,在两次试图拉开车门失败后,男子伸手从车门内侧将门打开,用力拖拽,将车内女司机拖出来摔在地上,女司机随身物品散落一地。

紧接着,男子冲上前对着女司机头部踹了一脚,女司机从地上爬起来后还没站稳,男子再次用手击打她的头部,把她第二次摔到地上,然后冲过去用右脚连踹女子的头部两次。女司机试图站起来,但是还没站稳,男子再次冲过去对她的头部踹了一脚,在女子踉跄着试图往旁边逃开的时候,男子又追上去踹了她的腰部一脚……

---

① http://news.163.com/15/0505/02/AOQNI28I00014AED.html,有改动。

3日晚，记者通过成都市公安局锦江分局获悉，事发后，打人司机张某被带往成龙路派出所。据他交代，当天下午，他开车带着妻子和孩子，行驶至成南立交桥时，女子驾驶的车突然从侧面变道，他急刹车导致后座1岁娃娃的脸碰在车窗上受到惊吓，他气不过也别了女司机一下，没想到她也反过来别自己一下。为此，他驾车一路追到娇子立交桥附近，将女子的车挡下，实施了殴打。目前，张某正在接受派出所进一步调查。据知情人士透露，张某可能将负刑事责任……

【例文评析】

例文2-4这篇新闻报道中的"男司机暴打女司机"新闻事件，曾先后两次引发全国网民舆论的惊天大逆转。当这个新闻事件第一次被披露的时候，全国网民的舆论都偏向于同情女司机的一边；当这个新闻事件的一些深度情况报道出来后，全国网民的舆论又纷纷转向男司机的一边。事件中发生纠纷的是被打女司机卢小姐和打人司机张先生。双方各执一词：一个说自己被打很冤，要诉诸法庭；一个说女司机变道该打。新闻记者当时并不在事发现场，因此他要验证这个新闻事件双方说辞的真伪，便借助于行车记录仪还原了当时事发经过。凭借这个有力的证据验证新闻记者还原了当时的真实情况。最后新闻记者又借助警方之口，将此次事件最终定性。新闻记者一定要信任受众判断事物的真伪能力，在呈现了多方的材料之后，彰显了新闻的客观性特征，同时受众也得出了自己的结论。

3. 笔录整理

笔录整理是指新闻记者将采访笔录迅速、及时地补充、完善，使之清晰化、条理化的过程。根据心理学的遗忘规律，如果笔录两天后整理就会遗忘30%，三天后整理就会遗忘50%，一周后整理90%都会遗忘。因此，新闻记者在当日采访完成后，即使再累，也要养成笔录整理的职业习惯；把不清楚的符号用自己清楚的字迹标识出来；把没有记完整的段落、意思进行完善；把有疑问的地方挑出来进行第三方验证。

四、注意事项

（1）新闻记者在做笔录时行与行之间的空白要留得宽一些，一个观点占一行。

（2）不到万不得已，新闻记者不用录音笔进行记录；录音笔更多的是当作采访的随行证据来用。

（3）新闻记者整理笔录要采访完就整理，否则就会遗忘很多现场的思考联想。

（4）新闻记者验证材料要克服侥幸心理和主观主义，代之以客观的科学分析态度和精神。

五、实训操作

1. 记录的内容与速度

一支笔和一本采访本是新闻记者随身必备的用具。俗话说:"好记性不如烂笔头",一个人的记忆力再强,也不如笔记得准确详细。更何况新闻记者视准确为新闻的生命,因此,新闻记者在采访时的职业习惯是从采访对象说的第一句话起就开始记录,甚至有时人未言语,音容笑貌已经记录下来了。记录的另一个作用是成为新闻记者采访结束后进行写作的蓝本。

以下运用角色扮演法进行记录的实训。

(1)实训步骤。

工具:每个学生准备笔记本1本、笔1支;小组准备8开展板1个、彩笔若干支、剪刀1把、胶水1瓶;1间50平方米带有黑板的标准教室。以讲台为界,讲台上面摆放一排供采访对象受访使用的桌子;讲台下面对应摆放一排供新闻记者采访使用的桌子。采访现场与受众区域隔开3米的空间,以便表演之用。

第一步:任务布置(5分钟)。

全班学生先独立思考"采访时新闻记者需要记录什么""怎样才能记录得快、记录得有效"这两个问题,将问题的答案记录到笔记本上。

第二步:大组角色组织(10分钟)。

全班分成6个学习小组,每3个学习小组组成1个大组,共计2个大组。指导教师提前一周时间选取正在发生的一个热点新闻事件。这2个大组分成两批人:第一批人由1个学习小组扮演新闻事件的当事人、专家、目击者、政府有关人士;第二批人由2个学习小组选3个组员分别扮演不同媒体单位的新闻记者。另外一个大组也照此方法选取新闻事件并组织发布与采访。

第三步:组成专家小组(5分钟)。

每个大组分别选3人组成专家小组,每位专家都能拿到评分表1份。指导教师单独组成另外一个专家组,也能拿到所有学习小组的评分表。评分表由指导教师设计。指导教师安排计时员1位。

第四步:模拟采访、记录、讨论(40分钟)。

每个大组按照不同的角色模拟新闻的发布与现场采访,模拟记者要将采访的内容记下来,计时员设定时间。

第五步:讨论(30分钟)。

模拟采访完毕后,3位模拟记者分别回到自己所在的大组,以本组记者的采访内容为主线,讨论本组的记录内容。2个大组最后将6位模拟记者的笔录内容(讨论后)做成富有创意的展板展出。每个大组的3位模拟记者讲解展板的内容,每讲解完毕一个记录内容,允许其他大组的组员发表不同的见解。

第六步:评分(8分钟)。

专家小组和指导教师可以走访各大组,通过对模拟记者采访笔录的比较、讨论,给展板打分。指导教师也可以给展板打分。二者打分取平均值,就是2个大组的最后得分。

第七步:教师点评(20分钟)。

指导教师全程参与学生的角色扮演与讨论的全过程,深入到学生交流组中,观察并倾听学生交谈、争论的焦点内容。每个学习小组表演、争论结束时,指导教师实时进行点评。最后,指导教师针对评分内容、分值以及存在的问题,解析正确的答案并说明理由,以便学生加深印象。

(2)评析内容。

在现实生活中,新闻记者除了要注意记录的主要内容以外,还要注意记录的速度基本上要与谈话的速度保持一致。

① 访谈结束,笔录也应该基本结束。可以稍微延后1~2分钟,但不能延后很长时间。那样的话,会造成谈话的中断以及采访对象的兴趣、注意力的转移。

② 如果对采访对象的解答没有完全听清楚,或采访对象的语速太快难以记录下来很重要的事实材料,新闻记者要采用先赞美后婉转提问的方法来补充重要材料的缺失。如"刚才您的观点太精彩了,您看主要是不是这么几点?"如果观点正确,采访对象会表示肯定;如果还有欠缺,采访对象就会立刻更正,新闻记者可以借此补录好自己的笔录。遇到这种情况,新闻记者绝不能直截了当地对采访对象说"刚才你说的我没听清,请你再说一遍",这样马上就会引起采访对象对新闻记者能力的怀疑心理。

2. 如何验证材料

根据例文2-5运用案例倒推法进行验证的实训。

本任务中实施案例倒推法的主要意图在于,通过解剖一个新闻报道案例,还原新闻记者在采访时产生了哪些疑问,新闻记者又是如何通过现场采访、资料查证、其他采访数据引用等三角定位法来验证这些疑问的。这是一种对社会高度责任感的体现。

例文 2-5

紫金矿业遭遇污水渗漏重大污染事故 9天后披露①

在造成福建汀江重大污染9天后,紫金矿业(601899.SH)最终于昨日披露了位于上杭的紫金山铜矿污染事件状况。目前这一事故已导致当地棉花滩库区死鱼和鱼中毒约达378万斤。

---

① http://business.sohu.com/20100713/n273460401.shtml,有改动。

昨日紧急停牌的紫金矿业昨日晚间公告称,7月3日,紫金山铜矿湿法厂污水池突发渗漏环保事故,起因于前阶段的持续强降雨。公司目前已经停止铜矿堆场入堆新的矿石。本次事故将对紫金山铜矿湿法厂铜的生产产生重大影响。

位于紫金矿业总部所在地福建上杭的紫金山铜矿是紫金矿业旗下最大的铜矿……

福建省环保厅公布的初步调查结果显示,7月3日15时50分左右,铜矿湿法厂岗位人员发现储存待处理的污水池水位异常下降。调查发现,污水池中酸性废水(主要含铜、硫酸根离子)外渗,通过排洪涵洞排入汀江。事故发生的原因初步查明为:含铜酸性污水池防渗膜多处开裂,引起池内污水泄漏。

据新华网报道,截至目前,汀江流域和位于永定县境内的棉花滩库区出现了大面积的死鱼和鱼中毒浮起现象,据初步统计,仅棉花滩库区死鱼和鱼中毒约达378万斤。

据新华社现场记者对《第一财经日报》记者描述,截至12日,永定县洪山乡码头多达二三十人的打捞队正将打捞上来的死鱼统一过秤后装入麻袋,用车辆运往填埋场填埋。

紫金矿业副总裁刘荣春昨日接受《第一财经日报》采访时辩称,此次渗漏主要与自然灾害有关,不可预料。刘荣春表示,目前上杭县政府已对水库死鱼按每斤6元进行回收,对鱼苗按每斤12元回收。回收款由县政府暂时垫资,待实际损失核查清楚后最终由紫金矿业承担支付。

这已经不是这家矿产企业第一次发生类似的污染问题。《新世纪》周刊此前的报道称,环保部今年5月的通报则显示,上杭县紫金山金(铜)矿下田寮渗滤液污水处理系统在未经环保部门批准的情况下,自2009年9月停运,现场检查时仍处停运状态;尾矿渣渗滤液经收集池收集后,未经处理直接排入后库。

今年5月,环保部曾经发文通报批评11家存在严重环保问题的上市企业,紫金矿业为第一家……

更早的2007年,在首批"绿色证券"试点被核查的37家企业中,有10家未通过或暂缓通过,其中便有紫金矿业。

除了对于紫金矿业污染的质疑,此次事件更指向紫金矿业迟缓的信息披露机制。此次污染事件发生在7月3日,但紫金矿业一直未对此做出公告,直到昨日被媒体披露,才在晚间发出公告。目前,紫金矿业A股报价5.98元。

值得注意的是,自紫金山铜矿7月3日发生污水渗漏以来,上周末通过公开渠道向投资者公告,且股票继续正常交易。在7月5日至9日这5个交易日里,紫金矿业A股连续上涨,从7月5日的最低价5.64元一度上摸至7月9日的最高价5.99元,最大涨幅为6.2%。

业内人士指出，虽然该涨幅与此期间大盘上涨有一定相关性，但在出现如此恶劣的环保事故之后，公司未正常公告且停牌，是对投资者不负责任。

……………

(1) 实训步骤。

工具：每个学生准备笔记本1本、笔1支；小组准备8开展板1个、彩笔若干支、剪刀1把、胶水1瓶；1间50平方米带有黑板的标准教室。

第一步：布置任务(5分钟)。

组成6人为一组的基础小组。小组组员独立思考下列问题：在例文2-5中，新闻记者采访中的疑点在哪些方面？他又是怎样验证这些材料的？为什么新闻记者要这样确立这篇新闻报道的主题？将自己思考的结果以关键词词条的形式写出来，并以书面形式记录下讨论成果。

第二步：小组讨论(10分钟)。

每个基础小组的组员比较自己与同组其他组员的答案。小组组员相互讨论，各自说出理由，形成小组共同的答案。

第三步：小组制作展板(20分钟)。

将小组形成的共同答案以词条的形式贴在展板上。每个展板由各基础小组自行设计，要求富有创意、生动形象。所有的基础小组将展板贴在指定的位置。

第四步：小组展示(30分钟)。

每个基础小组派一个组员做讲解员，另一个组员做记录员。讲解员仔细讲解本组的讨论结果，回答其他的基础小组提出的问题，记录员认真进行记录。

第五步：教师点评(20分钟)。

指导教师针对每个展板的讨论结果以及存在的问题，解析正确的答案并说明理由，以便学生加深印象。

(2) 评析内容。

① 标题中呈现新闻记者的疑点一：紫金矿业遭遇污水渗漏重大污染事故，为何"9天后披露"？在7月3日已经有媒体在此事件刚发生之时作了报道，而例文2-5的新闻记者是在事故发生9天之后跟踪报道此事件的，为了把事件的最新进展如实地呈现给受众而不是重复受众已经知晓的内容，新闻记者另辟蹊径，选择"为何9天后披露"这个独特的疑问角度，非常吸引人。

② 事故原因分析形成疑点二：造成此次重大污染事故的原因，到底是按照紫金矿业副总裁刘春荣所说是"此次渗漏主要与自然灾害有关，不可预料"，还是人为因素所致？

③ 污染现状与企业描述形成疑点三：事件发生后，在新华社刊发的文章中紫金矿业对

事件轻描淡写的态度与当地棉花滩库区死鱼和鱼中毒约达378万斤的严峻事实形成鲜明对比,到底污染严重不严重?

针对以上三大疑点,从新闻报道中可以看出新闻记者是怎样进行验证的呢?

① 针对疑点一,新闻记者首先列举了紫金矿业公开刊发给受众的上市公司公告的相关内容——"昨日紧急停牌的紫金矿业昨日晚间公告称,7月3日,紫金山铜矿湿法厂污水池突发渗漏环保事故……"。从公开的公告内容,我们不难看出,"昨日紧急停牌的紫金矿业昨日晚间公告"这句事实已经距"7月3日,紫金山铜矿湿法厂污水池突发渗漏环保事故"过去了9天。9天里究竟这家企业在等待什么?随后,新闻记者通过对新闻事实的调查、分析、推理,为受众揭开了下面的事实真相——"值得注意的是,自紫金山铜矿7月3日发生污水渗漏以来,上周末通过公开渠道向投资者公告,且股票继续正常交易。在7月5日至9日这5个交易日里,紫金矿业A股连续上涨,从7月5日的最低价5.64元一度上摸至7月9日的最高价5.99元,最大涨幅为6.2%。业内人士指出,虽然该涨幅与此期间大盘上涨有一定相关性,但在出现如此恶劣的环保事故之后,公司未正常公告且停牌,是对投资者不负责任。"

具有一定股票投资经验的人都知道,如果某公司遇到重大的负面消息,瞒报或迟报都会给投资者带来重大损失。因为投资者不知道真实情况,看到这家公司的股票涨也跟着追进。可是当遭遇重大负面消息的紫金矿业在事故发生后第9天才发公告突然停牌,已经买进的投资者在得知这个负面消息后即便当天想从该股票中脱身也无能为力。后面该股票一旦复牌,持股量大的大股东一下子因为负面消息会被打到跌停板,跑不出去的一般投资者只能眼看着损失日日惨重,还是逃不掉。所以,延迟9天后披露真实的负面信息,显示出该公司管理层为了大股东的利益而缺失社会责任感,也使中小投资者受到伤害的事实现状。

② 针对疑点二,新闻记者也是先引出来自新华网的采访事实"紫金矿业副总裁刘荣春昨日接受《第一财经日报》采访时辩称,此次渗漏主要与自然灾害有关,不可预料。"这句话的意思是刘春荣说此次重大污染事故是天灾所致,与企业无关。

那么,新闻记者揭示了事实的真相:第一,福建省环保厅公布的初步调查结果显示,由于紫金矿业公司含铜酸性污水池防渗膜多处开裂,引起池内污水泄漏。第二,环保部在2010年5月的通报则显示,该公司在未经环保部门批准的情况下,将尾矿渣渗滤液未经处理直接排入后库受到通报批评。第三,环保部对该企业多次通报批评。"更早的2007年,在首批'绿色证券'试点被核查的37家企业中,有10家未能通过或暂缓通过,其中便有紫金矿业。"这些书面的事实都足以说明,这次事故并非天灾那么偶然,更多的是人为管理不善、长期管理滞后的因素所致。

③ 针对疑点三,新闻记者通过现场观察的方法还原了污染事故的严重性。首先新闻记者描写了死鱼打捞填埋现场,"……二三十人的打捞队正将打捞上来的死鱼统一过秤后装入麻袋,用车辆运往填埋场填埋。"其次,这次污染造成的损失是"仅棉花滩库区死鱼和鱼中毒约达378万斤",并配发了一张死鱼打捞的图片进行佐证。

至于例文2-5的新闻记者为何选用这个报道主题,是因为同行媒体在7月3日该污染事故刚发生之时已作了大量的报道,因此要继续延伸这个事件报道,新闻记者就必须选择新的角度,另辟蹊径。正好发生该事故的紫金矿业上市公司在7月12日刊发了有关事故的停牌公告,于是新闻记者就此最新的报道运用追根溯源法,选择了紫金矿业虽然发生渗漏环保事故,却在"9天后披露"这样一个富有悬念的主题,这个角度比起单纯只报道突发事件显得更有深度与高度,满足了受众挖掘出新闻背后的新闻的知情欲。

3. 怎样迅速整理笔记

(1) 新闻记者通读笔记,回忆整个采访过程,将心记的内容迅速用文字插入同类的笔记材料旁,并纠正、修订难以清晰辨认的笔记内容。

(2) 新闻记者再次通读初步整理的笔记材料,标出页码,并在可能用的材料旁作上自己熟悉的标记。

(3) 新闻记者根据确定的新闻主题的需要,对材料分门别类,着力使笔记变为写作提纲。在整理时,新闻记者最好使用不同颜色的笔,将材料根据其归属的部分分别标出1、2、3或A、B、C等。

(4) 新闻记者对存有疑问或者需要验证的事实材料以及需要二次采访补充的材料单列出来,以便进行验证和补充。

(5) 新闻记者把所有用完的采访本收集在一起,以备将来采访某一新闻事件时查阅背景资料、电话、单位所用。

4. 校内实训基地实训

学生利用校报、校电视台等进行采访记录、验证、整理的实训。

5. 校外实训基地顶岗实习

学生利用校外新闻媒体进行采访记录、验证、整理的综合实习。

六、总结点评

(1) 记录是与采访提问、倾听同步进行的工作,考验一位新闻记者同时协调自身的多种感知觉能力,考验新闻记者高度的注意力。

(2) 新闻记者只有听得多,才能有时间记。否则,新闻记者说得多,采访对象回答得少,自己也没时间记录,本末倒置。

(3) 不管采访结束后多么疲倦,新闻记者也要在当日把采访笔录整理出来,否则会让新闻记者功亏一篑。这对新闻记者的毅力和耐力是一个大考验。

(4) 如果新闻记者图省事只用录音笔进行记录,那么回来后整理录音笔记录的资料会更费事,因为这样等于重新再做一遍采访。

(5) 验证是一种佐证事实或观点的过程。每位新闻记者都必须进行验证,否则就没有新闻的真实性可言。

七、拓展提高

(1) 问、听、记是新闻记者在采访中三者同时协调的能力,新闻记者应该怎样协调三者的关系?其先后顺序是怎样的?

(2) 用录音笔记录比手记更全面、更快,为什么只有在特殊的情况下才能使用录音笔,大多数情况下还是要用笔记?

(3) 有的新闻记者认为自己的记忆力好,所以在采访时只用心记不用笔记,这种想法为何不对?

(4) 由于采访对象的说话速度太快,有时新闻记者实在记不下来,怎么才能记得快?到底笔录要记些什么?

(5) A和B发生矛盾,新闻记者采访时A、B两人各执一词,那么新闻记者应该如何进行验证?

(6) 整理笔录的过程往往是新闻记者最疲劳的时候,作为新闻记者的你此时应该怎么办?为什么?

(7) 在下列新闻报道中,新闻记者是通过怎样的一种逻辑线条进行采访的?还原新闻记者针对这个逻辑线条进行提问的问题是什么?最后新闻记者又通过什么方法去验证了那些材料?请你运用图示画或者标示出来。

揭秘"健美猪"[①]

中国网络电视台消息(焦点访谈):为了少吃油腻,不少人在买肉的时候都会选择瘦肉而不选肥肉,记者在江苏南京市场上发现,有一种……看上去没有肥肉的猪肉,背后却隐藏着不可告人的秘密。

饲养环节　特殊饲料造就"健美猪"

……

"健美猪"之所以瘦肉多,是因为在养殖的时候,吃了一种特殊的饲料。记者前往"健美猪"的产地河南孟州进行调查……养猪户介绍说,要想把猪喂成"健美猪",卖出高价格,就必须在饲料里添加一种特殊的白粉末。如果不加"药"的话就没有人收……

养猪户:"你不加'药'没人拉猪,不是说没人买,就是价格便宜。"[②]

饲料中添加的究竟是什么"药"?一些养猪户对此都讳莫如深,不肯透露。

养猪户:"反正养猪场加的就是,这种东西没人去化验。"

据另一名养猪户透露,这种所谓的"药"属于违禁品,一般不轻易拿出来示人,都是在加工饲料的时候偷偷进行添加。在专门用来加工饲料的房间,记者注意到有一个小桶,里面是

[①] 本文中叙述部分来源于http://news.cntv.cn/china/20110315/115783_3.shtml,有改动。

[②] 本文中对话部分来源于http://finance.ifeng.com/news/special/2011315/20110315/3670595.shtml,有改动。

一个银色的袋子。养猪户打开袋子,只见里面装的正是一种白色的粉末。

记者:"这个是啥?"

养猪户:"这个买的说是'瘦肉精'"……

国内外的相关科学研究表明,食用含有"瘦肉精"的肉会对人体产生危害,常见有恶心、头晕、四肢无力、手颤等中毒症状,特别是对心脏病、高血压患者危害更大。长期食用则有可能导致染色体畸变,诱发恶性肿瘤。

早在2002年,农业部、卫生部、国家食品药品监督管理局就发布公告,明令禁止在饲料和动物饮用水中添加盐酸克仑特罗和莱克多巴胺等7种"瘦肉精"。2008年,最高人民检察院、公安部规定新的刑事案件立案追诉标准,对使用"瘦肉精"养殖生猪,以及宰杀、销售此类猪肉的,将以生产、销售有毒、有害食品罪追究刑事责任。

然而时至今日,据记者在河南省孟州市、沁阳市、温县和获嘉县的调查结果显示,使用"瘦肉精"在这些地方十分普遍。据养猪户透露,这种状况一般没有人管,即使省里或其他部门来检查,他们也会事先得到县畜牧局的通知。

贩运环节　监管变味权钱交易

养殖环节监管如此宽松,那么在贩运环节中,有关部门又是怎么监管的呢?

记者来到了沁阳市柏香镇动物检疫站,通过当地一名猪贩介绍,在没有购买和调运任何生猪的情况下,随便说了一个车牌号码,只花了200元钱,就买到了往南京调运120头猪的三大证明:动物检疫合格证明、运载工具消毒证明和五号病非疫区证明。优惠下来每头猪的检疫费用还不到两块钱,另外还拿到150个耳标。

开票人坦言,不管从哪个地方调猪,不管运猪车是否过来真正接受检疫,他们这里都可以出具检疫合格证明的相关票据……

正在这时,车上有一头猪突然死了。

记者:"像这种死猪当地一般怎么处理?"

运猪车司机:"当地有的屠宰了,宰了以后就卖肉了。"

记者看到,在这头死猪的整个处理过程中,两名检疫人员始终不管不问……

根据农业部有关规定,任何单位和个人不得随意处置及出售、转运、加工和使用病死或死因不明动物……

动物检查不仅当地有,在货车出省的当路上还有。几个小时后,这辆运猪车抵达位于河南省省界的芒山动物防疫监督检查站,记者跟随运猪车的司机来到检查站办公室,只见工作人员一边审核检疫合格证明等相关票据,一边张口要钱……

工作人员:"钱带了吗。"

运猪车司机:"多少钱?"

工作人员:"你不知道吗?"

这名司机把100元钱放在工作人员面前的桌子上,顺手拿走了审核通过的检疫证明等手续……

运猪车在通过了这个检查站后,就可以顺利抵达江苏省南京市的一些屠宰场。

按照我国《生猪屠宰管理条例实施办法》,屠宰场必须是国家定点,而且要派驻检疫人员,进场的生猪必须检疫合格后方可宰杀……然而记者在江苏省南京市建邺区兴旺屠宰场看到,派驻屠宰场的检疫人员对这批来自河南的猪肉并没有进行"瘦肉精"检测,就直接打上了"肉检""验讫"的印章,随后再开据《动物产品检疫合格证明》。据南京市建邺区兴旺屠宰场检疫人员说,他们只管进厂的数量对不对,"三证"是不是齐全……

任务五　提炼新闻主题

新闻主题关系一篇新闻报道是否能够价值最大化。新闻记者都有一个共同的感受,那就是面对同一个新闻发布会,会有许许多多不同角度的新闻报道出炉,更何况大千世界每天都在发生不同的新闻事件。因此,新闻主题就意味着新闻记者审视新闻事件的角度。思考不同,深度和高度不同,自然角度就不同。

教学目标

通过对新闻事件的预估判断、现场观察、全面验证,提炼出价值最大化的新闻报道主题。

案例导读

创始人张兰疑被踢出俏江南董事会①

北京商报讯(记者　徐慧)　昨日有消息称"俏江南创始人张兰被踢出董事会"。实际上,自从去年4月欧洲最大私募股权基金公司CVC Capital Partners完成对俏江南控股权的收购,且持股比例高达82.7%之后,外界早有猜测,张兰离开董事会只是早晚问题。特别是今年3月,又曝出控股股东CVC向香港高院申请冻结张兰旗下资产的纠纷,张兰董事长的地位已然岌岌可危。北京商报记者为此致电俏江南集团求证,但截至发稿,仍未得到俏江南方面的回应。

有业内人士分析称,其实不论张兰是否退出董事会,如今的俏江南早已不姓张了。作为

---

① 徐慧.创始人张兰疑被踢出俏江南董事会[N].北京商报,2015,有改动.

俏江南的创始人，张兰曾在多个场合表示，自己"最大的错误是引入鼎晖投资"。从引入投资者、签下对赌协议、对赌失败、痛失股权、被迫退出董事会等一系列事件来看，张兰今日的遭遇，早在2008年就已经注定。

据了解，当年金融危机爆发时，张兰为了缓解现金压力并计划抄底购入一些物业，决定引入外部投资者。当时俏江南被估值约20亿元，鼎晖以2亿元的价格换取了俏江南10%股权，并与张兰签署了对赌协议，如果俏江南不能在2012年实现上市，张兰则需要花高价从鼎晖投资手中回购股份。此后几年，俏江南辗转A股、H股，屡次谋求上市未果，最终导致鼎晖与其一拍两散。对赌失败，张兰需要支付鼎晖巨额资金，这也正是CVC得以3亿美元收购俏江南82.7%股份的原因所在。

公开资料显示，俏江南的新股东CVC是一只专注于并购的基金。除了俏江南，CVC不久前还完成了对大众餐饮企业大娘水饺的控股。其在国外通常的操作模式是，低价购入，改变公司管理结构或换掉管理层，以提升公司价值。一个经常被引用的投资案例是，2009年CVC为挽救投资，为知名箱包品牌新秀丽聘请了首席执行官帕克（Tim Parker），后者让拥有百年历史的企业起死回生，并在2011年于香港上市。尽管在俏江南并购案中CVC开始并未坚持换掉管理层，但现在看来，显然只是过渡。

大S减肥20斤抱女儿待复出　俏江南易主汪小菲事业重开①

汪小菲和大S的"闪婚"原本不被看好，但随着成功怀孕生女之后，两人频频发微博晒幸福，也感染了许多人，并为之祝福。初为人父人母的汪小菲和大S再也不是昔日的富家"公子哥"和"杉菜"了，生活家庭的担子无形中更重了，而接下来大S和汪小菲在事业上也面临新的挑战。

…………

大S在戏路形象上需要转型，而汪小菲在事业上也面临重新选择，近日据媒体报道，俏江南已经悄然易主，欧洲最大私募股权基金公司CVC Capital Partners宣布，该公司在俏江南持股比例已达82.7%，这也意味着张兰家族持有俏江南的股份尚不足1/5。逐步失去俏江南的汪小菲在事业上必然要"另谋他途"，重打锣鼓另开张，据悉，汪小菲今后会继续坚持经商之路，但将选择确定何种事业方向目前还不得而知。

对于同一个新闻事件，由于新闻记者所在部门不同或者新闻记者观察思考的角度不同，报道的主题也不尽然相同。上述两篇新闻报道是根据同一个新闻事件所做的不同类型的报道，两篇新闻报道的主题在展现角度上有何不同？新闻记者为什么要选取这样的角度来表现新闻主题？是否还有第三类可报道的新闻主题？

---

① http://j.news.163.com/docs/99/2014081409/A3JPT7R79001T7R8.html，有改动。

 工作任务

（1）了解提炼新闻主题的重要性。
（2）通过实训能够提炼新闻主题，使新闻价值最大化。

实施流程

一、术语解释

1. 新闻主题

新闻主题是指新闻事实所提出的主要问题及其表明的中心思想。它是贯穿一篇新闻的主导思想、主脑和灵魂，是决定新闻的思想意义和指导作用的根本因素。

2. 事实

事实是指构成新闻事件的真实情况，包括客观事件本身及现象，具体指客观事件的发生、发展、高潮、结果。

事实有多种类型，常见的有现场观察、过程事实（人证、物证）、言论事实等。

3. 提炼主题

新闻记者在占有了大量的材料并初步选定了新闻主题以后，开始了认识的第二阶段，即由感性认识上升到理性认识，这种上升或飞跃就叫提炼主题，也称升华主题。

二、工作任务

（1）新闻记者要仔细研读采访材料。
（2）新闻记者挑选出最新的、最震撼的新闻事实提炼出新闻主题。
（3）新闻主题的观点构成必须"用事实说话"。

三、方法技巧

1. 怎样提炼新闻主题

长期以来，在对新闻主题的认识上有两大问题争论颇久。一是一篇新闻究竟能有几个主题。有人认为一篇新闻能有两个甚至多个主题，或称为"第一主题、第二主题"，或称为"明主题、暗主题"。本书认为一篇新闻只能有一个主题，这是新闻报道的一个原则。这是因为，主题即中心，有了中心，文章就集中、深刻；反之，多主题会带来文章结构的混乱，使受众读起来有云里雾里的感觉，好像什么都想说，什么也没有说清楚。二是采访阶段究竟要不要选择、提炼主题？有人将采访与提炼主题割裂开来，认为采访就是单纯的跑材料，提炼主题只有在动笔写稿的时候才考虑。这是不符合新闻采写规律的。首先，一位新闻记者在发现新闻线

索那一刻起,这篇新闻的主题就已经开始在自己的脑海里构思了。否则一些新闻记者不会因为发现一条新闻线索而欢呼雀跃,说明那一刻他已经对该新闻的报道主题、新闻价值做出了初步的判断。其次,新闻记者预先构思主题有利于其在现场进行观察和按照新闻六要素进行采访时有逻辑思路可循,不是盲目地去乱闯乱碰。因此,新闻工作是一个综合性的协调工作,其工作程序的多个环节时时紧密地结合在一起,你中有我,我中有你,不能人为地割裂开来。

新闻主题的具体提炼方法有以下三个方面。

(1) 意在笔先。

有经验的新闻记者几乎是在采访的同时就已将主题基本确定好了,或边采访边选择、提炼主题。在新闻报道中常有主题处理不当的现象出现:一方面原因是采访由于缺乏明确的主题而难以深入,会出现走马观花、走过场的弊病;另一方面是新闻记者在写作时常常感到材料不够或不知从何下笔,需要重新采访,费时费力。其主要原因归结起来就是主题选择繁杂或者采访之前对主题的思考欠缺,势必造成含混不清、漫无目的的结果,其报道也就不深不透。

(2) 具有强烈的倾向性。

在选择主题时,新闻记者是有强烈倾向性的。选择主题时所主张的倾向性是政治上重要、为受众所关注、涉及老百姓最迫切利益问题这三个基本原则。政治上重要是指具有方向性或对全局有影响的、有一定政治思想高度和政策思想高度的主题。为受众所关注是指回答和解决广大人民群众普遍关注的问题。涉及老百姓最迫切利益问题是指人民群众议论纷纷,希望尽快有明确答案,有较强的时间性、指导性的问题。如关注食品安全问题,当新闻记者曝光那些"黑心米粉""黑心棉被""黑心肉"等食品安全事件时,新闻记者对现场每一处的观察描写、对每一位采访对象话语的采录,在写作时对结构的精心安排、语言的组织等都蕴含着新闻记者对报道主题的彰显与用意。

(3) 提炼上具有宏观高度和综合能力。

宏观高度就是新闻记者把某个新闻事件放在全局的背景下来提炼主题,这样就可以使新闻价值最大化。综合能力是指新闻记者对材料进行认真有序的综合分析。通过新闻记者的联想、思考、启发的日常积累,扩大丰富,最后引发认识上的飞跃与升华。

在选择角度时,新闻记者应当抓住以下三个方面。

① 一要比。

即要求新闻记者在明确报道思想和详细占有资料的基础上,先试选几个角度,然后逐一进行分析比较,看哪个角度、哪种表达方式更能体现新闻价值最大化原则。新闻记者常常出现的问题是就事论事,用一个较小的视角来表现一个具有一定高度和深度的题材,缩小了该题材的新闻价值。如《羊城晚报》的《大寨也不吃大锅饭了》这篇新闻报道写于中国农村经济改革已形成风雨之势的年代。大寨大队曾经作为计划经济时代的一面旗帜是大家耳熟能详的,是那个时代的一个缩影。当中国农村都已全面实施联产承包责任制的时候,这面计划经济的旗帜现如今发生了什么样的变化?是保持原有的计划经济体制,还是同全国农村一道走进联产承包责任制的改革大潮之中？让两位《羊城晚报》的新闻记者感到意外的是，他们去采访时碰到大寨大队正在把以前属于人民公社的集体财产分包给各户。这对大寨大队来讲肯定是一个变化，如果就事论事当然也是一条新闻。但两位新闻记者却从一个更高的角度来思考这个事件。即大寨大队的这种变化，仅仅只是大寨大队也开始实行联产承包责任制、农民开始包产到户了吗？应该把大寨大队的这种变化放在一个计划经济年代向一个市场经济年代转化发展的背景中去看，即连大寨大队都已经走向社会主义市场经济、改革开放的洪流之中，中国大地上还有哪个角落没有走进新时代呢？从这个角度上提炼主题，这个题材具有划时代的意义，也只有从这个角度提炼主题才能充分挖掘这个题材的新闻价值，因此《大寨也不吃大锅饭了》标题中的"也"字立意深刻、耐人寻味。

② 二要小。

小就是从小处、侧面着眼，不能贪大求全。有些初出茅庐的新闻记者一开始就想要挖一座金山，对于豆腐块类的小新闻不屑报道。有经验的新闻记者常常是积小为大。殊不知大多数重头报道都是新闻记者经过长期积淀、综合思考才最后成型的。另外，还有些新闻记者在挖掘新闻价值的同时，也容易在提炼主题上强化硬化。也就是说，新闻记者提炼主题使新闻价值最大化必须以事实为前提，绝不可以把非本质事实的东西为了迎合某种需要而生拉硬套、揠苗助长。

③ 三要异。

即要避免雷同、效仿。主题要提炼得鲜明深刻，不能流于一般，更不能雷同。新闻记者要精于避熟，要敢于独创、标新立异。提炼主题要做到独树一帜，关键在于新闻记者要善于发现新闻事件的"个性"之所在，这个"个性"也可以说是最先打动新闻记者之处，如果连新闻记者自己都不能为之动容，那么受众也不会为其报道所动容。

例文 2-6

被私了的案件①

....

存在银行自己企业账户里的一笔780万元的货款，却莫名其妙被别人取走。找银行，银行不管。几经周折，公安部门作为刑事案件立了案，而且把冒领巨款的人抓到了。这下可以皆大欢喜了吧，没曾想结果竟然是人财两空。

……2003年老杨和往常一样，把从村里40多户农民手里收集上来的羊绒发给了深圳的一个叫谢金来的港商，没想到看似普普通通的一桩生意却暗藏杀机。

---

① 选自中央电视台《焦点访谈》栏目，有改动。

没多久港商谢金来告知老杨，羊绒已经卖出，按说货款直接打进老杨河北清河县的账号就行了，可是谢金来强烈建议老杨在深圳农业银行开个账户，说是便于退税。

为了方便羊绒买卖，老杨带上各种印章和身份证明，在谢金来的推荐下来到了深圳农业银行人民北路支行下属的一个经营部，账户开通以后，谢金来的货款780万元打进这个账户，然而没过多久老杨突然发现他账号里的钱没有了……

明明是老杨的账号，里面的款项却被他人提走了，老杨向银行讨个说法，得到的回答是这事银行没有责任……

由于货款是杨二庄村40户农民的，失踪的货款无法交代，老杨的羊绒厂很快倒闭，一家人因为债台高筑，生活无以为继。

2003年，老杨父子还来到了深圳市公安局经济犯罪侦查局报了案。2003年9月24号报的案，2004年5月28号取完证以后正式立案，2012年初才开始通缉。

不管怎样，这事情终于有人管了。在深圳市公安局发布的在逃人员登记信息表上可以看到，在案件类型一栏里，深圳市公安局经济犯罪侦查局是以合同诈骗案立案通缉的，而在案情介绍一栏里明确标明，谢金来和同伙在履行合同过程中使用伪造的公章、财务章和印签卡，控制了老杨的临时账号，骗取了780多万元货款，涉嫌合同诈骗罪。通缉令下发没多久，2012年3月9号，犯罪嫌疑人谢金来就在深圳市深圳湾口岸被边防干警扣押……没多久，深圳市公安局经侦局的办案民警刘亚川打来了电话。

在这通电话里办案民警给了老杨两个选择：一是讨回存款，但是需要他主动撤销案件；二是让犯罪嫌疑人坐牢，但是钱款就不归还了。办案民警的这番话真的让老杨父子有点摸不着头脑，不过9年追逃存款的艰辛过程，让杨家父子本能选择了还钱，撤销案件。

他们急忙收拾东西，按照公安局的要求来到了深圳市公安局经侦局。

虽然被谢金来盗取了780多万元货款，但是谢金来表示自己只有300万元可以归还，想到九年来一路走来的艰辛过程，有300万元总比一分钱没有好，于是老杨父子妥协了，接受了谢金来归还300万元私了的建议。

在深圳市公安局经侦局里，杨家父子签下了撤销案件的申请，也留下了账号，办案民警刘亚川请杨家父子回旅馆等待谢金来的汇款，没想到钱没有等来，等来的是办案民警的又一通电话。

谢金来反悔了，不退钱了。

钱没有要回来，犯罪嫌疑人还被释放了，老杨情急之下又找到了深圳市公安局经侦局。经侦局三大队副队长刘徐告诉老杨父子，案子已经被撤销了，不继续侦办了，他们可以去别的部门想办法。

在深圳市公安局经济犯罪侦查局的在逃案件撤销表上,记者没有看到撤销案件的理由。但是有了办案民警和经侦局领导的签字,2012年3月21日,犯罪嫌疑人谢金来被正式撤销了追逃。

对于老杨父子的遭遇,中国政法大学刑法学教授洪道德认为,办案民警给老杨打通那个电话时就已经涉嫌违法。公诉案件由司法机关依照职权去进行追诉,根本不存在让被害人进行选择的问题。被害人主动要求撤案,在法律上是不具有法律效力的,更不要说办案人员主动要求被害人在两种方案中选一个,只有一种方案就是严格追诉。

至于老杨接到办案民警的电话后赶到深圳,在办案民警的调解下达成还款撤案的事实,洪教授认为,让被害人和犯罪嫌疑人之间进行私了,这是不允许的,就是他们自己想私了司法机关都不能同意,更不要说办案人员要求他们私了。我国《刑法》第399条,明知犯罪嫌疑人有罪的,故意包庇使他不受到追诉是一种犯罪行为。

…………

老杨的案件,按照我国的刑事诉讼程序,公安机关应当重新立案,另派侦查人员来对这个案件进行侦查,这是公安机关不可推卸的职责。

然而至今,老杨的案件还是不了了之。

…………

【例文评析】

现代生活中的受众见过许多诈骗案,可例文2-6这篇新闻报道的诈骗案却颇有新意。中央电视台《焦点访谈》栏目播出的《被私了的案件》引起很大反响。这篇新闻报道所提炼主题的关键点就在"私了"二字。一起780万元货款的诈骗案件被了结,本来无论是对于原告还是对于被告来讲都应该有个结果。可是对于原告老杨父子来讲,结果竟然是人财两空,原因的症结归结在"私了"二字。涉事银行推卸责任,办案人员搞了个"捉放曹"。正如报道中最后主持人的质疑所指,"可这里面到底隐藏着什么呢?银行到底应该承担怎样的责任?警方到底应该怎么办案?不仅老杨想弄个明白,公众也需要答案。"所以,"私了"是这个新闻事件的关键点。而一个"被"字告知受众,"私了"不是原告提出的,而是"被"这起案件中知法犯法的办案人员"提点"的,由此点出这起新闻事件看似"阳谋"背后潜藏的"阴谋"。

通过比较,"私了"在整个案件看上去是个很小的角度,但却是整个案件的关键节点。这起案件中多方的利益,都因这个"私了"达成了"默契"。新闻记者正是据此把涉事各方当事人详尽地写深写透,用一个"被"字显示了隐含在事实中的倾向性,独辟蹊径,显示了新闻主题选择中的"新""震撼"的要素特征。

2. 如何"用事实说话"

（1）精选事实。

拥有完整、围绕新闻主题的事实是保证用事实说话的前提。新闻记者的每一次采访从开始起步到采访完毕，都会观察、采访到很多的事实材料。但是在写作前，新闻记者不能主次不分、事无巨细地把这些都写进报道中；而应该根据新闻主题的需要，按照新闻六要素的原则，去粗取精、去伪存真。

（2）多细节，少议论。

用事实说话并不排斥议论，但是，这种议论必须依托事实来表现展开。用事实来表现观点是每一位新闻记者应该遵循的基本原则。新闻报道具有客观性、公正性，何谓"客观""公正"？就是新闻记者只把"事实"摆清楚，而且"先说什么，后说什么"有新闻记者内在报道的一条逻辑主线。这样当所有的事实都叙述、展现清楚之后，受众看了这些事实后自然就会得出相应的结论。新闻记者应该充分信任受众的智力水平和判断能力，只要事实叙述得清楚，该得出的结论自然会得出来。而不需要新闻记者自己在报道中下一个主观的结论、表达一个主观的观点。

（3）多解释，少晦涩。

在采访时新闻记者会遇到一些难懂的事物，如专业术语、技术名词、专业操作流程等，若是原封不动地照抄照搬，不加任何解释，连自己都弄不懂，那么受众就更弄不懂。用事实说话，首先要让受众明白新闻记者说的是什么，深入浅出，用现场描写、打比方、细算账、讲故事的事实材料，把深奥的术语解释清楚，最终才能用事实展现自己的观点。

例文 2-7

华山滞留游客：徒步辗转 7 小时下山　为退票又起争执①

10月4日清晨，在海拔2000米高的华山西峰滞留一夜后，最后一批数量200多名游客，乘坐恢复运行的西峰索道下了山。

前一晚，由于华山西峰受到突发8至9级大风天气的影响，导致西峰索道停运，景区出现数百名游客滞留。

关于滞留旅客人数，没有统一说法。

西线索道运营公司工作人员称，"有两百多人，大多是老弱病残。"华山管委会信息中心负责人则称，"最多时滞留五六百人"。但现场多位游客则表示，被困人员有上千之众，并有多人晕倒。

---

① http://news.sohu.com/20161004/n469594200.shtm，有改动.

4日凌晨2点半左右,澎湃新闻在华山景区游客中心看到,有被滞留旅客陆续下山,其中多位游客表示,西峰索道缆车停运,景区工作人员让他们到北峰坐索道缆车下山。但北峰索道缆车排队人更多,只好改由北峰索道下方的"智取华山路"徒步下山。

一位游客称,他们早上11点多到华山游客中心准备登山,排队等候多时,直到17点多才乘索道缆车到达西峰。他们就近逛了一个小时,18点30分左右又去西峰索道上站排队准备下山,但一个多小时后被告知缆车停运,随后又转去北峰。

在北峰索道上站,上述游客排队至23点30分左右时,又有工作人员动员他们徒步下山,称只需一个半小时。因人多体乏,该游客走了3个小时,至凌晨两点多才到山下的游客中心。

至凌晨3点半左右,仍陆续有游客下山并抵达游客中心。多位游客向澎湃新闻表示,他们又困又冷但无处可去,只能待在游客中心大厅内或车上等待天亮。在被滞留旅客中,有不少儿童,有的已在家长怀中睡去。

澎湃新闻注意到,现场至少有三拨游客因退票问题,与游客中心工作人员产生冲突。但见有记者拍摄,工作人员又迅速为多位游客办理了退票。此外,亦有游客表示,原计划的行程被打乱,赶不上航班,也不知能否得到赔偿。

而在西峰索道上站滞留一夜的游客更为煎熬,虽然景区方面称已发放姜汤、雨衣及食品,但有游客仍表示,发放物资无法满足现场游客需求,许多人在饥寒交迫中度过"最漫长的一夜"。

【例文评析】

例文2-7这篇新闻报道是继10月3日澎湃新闻在报道了《华山突发大风 索道停运致大批旅客深夜滞留山顶》一文之后,10月4日对华山因大风旅客滞留山顶的跟踪报道。对于此次突发事件,新闻记者是怎样用事实说话的呢?

第一,精选事实。

关于此次突发事件,新闻记者用视觉、听觉、触觉等感知到的事实应该是非常丰富的,但新闻记者没有把它们一一列举出来,而是围绕着游客如何下山的主题精选事实。

事实一:在导语段,新闻记者用视觉把最新的事实结果要素呈献给受众,即"……最后一批数量200多名游客,乘坐恢复运行的西峰索道下了山。"说明此次突发事件已经圆满得到解决。

事实二:由于受众非常关心10月3日晚游客滞留山顶的详细情况,故第二自然段、第三自然段、第四自然段精选了10月3日晚因大风游客受阻山顶的事实。新闻记者对当晚受阻的确切人数采用了西线索道运营公司工作人员和游客两种消息源方式,以表示新闻报道的客观立场。

其次,用细节展示现场。

为了使新闻报道生动,尤其在突发事件的报道中,要尽量多描写现场,选择典型个案来表现主题,这样会使受众身临其境。

事实一:精选出凌晨 2 点半左右,从华山西风索道到北峰索道徒步下山的游客全景事实。

事实二:精选出一位徒步下山游客的典型个案事实。通过该游客口述,将 10 月 3 日晚游客滞留山顶的真实状况进行还原。

事实三:精选了至凌晨 3 点半左右,徒步抵达游客中心多位滞留游客现场,"有不少儿童,有的已在家长怀中睡去。"

最后,多用描述、叙述的语言。

文中多用被滞留游客的视觉、听觉、触觉语言,特别是游客的徒步感受、焦虑等待情绪,叙述描写得非常生动,杜绝了晦涩之语。

四、注意事项

(1) 虽然新闻主题常常意在笔先,但是最终新闻主题的确立还要依赖于现场对新闻事实的采访。即如果新闻记者在现场发现比原来预想的新闻主题更高更深的角度,还是要以现场的事实为最后确立依据。

(2) 新闻主题的标新立异常常形成于新闻记者对新闻事件的认真观察和潜心思考。

(3) 新闻事实要有内在的逻辑性才能用事实说话。

(4) 新闻主题的提炼是一个让新闻事件的价值升华或者贬低的过程。

五、实训操作

1. 提炼新闻主题

面对同样的一个新闻事件,有多少位新闻记者可能就会有多少个新闻主题。因为每位新闻记者的阅历不同,就意味着其思考这个新闻题材的角度不同;再加上每位新闻记者所在的媒体定位不同,即有的偏重于经济,有的偏重于时政,有的偏重于民生,有的偏重于娱乐。定位不同,观察思考同一事物的角度也有所不同。

例文 2-8

疯狂上涨的房价

9 月 19 日中国国家统计局公布了最新的"2016 年 8 月份 70 个大中城市住宅销

售价格变动情况",在全国70个大中城市(国家统计局房价统计样本城市)中,新建商品住宅(不含保障性住房)比去年同期上涨的城市达到62个(下降和持平的各有6个和2个);二手住宅同样也出现了样本城市全面普涨的情况。根据统计,与去年同期相比,70个大中城市中二手房价格上涨的城市有53个(价格下降或持平的各有16个和1个)。这70个大中城市中普涨的比例之高,更在于其中一些城市的房价上涨的幅度之大,已到了"惊天动地"的地步。如在新建商品住房中,房价涨幅最高的厦门同比已暴涨到44.3%,合肥、南京也分别达到40.5%和38.8%(房价暴涨的另一城市苏州,未列入这70个城市房价样本之中)。除此之外,"北上广深"老牌领涨的一线城市,也继续保持房价不断上涨的势能,在高价位的基础上,房价的涨幅同样分别达到了25.8%、37.8%、21.2%和37.3%。二手房的情况也大体如此,同比涨幅最高的合肥,暴涨的幅度竟高达46.9%。由此,多个一、二线城市的房价调控政策相继出炉;为赶在房价调控新政出炉之前,上海等地老百姓为购房之需出现离婚潮……

针对例文2-8这样一个新闻题材,运用参与式教学法进行提炼新闻主题的实训。

参与式教学法也是项目教学当中的一种。顾名思义,"参与式"就是让全班学生在项目教学中都参与进来,进行主动式学习。这种教学法是组成若干个学习小组(以6人为宜),每个学生在学习实训中担任不同的角色,大家共同研究讨论,各自发挥自己的能力强项,分工协作,共同完成项目任务,同时又培养了团队精神,获得集体荣誉价值。

(1) 实训步骤。

工具:每个学生准备笔记本1本、笔1支;小组准备8开展板1个、彩笔若干支、剪刀1把、胶水1瓶;1间50平方米带有黑板的标准教室。

第一步:布置任务(5分钟)。

组成6人为一组的基础小组,运用发散思维,研讨这个新闻题材能提炼出几个新闻主题(或者说这个新闻题材能有几个报道角度?要求每个基础小组不能少于2个),以书面形式记录下讨论成果。

第二步:拟制新闻标题(15分钟)。

按照"主—谓—宾""主—谓"或者"动—宾"的方式将小组讨论的结果分别拟制新闻标题(因为新闻标题就是新闻主题)。

第三步:写出拟制新闻标题的理由(10分钟)。

每个基础小组按照不同的新闻标题把确立主题的理由一一列出,并制作成为富有特色和创意的展板。

第四步:展板展示(30分钟)。

每个基础小组展示本组的新闻主题,并选派一个组员进行讲解说明。指导教师和其他的基础小组可以实时进行提问。

第五步：教师点评(20 分钟)。

指导教师针对每个基础小组展板的内容、存在的问题进行点评。

（2）评析内容。

房价和老百姓的生活息息相关,波及面广,影响力大,属于重大题材。由于新闻记者所在媒体的定位不同,针对例文 2-8 这个新闻题材,新闻记者对主题的提炼会有不同的角度。

① 时政动态新闻的报道主题可以参考如下：

8 月全国房价指数公布；

房价新政将于××月正式出炉。

② 经济新闻报道的主题可以参考如下：

8 月房价有 62 个城市同比上涨 20% 以上；

8 月厦门、合肥、南京房价首冠全国。

③ 社会新闻报道的主题可以参考如下：

房价高企,上海再现离婚潮。

④ 房产类、投资类专业媒体报道的主题可以参考如下：

疯狂的房价；

买股不如买房？

⑤ 娱乐类报道的主题可以参考如下：

×××(明星)1995 年买的一幅画现兑北京二环 1 套房。

2. 怎样用事实说话

根据例文 2-9 运用案例倒推法进行怎样用事实说话的实训。

例文 2-9

黑心豆腐丝[①]

元旦春节就要到了,食品安全越发成为人们关注的焦点……

前不久,又有观众向我们反映,几年过后,山东省枣庄市的城头镇还在违法生产对人体有害的豆制品,我们的记者再次来到了山东枣庄市的城头镇。

来到城头镇,记者就看到一片一片黄色的东西,晾满了家家户户的房前屋后,连公路两侧都被占满了,车来人往好不热闹。您别以为这是晒的粮食,记者一了解原来这就是城头镇加工的人们直接食用的豆制品,当地人叫作豆腐丝,为了让豆腐丝干得快一些,作坊的工人都习惯用脚直接在里面趟来趟去。

---

① http://news.cctv.com/china/20061218/104679.shtml,有改动.

记者：趟什么意思？为什么要趟啊？

作坊老板：趟趟就让它晾干……

记者：用脚趟着晾。

作坊老板：方便。

记者到各家作坊看到的几乎都是相同的情况，宽敞点儿的地方都晾着豆制品，几乎没有下脚的地方，要想进门，就只能从上面踩过去。进屋一看更是糟糕，到处都是黑乎乎的，机器上油迹斑斑，加工出来的豆腐皮连张纸也不垫堆在地上，再直接拖到另一台机器上切丝。

…………

元旦春节就要到了，食品市场的卫生安全越发成为人们关注的焦点……最让记者担心的是这些豆制品中是否仍掺加了滑石粉、工业色素等对人体有害的物质。在记者逐家查访的过程中，发现和面的搅拌机是问题的关键。通常在搅拌机的旁边都放着一些桶桶罐罐，几乎所有的作坊在和面的时候都会倒入这些黄色的液体。同时，记者也观察到，在每家每户门前晾晒的豆制品的颜色也是各有不同，有的是嫩黄色很鲜亮，有黄色、暗黄色，还有褐色等。

作坊老板：你要黄的就给你打黄的，你要暗白就给打暗白。

当地经营户1：这个想打什么色就打什么色，红色也能给你打出来。

颜色添加剂在食品中的使用国家有十分严格的规定，工业色素禁止用做食品添加剂，那么，作坊里的人所说的这种黄又是哪一种呢？

当地经营户1：你看那种颜色吧，放的是工业黄并不是食用黄。

记者：不是食用黄？

当地经营户1：对，一般很少。

记者：那放食用黄就完了，干吗非放工业黄？

当地经营户1：食用黄多少钱一斤，工业黄才七块多钱一斤，食用黄几十块钱一斤，食用黄还需要放得多。

当地经营户2：那种颜色有毒。

记者：那颜色有毒？

当地经营户1：那是工业用的。

记者：自己吃哪种？

作坊工人：自己吃还是吃这个，什么都不掺的，什么不掺好吃，加了色素那种的肯定不好吃。

记者：有毒吗这色素，有毒吗？

作坊工人：有的放那种不好那种。

记者：什么东西加在里面？

作坊工人：加黄啊、增白剂啦，乱七八糟的。

作坊老板：方圆三百里、二百里不要鲜亮，不要太黄的。

记者：那为啥？

作坊老板：老百姓一看见这个黄色的，就知道掺了假了。

看来他们自己也知道，这种所谓的黄根本就是不能往食物当中添加，尽管如此，只要有生意，你要什么样的，他们就能按照你的要求做成什么颜色，为了降低成本甚至不惜使用会对人体造成严重危害的工业色素。而至于这样做出来的豆制品吃了会不会对身体造成严重的危害，就是他们根本不关心的事儿了。

除了这种黄，在作坊里记者还经常看到一种白色的块状物体，这又是什么东西，做什么用的呢？

作坊老板：跟水一样。

记者：是不是吊白块？

作坊老板：对，对，对，跟水一样。

记者：吊白块，是吗？

作坊老板：对，就是这个东西，就是吊白块，就用这个东西化的。

记者：这起什么作用？

作坊老板：这个是增白剂，它那个打出来之后颜色发暗，加上这个颜色鲜亮、透白，往里边掺，家家都掺。

记者：点多点少的事。

作坊老板：对，对，对，家家都掺。

记者摊开手上白色的块状物面对镜头：

就是因为掺了吊白块，所以这些豆制品的颜色特别鲜亮，而同时它也具有了吊白块的这种特别腥气的味道。

国家质量监督检验检疫总局在2002年10月1日印发了《禁止在食品中使用次硫酸氢钠甲醛吊白块产品监督管理规定的通知》，据国家食品安全信息中心的权威解释，吊白块的化学名称为甲醛次硫酸氢钠，高温下具有极强的漂白作用，主要应用于印染工业，做拔染剂、拔色剂，也用于一些有机物，如合成橡胶的脱色和漂白。吊白块的毒性与其受热分解时产生的甲醛有关，口服甲醛溶液10—20毫升可致人死亡，人食用掺有吊白块的食品后，可引起过敏，肠道刺激，食物中毒，肾脏、肝脏受损等疾病，严重的可导致癌症和畸形病变，那么，这些加了吊白块的豆腐丝都销往什么地方了呢？

作坊老板：发了1万斤，发了。

记者：南方主要是发哪？

作坊老板：安徽。

记者：广东、广州、福建？

作坊老板：对，对，对，都有，全国各地都有。

记者在这里看到，不时有大货车到这里来装货，各个作坊加工出来的豆制品也都是客户提前预订的，生意很是不错，而这样的情况并不只是只有几年的时间，村里大部分作坊都有自己的老客户。

作坊老板：我常年干了，十多年了。

作坊老板：有十多年的历史了可能。

记者：那提起咱们这一片，提起干货、豆制品，这城头镇是挺有名的。

作坊老板：挺有名。

记者：有一些老客户吧

作坊老板：有一点儿，咱这个产品这几年方方面面卫生条件都好了，买的新黄豆，正规化了。

记者：产量比前两年提高了吗？

作坊老板：提高了，提高了。

记者：你们家现在有几台机器？

作坊老板：两台。

记者：一天能生产多少？

作坊老板：一天也就是千百斤，两个机子就是两千多斤。

记者：1吨多？

作坊老板：1吨。

据记者了解，像这样有两台机器，一天生产1吨的作坊还属于中小型，城头镇目前有作坊一百多家，粗略估计，每天每家生产两吨左右，全镇一天就能生产四百来吨，一个月就是上万吨。虽然几年前，这里非法加工豆制品的情况曾经被《焦点访谈》报道，但是现在看来情况基本没有什么好转，所谓的整顿也只是停留在了口头上。记者在镇中心看到了这个市场管理办公室，整个楼周边都被晾晒的豆制品包围了，有的甚至都堆到了楼里边。记者打电话向镇政府说明了来意，不一会儿我们就看到有个人，挨家挨户地说着什么，人们开始纷纷收拾晾晒在门前的豆腐丝。

记者：没晒干就收啊？

作坊老板：叫收。

记者：谁叫收的？

作坊老板：不晾了。

记者：为什么不晾了？

作坊老板：不想晾了。

短短几分钟的时间，记者来采访的消息作坊里的人们就都知道了，在记者身旁一直转来转去的这个人原来就是镇政府市场办公室的主任蔡辉。

蔡辉（山东省枣庄市山亭区城头镇市场管理办公室主任）：城头镇豆制品这一块，我们市场管理办公室由工商局、技术监督局和卫生局联合组成一个办公室，对这个市场的发展按照国家标准定期或不定期的，技术监督局都过来抽检。我们办公室每天都下到业户当中进行抽检，定期不定期地进行抽查。

记者：办公室每天都会抽查吗？

蔡辉：每天都会抽查。

记者：每天抽查的情况怎么样？

蔡辉：抽查情况都很好。

记者：平时对它生产的环节什么的有监督吗？

蔡辉：有监督，就是我们办公室经常下来走访看。

记者：色素有掺的吗？

蔡辉：色素没有。

记者：在加工的现场，这个斗就是他们和面的机器，对吧？

蔡辉：对。

记者：这个缸里就是他要往里面加的水，这是什么水呀？

蔡辉：不清楚。

记者：怎么这么黄这水。

蔡辉：没有特别黄吧。

记者：这是什么黄知道吗？

蔡辉：（现场无语……黑屏……）

（1）实训步骤。

工具：每个学生准备笔记本 1 本、笔 1 支；小组准备 8 开展板 1 个、彩笔若干支、剪刀 1 把、胶水 1 瓶；1 间 50 平方米带有黑板的标准教室。

第一步：任务布置(5 分钟)。

组成 6 人为一组的基础小组。小组组员独立思考下列问题：例文 2-9 这篇新闻报道的主题是什么？新闻记者用了哪些新闻事实来展现这个主题？这些新闻事实又是按照何种逻辑线条架构起来的？

第二步：小组讨论(10 分钟)。

小组在讨论中形成一致的结果，并以书面形式记录下讨论成果。

第三步：教师引导(10 分钟)。

指导教师在黑板上将例文 2-9 中的新闻事实的逻辑架构用下图标识出来。

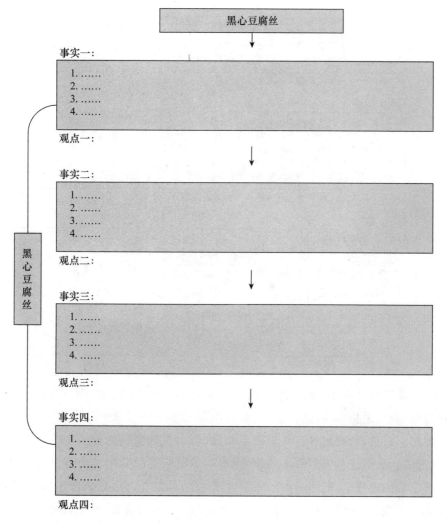

第四步：填写事实词条(30 分钟)。

其中的 4 个基础小组分别从指导老师那里领取一个事实任务，将例文 2-9 中的事实归纳成词条，填写在 4 个方框中。4 个基础小组分别写出 4 个框形图示的观点(即用事实说的"话")。

另选 2 个基础小组补充、修改前面 4 个基础小组的框形图事实内容，并注明观点。基础小组之间也可以相互补充。

第五步：教师点评(20 分钟)。

指导教师根据每个基础小组填写的内容一一进行点评，并说明理由。

(2) 评析内容。

经过指导教师的点评,基础小组完善后的框形图如下:

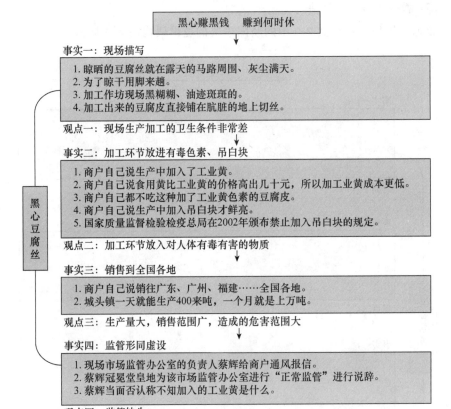

例文2-9通过运用从新闻报道成品向新闻采访事实倒推的手法,将新闻记者在采访这篇新闻报道时,如何采访事实、选用事实,如何用新闻主题的逻辑主线来贯穿事实的内在结构进行了拆解。自然,新闻记者在采访这条新闻时,也有许多其他的真实的事实,如天气状况、乘车状况等。虽然这些也是真实的事实,但与这篇报道的新闻主题毫无关系,因此新闻记者在精选事实的过程中,把那些与新闻主题无关的,也就是与表达新闻主题的逻辑线条无关的事实都一一删去,最后运用从"现场—生产加工—销售—监管"四个大板块的事实,揭露了黑心豆腐丝的本质内幕,"用事实说了话"。除了解说词以外,新闻记者本身在采访中没有明确表达是黑心豆腐丝的观点,但是当受众看完这篇新闻报道,自然而然就得出了黑心豆腐丝的结论,这正是"用事实说话"的魅力所在。

3. 校内实训基地实训

学生利用校报、校电视台等进行提炼新闻主题、用事实说话的实训。

4. 校外实训基地顶岗实习

学生利用校外新闻媒体进行提炼新闻主题、用事实说话的综合实习。

六、总结点评

（1）一篇新闻报道价值最大化的关键在于报道的角度。角度选好，价值倍增；角度选小，价值变小，浪费题材。

（2）如何能够选取一个好的角度来进行新闻报道，与新闻记者本身所站的高度和深度有关，与新闻记者的知识积累有关，与新闻记者对新闻要素价值最大化的把控能力有关。

（3）用事实说话的关键在于，新闻记者本人在新闻报道中不能用语言书写自己的观点，而要用采访到的一个个事实展现出来。这才是新闻记者客观性、公正性报道的体现。

（4）事实能说话，还在于新闻记者在精选事实时，主题的逻辑主线异常清晰，这就要求新闻记者在采访时对有用事实和无用事实的分辨能力要比较强，这样才能把自己最有效的精力花费在对那些"能说话的事实"的采访捕捉上面。

七、拓展提高

（1）为什么"事实能说话"？

（2）新闻记者为什么不能在新闻报道中直接写出自己的观点？这样会导致什么样的后果？

（3）新闻记者为一篇新闻报道所采访的所有"事实"材料是否都应该呈献给受众？

（4）新闻记者"用事实说话"应怎样精选事实？精选的原则是什么？按照什么逻辑线条进行精选？

（5）为什么老记者一听到某个新闻事件就会在头脑中浮现出报道主题？

（6）新闻主题的策划与事实主题是一种什么关系？

（7）十一长假期间，某地因有几处著名景点而游客爆满。但是，当地突然遭遇大幅度降温，如果你是一位新闻记者，根据这一突发事件能提炼出几个新闻报道角度？根据你所提炼的新闻主题又应该采访哪些采访对象、组织哪些材料？

项目三　新闻记者主要新闻采访任务类型

　　一般来说,一位新闻记者到某媒体工作之后,会被分到时政要闻部、社会新闻部、财经新闻部或者娱乐新闻部、专题(特稿)部等大类部门之一。虽然对于新闻记者来讲,无论在哪个部门,采访的基本技能要求、采访流程是一致的,但是这五个部门的新闻采访任务、采访特点各有侧重。尤其是对于一位初出茅庐的新闻记者来讲,应该对这五个部门有明晰的判断和认识。有经验的新闻记者应对各类新闻题材的特点以及报道的重点都有所把握,这样才能游刃有余。即便将来新闻记者换一个岗位同样可以干得出色,为自己的职业规划奠定基础。本项目就是针对新闻记者采访能力的细分应用而设置的。

任务一　时政动态新闻采访

几乎所有的媒体都会把时政动态新闻放在版面（或栏目）最显著的位置。这说明它是受众最为关注的新闻类型。这类新闻由于事关国内外国家层面的大政方针，首脑、要人的活动轨迹以及人们生活中重大的各种灾难、事故，所以影响力异常广泛，给受众带来的心理冲击也是前所未有的。

教学目标

通过对时政动态新闻的敏感、采访技巧的认知与实训，使学生能够发现时政动态新闻线索，进而能够全面完成时政动态新闻的采访任务。

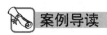案例导读

习近平：确保农村人口 2020 年如期脱贫[①]

据新华社电 18 日上午，中共中央总书记、国家主席、中央军委主席习近平在贵州召开部分省区市党委主要负责同志座谈会，听取对"十三五"时期扶贫开发工作和经济社会发展的意见和建议。他强调，各级党委和政府要确保贫困人口到 2020 年如期脱贫。

习近平指出，"十三五"时期是我国发展的重要阶段。要聚焦如期全面建成小康社会这个既定目标，着眼于我国未来 5 年乃至更长远的发展，深刻把握我国经济社会发展新目标新任务，突出前瞻性和引领性，既不能脱离实际、提过高的目标和要求，也不能囿于一时困难和问题而缩手缩脚。

习近平强调，改革开放以来，经过全国范围有计划有组织的大规模开发式扶贫，我国贫困人口大量减少，贫困地区面貌显著变化，但扶贫开发工作依然面临十分艰巨而繁重的任务，已进入啃硬骨头、攻坚拔寨的冲刺期。形势逼人，形势不等人。各级党委和政府必须增强紧迫感和主动性，在扶贫攻坚上进一步理清思路、强化责任，采取力度更大、针对性更强、作用更直接、效果更可持续的措施，特别要在精准扶贫、精准脱贫上下更大功夫。

……

---

① http://news.sohu.com/20150620/n415364701.shtml.

上述案例的主题是讲一件什么事？为什么其属于时政动态新闻？它属于新闻构建三种模式中的哪一种？其新闻点是如何提炼出来的？

工作任务

（1）运用多种方法与途径发现时政动态新闻线索。
（2）及时完成时政动态新闻的采访任务。

实施流程

一、术语解释

1. 时政动态新闻

时政动态新闻是指迅速及时地反映现实国内外最新变动状态的重大政治、社会、经济事件以及国家首脑、要人的新闻报道。它是新闻报道中的一种重要类型。

2. 时政动态新闻的主要类型

（1）事故灾难新闻。

事故灾难新闻通常是指对社会影响较大的意外变故与灾难，主要包括：第一，社会政治、经济局势的突变，如战争，骚乱，暴动，兵变，政权更迭，政府人事、政策的大变动，经济危机等；第二，重大自然灾害；第三，重大交通事故与其他的意外事故；第四，暴发性疫情；第五，对社会各界有重大影响的新发现或新成就类新闻。

（2）会议新闻。

会议新闻就是与会议有关的新闻报道的统称。无论是国内还是国外，会议已经成为现代社会发展的基本特征之一。在我国，素有"文山会海"的说法，主持、出席会议的人常常又是媒体追逐的政要或社会名人，因此，会议新闻是各类媒体都需要着力报道的一个领域。

（3）首脑、要人活动新闻。

首脑、要人活动新闻主要是指国内外政府首脑、社会要人的出访、视察等重大外事、内事活动新闻。由于这类新闻的构成基础是"不平常的人＋不平常（平常）的事"，因此，追逐政要人物的活动信息也成为当今传媒业时政动态要闻的重要内容。

二、工作要点提示

（1）新闻记者要通过各种渠道发现时政动态新闻线索。
（2）新闻记者要做好采访的前期准备。
（3）新闻记者要按照新闻六要素进行提问。

(4) 新闻记者要做好笔录，并进行访后验证、整理，对新闻主题进行提炼。

三、方法技巧

1. 具有对政治、时事的新闻敏感度

时政动态新闻的记者首先要有正气、激情和政治灵魂，特别是要对国内外政治环境的变化，各国政权的更迭，重大政治、灾难性事件保持高度的敏感性；在错综复杂的国际大环境和政治气候中，敏锐地感觉到那些主题深刻、事实准确、影响力大、经得起历史检验的新闻事件。

例文 3-1

张国华检查春节前农产品稳价保供及食品安全[①]

中国江苏网 2 月 13 日讯（记者曹敏　通讯员张林芳）"菜篮子"是百姓生活幸福指数的晴雨表，春节将至，今年农副产品供应是否充足、物价是否稳定、食品是否安全等，牵动着市委、市政府领导的心。2 月 11 日下午，张国华市长、赵闻斌副市长等一行来到南通市最大"菜篮子"——南通农副产品物流中心，实地察看春节农产品稳价保供和食品安全情况。

张市长一行来到通农物流分割肉交易区、蔬菜交易区和猪肉检验室，与市场商户、市民亲切交谈，详细了解蔬菜、猪肉的供应来源、价格、销量及检疫检测情况。

张市长强调，春节是一年中最重要的节日，"菜篮子"尤其关系到千家万户的幸福，要抓住百姓普遍关心的食品安全、稳定价格、丰富品种等关键，做到保障市场供应，加大产销衔接，丰富种类；要加强市场运行监测，根据市场供销情况，适时启动价格平抑机制，确保价格稳定；要高度重视食品安全，加大检测力度，加强源头溯源，确保百姓舌尖上的安全；要做好应急预案，密切关注天气变化和价格波动情况，制定农产品供应、物价平抑的各类应急保供预案。确保节日期间让百姓吃上安全菜、放心菜、平价菜。

看到繁忙的节日市场，张市长对通农物流为方便百姓"一站式"购物举办的年货展，日交易额突破 3000 万元的成绩，表示满意，同时他说节日期间人流量、车流量非常大，要严格加强安全管理，杜绝行车、踩踏等一切安全事故发生，确保节日市场安全、稳定、繁荣。

---

① http://jsnews.jschina.com.cn/system/2015/02/13/023725644.shtml，有改动.

【例文评析】

例文 3-1 中的新闻事件源于对 2015 年春节相关政策信息的敏感。许多的新闻记者都具有对大事件的敏感。那么,在中华民族的重大节日——春节前夕,受众最关心的是什么?当然是回家、过年。党和政府在这一时段的所有政策与措施都是要让老百姓过一个祥和平安的春节。所以,吃透了这一时段政策的要点以及受众的心理,春运、平抑物价就成为春节前夕新闻记者最为关注的新闻选题。例文 3-1 是报道南通市市长"张国华检查春节前农产品稳价保供及食品安全"的消息。春节前,市长亲自下基层到市场检查菜价是否平稳、菜品是否安全,这条新闻会引发当地市民较高的关注度,体现了新闻的贴近性特征。

2. 实事求是,保证真实

新闻实践证明,实事求是同样是时政动态新闻采访必须遵循的基本原则。只有坚持实事求是原则,新闻记者才能够面对纷繁复杂的世界,着力探索事物的真相与本质,才能坚持新闻的生命——真实,甚至不惜为此付出生命的代价。

例文 3-2

乌克兰局势最新消息:德媒:默克尔会晤奥巴马将重申反对武装乌克兰①

国际在线专稿:据德国《明镜》周刊 2 月 9 日报道,德国总理默克尔将于当地时间 2 月 9 日到访美国并与奥巴马会晤。在 3 个小时的会谈中,双方将主要围绕乌克兰问题交换意见,其次还会涉及反恐战争、欧美自贸协定和欧洲经济现状等话题。

报道称,在去年 5 月的会谈中,默克尔和奥巴马曾在对俄制裁上保持高度一致,但如今欧洲和美国在乌克兰问题上却产生了分歧:事实证明,对俄制裁并未对解决乌克兰问题提供有效的帮助,相反,局势正在进一步恶化。近日,美国提出向乌克兰运送武器的计划,但立即遭到法国和德国的反对,而默克尔在这一点上态度尤为坚决。

德国媒体评论称,默克尔将在此次的美国之行中重申其观点。原因在于,她并不相信对乌提供武器会有助于解决危机,相反会适得其反。另外,德国政府也已经越来越清楚地认识到,乌克兰东部地区事实上已经成为自治区,相较乌克兰政府,该地区更倾向于向莫斯科靠拢。

---

① http://news.cssn.cn/gj/gj_gwshkx/gj_zhyj/201502/t20150210_1512067.shtml,有改动。

【例文评析】

作为国际时事关注的焦点,乌克兰问题由来已久,其背后闪烁着大国的利益、势力较量的身影。例文 3-2 这篇新闻报道抓住了国际时事的焦点,特别是抓住了新闻报道的真实性原则,原引德国《明镜》周刊 2 月 9 日报道的原文,以保证该事件的当地报道的真实性,新闻来源清楚明了,然后把德国总理默克尔关于乌克兰问题前后态度的变化用其自己的言语解释得非常清楚。

3. 作风踏实,深入实际

显然,时政动态新闻比一般新闻更具有时效性、生命力、感召力和舆论导向的作用。但是,时政动态新闻的获得很多要靠新闻记者深入生活、脚踏实地、与广大群众打成一片、虚心求教。尤其是重大突发事件,新闻记者的敏感反应能力、责任感是第一位的。有了这种责任感,即便环境再恶劣,使命感也会促使其赶赴事发现场,还事实真相于天下。

例文 3-3

印尼官员:亚航失事飞机 6 具遗体将运达泗水①

中新社雅加达 12 月 31 日电　印尼东爪哇省长 Soekarwo 31 日对媒体表示,已打捞上来的亚航 QZ8501 航班上的 6 具尸体将于当天下午运达泗水警察医院。

Soekarwo 说,泗水警察医院已做好监测尸检准备工作,对运达的尸体将进行鉴定。当地医院已派出 25 名法医组成的医疗团队负责此项事宜。

亚航客机上共有 81 人来自印尼泗水,泗水政府经查找后,已掌握 45 名当地人的资料,预料能更快为这些乘客进行尸检。

记者 31 日在雅加达机场看到,由于 30 日印尼搜救机构在爪哇海发现了失联亚航飞机的残骸与部分乘客遗体,很多遇难者家属和媒体集中飞往打捞基地中加里曼丹的庞卡兰布翁,导致 1 月 2 日前的航班都爆满,当地旅店也人满为患。

【例文评析】

"印尼亚航飞机失事"这条新闻引发了全世界的关注,上述新闻是有关"印尼亚航飞机失事"新闻的跟踪报道。为了突出新闻的真实性,新闻记者深入到事故发生的一

---

① http://news.163.com/14/1231/16/AEQDA8I800014JB6.html.

线现场,了解到很多飞机失事的细节,如此次失事飞机已经打捞出6具尸体;与此同时,处理这些打捞尸体的工作由当地的泗水警察医院负责,并采访到关于救援的更多的最新消息进展。新闻记者如果不深入到现场一线,就很难知道并描写出许多真实的事实。

4. 宏观选题,微观选材

在采访中,新闻记者需要胸怀全局的宏观意识,看问题要有全局观。即从党和政府的大政方针着眼,从发展趋势中来把握变化方向,把局部的一件事情放到宏观的大局中去分析考量,这样这件事情才能有比较正确的定位,其新闻价值才能最大化。当然,微观能力也不可轻视,在整个新闻采访活动中,选题应先从大处着眼,却又要从小处着手,把新闻采访得生动有情趣,既有现场描写又有典型个案,这样就增加了可读性。总之,要宏观统帅微观,微观为宏观服务。

四、注意事项

(1) 时政动态新闻主要考量新闻记者对国内外政治、时事的敏感度,对新闻记者的政治水平、政策素质要求非常高。

(2) 突发性重大事件往往是新闻记者可遇不可求的时政动态新闻题材。如果遇到,新闻记者要不假思索地立刻前往现场采访第一手的新闻材料。

五、实训操作

1. 怎样采访会议新闻

会议新闻多是新闻记者笔下的常态新闻,正是由于它的常态性,新闻记者往往容易把这类新闻写成套式新闻,缺乏新意。因此,新闻记者在接受这类新闻的采访任务时,在采访阶段就要细心研究会议议程,悉心听取会议代表的发言,这样才能从中提炼出有价值的新闻点来,具体操作步骤如下。

(1) 搜寻会议新闻线索。

新闻记者在搜寻会议新闻线索时,尤其要搜寻归属自己新闻口的行业、单位的惯常性年会、座谈会等新闻线索以及特殊的会议线索(新闻发布会、突发性会议等)。每当遇到这样重要的时间节点,新闻记者都要提前向能提供线索的渠道进行询问。

新闻记者要与所属新闻口的行业、单位的办公室或宣传部的负责人保持良好的关系,使其成为自己获取新闻线索的提供者。

(2) 提前得到会议议程,弄清会议宗旨,确定主题方向。

新闻记者获得线索后,要亲自到所开会议的单位办公室或者宣传部,提前拿到有关会议主题的会议议程、领导讲话,确认开会的具体时间(重大会议,若能获得会务组提供的参会人员的住宿房间、电话号码等最好)。

新闻记者要查阅会议资料,提炼出可能进行报道的新闻点,做上醒目的标记,并拟写出采访中要提问的问题,准备相关资料(如果有准备时间的话)。

(3) 现场听会。

进入会场时,新闻记者先到会务组索要一套完整、正式的会议材料(包括新闻通稿、大会报告、主席团名单、会议议题程序等)。根据材料,新闻记者确定好要采访人员的座位以及发言顺序。

新闻记者亮明身份,服从会务人员的安排。如果是可以提问的新闻发布会,新闻记者要穿着得体的较为鲜艳的服装,并尽量选择离大会主持人较近的座位。

不论什么人物发言,新闻记者都要进行要点记录。新闻记者边记录边思考哪些材料够了,哪些材料还需要再采访,把进一步需要采访的问题及采访对象标识出来。尤其对那些重大新闻点(新闻记者事先没有预料到的,但是在会议上发生的不同寻常的话语、事件)做出醒目的标志,发言结束后新闻记者立刻进行跟踪采访。

(4) 现场采访。

对需要进行深入采访的人物,待其发言完毕,新闻记者要立刻寻找机会进行采访,并向其索要发言稿。对于不发言但仍需要进行深入采访的人物,新闻记者可以在会议休息等间歇的时间进行采访。对于新闻发布会,新闻记者可以现场提问。

(5) 整理资料。

会议结束后,新闻记者要立刻整理资料,万不可拖到第二天或更靠后的时间去整理,那样会遗忘很多有价值的线索。

(6) 提炼报道主题。

根据采访内容和新闻记者所在媒体定位,会议报道有以下三种主题提炼方式:

① 综合会议消息报道(对该会议召开的时间、地点、会议主旨、参加人员等基本情况进行报道);

② 提炼会议中具有显著性的事件主题(新闻记者在参会过程中,现场观察到具有特异性、引人关注的人与事,据此可提炼出报道主题);

③ 通过听会、阅读会议材料提炼新闻主题(新闻记者通过聆听会议发言稿、阅读会议传阅材料,发现新闻点,据此提炼报道主题)。

以下运用参与式教学法进行会议新闻采访的实训。

(1) 实训步骤。

工具:每个学生准备笔记本 1 本、笔 1 支;小组准备 8 开展板 1 个、彩笔若干支、剪刀 1 把、胶水 1 瓶;1 间 50 平方米带有黑板的标准教室。

第一步:组成基础小组(10 分钟)。

组成 6 人为一组的基础小组,每个组员各自先独立扮演新闻记者的角色,阅读下面一位新闻记者的采访经历:

某年的1月14日,一位新闻记者被派去参加"加快乌鲁木齐经济发展座谈会",主题内容是研讨乌鲁木齐新一年经济发展的大思路。线索由乌鲁木齐市委宣传部通知媒体所得,新闻记者未能提前得到会议议程,预计有一些大企业会在现场做重点发言,并把它们作为重点关注采访对象。

然后以该会议线索为主线,对这次会议采访的逻辑思路和采访流程进行梳理(如何获得会议的相关资料,新闻记者如何提炼新闻主题,新闻记者应重点采访哪些人物,新闻记者应给这些人物提哪些问题等)。

第二步:小组讨论(10分钟)。

每个基础小组的组员之间互相研讨,把上述问题讨论的结果以词条的形式罗列出来。

第三步:制作展板(20分钟)。

每个基础小组将本组的词条贴在展板上,展板的制作要富有新意,并选派一个组员解说展板的内容。

第四步:展板展示(30分钟)。

每个基础小组展示本组采访的逻辑思路以及流程。指导教师和其他的基础小组可以实时进行提问。

第五步:教师点评(20分钟)。

指导教师针对每个基础小组展板的内容、存在的问题进行点评。

(2)评析内容。

这次会议开始前,新闻记者应按照会议报道的要求梳理出该会议的若干个需要采访与报道的问题,以确定报道主题。

① 线索获得:由乌鲁木齐市委宣传部直接通知报社。

② 电话确认会议地点与开会时间:春节前的1月14日,会议的时间长度为2小时。由于是座谈会,带有一定的非正式性,所以新闻记者无法提前得到会议议程,也就无法查阅会议资料,但是新闻记者了解到会议的主要内容是"研讨新一年乌鲁木齐各行业经济发展大思路",即刻也就确定了采访报道的主题方向,即听听乌鲁木齐市政府或者主要参加企业在新的一年都有些什么打算。

③ 会议当天,新闻记者进入会场时,先到会务组想要得到一套完整、正式的会议材料(包括新闻通稿、大会报告、主席团名单、会议议题程序等)。但得到的反馈是,由于此次会议是研讨会,具有非正式性,所以没有任何材料。此次会议的参会者有市委市政府主要领导、重点行业领导、重点企业一把手。

④ 新闻记者观察会场座位安排,确定好主要采访人员的座位以及发言顺序。

⑤ 由于新闻记者所得资料较少,对于新闻点的提炼最有可能出现在听会当中。

⑥ 重点行业代表相继发言,主要谈新一年的计划,新闻记者将其标记为听会重点。

⑦ 新闻记者现场记录市委市政府主要领导和重点企业一把手关于新一年的计划。

⑧ 新闻记者在听会中寻找新闻点:通过认真听取大会发言并有效记录,在会议上寻找到不同的事件和话语——宝钢集团将与八钢集团正式签订资产重组协议,届时宝钢集团将

有30亿元资金注入八钢集团。这个话题不仅是新疆关注的话题,也是全中国经济领域关注的话题,因而新闻价值高(标注重点符号)。

⑨ 新闻记者现场采访八钢集团董事长赵侠,采访时间为赵侠发言后走下台阶之时。

⑩ 新闻记者的采访问题:请您谈谈宝钢将有30亿元资金注入八钢集团的时间以及具体情况等……

⑪ 会议结束后,新闻记者立刻向报社汇报发现的新闻线索,得到认可后整理资料。

⑫ 准备相关背景资料。由于赵侠不接受采访,所有有关前期宝钢集团将与八钢集团重组的消息可以作为背景材料。

⑬ 新闻记者提炼出"宝钢集团将有30亿元资金注入八钢"的突发性消息主题。

例文3-4是参加会议的这位记者就本次会议写出的会议报道。

例文 3-4

宝钢集团30亿元注资八钢

本报讯(记者唐成荫) 记者从日前召开的"乌鲁木齐加快经济发展座谈会"上获悉,1月16日,宝钢集团将与八钢集团正式签订资产重组协议,届时宝钢集团将有30亿元资金注入八钢集团。

据悉,由宝钢集团注入30亿元资本金对八钢集团进行增资之后,自治区仍保留15%的股权,由宝钢集团控股,届时八钢集团也将进行主辅分离的改制之举。

记者了解到,在去年的3月11日,全球钢铁企业中排名第六的上海宝钢集团在北京已与新疆八一钢铁集团有限责任公司签署战略联盟框架协议。之后,八钢集团曾经先后派了几批中层以上管理、技术人员赴宝钢集团进行培训,学习宝钢集团的先进管理经验。同时宝钢集团也派出由管理技术人员组成的专家组对八钢集团进行了细致的调研。同年10月,双方共同拿出重组后的公司发展规划,即在2007年八钢集团年产钢能力达到400万吨,比去年增加100万吨左右;在"十一五"末,重组公司的发展规模将达到年产800万吨,销售收入达到200万元以上,成为现代化的大型钢铁企业。

宝钢集团之所以在八钢集团身上如此煞费苦心,是因为在宝钢集团正式与八钢集团战略合作之前,世界最大钢铁公司米塔尔曾有意收购八钢集团,从米塔尔在华的布局我们可以看出这个世界跨国钢铁公司的收购眉目:东起我国辽宁营口的独立投资的伊斯帕特钢铁厂,到计划收购49%控股权的包头钢铁,再到八钢集团,西到哈萨克斯坦的卡钢,乃至延伸到新近收购的波兰钢铁厂,这家世界钢铁大王正试图建立一个横跨欧亚大陆的钢铁帝国。

而从宝钢集团的战略发展来看,新疆的战略地位不可小视。虽然新疆现在的市场容量小,但西与哈萨克斯坦等国家接壤,东连鄂尔多斯盆地、甘肃、内蒙古等能源接替地。现在,中哈石油管道已经建成,新疆必然要大兴土木建设石油城,而内蒙古、甘肃、陕西等地的能源工程建设也是越做越大,对钢材需求越来越多。所以宝钢集团布局新疆让米塔尔布局我国西北市场的战略遭受挫折。

八钢集团有关负责人表示,八钢集团在与宝钢集团资产重组后,资产总量会大幅度增加,资产质量明显提高,企业发展的能力也将大大增强。宝钢与八钢联姻,也将凭借八钢乘坐欧亚大陆桥的战略位置,开发中亚国家丰富的资源和钢材消费市场,延伸发展空间。

2. 怎样采访事故灾难性突发事件

任何一个媒体都会尽全力追逐突发性的、影响力巨大的事故与灾难报道,这些新闻有大有小,越大越新就越能吸引受众的眼球。当然像这样一个领域的新闻对一位新闻记者来讲常常是可遇不可求的,一旦碰上了,新闻记者要在第一时间赶赴现场,运用大量的现场观察、目击者的现场还原、倒金字塔结构来完成自己的新闻使命。

事故灾难性新闻的采访要点如下。

(1) 搜寻事故灾难性突发事件的新闻线索。事故灾难性突发事件具有突发性,新闻记者往往在无准备的情况下巧遇或得知。这时新闻记者平时的积累和职业敏感、职业素质就起着决定性的作用。职业敏感强、责任感强的新闻记者,无论在何种情况下遭遇到这类新闻,都会毫不犹豫地将自己的使命放在第一位,克服艰难险阻,把现场的真实事实第一时间呈现给受众。新闻记者平时的耳闻目睹是发现突发新闻事件最通畅的渠道,所以新闻记者时刻都要保持敏感性和责任感。

(2) 不论新闻记者是通过哪个渠道获知了事故灾难性突发事件,无论身在何处,都必须第一时间赶到事发现场,因为这种现场采访的时间紧迫。

(3) 到现场后,新闻记者首先要进行详细的现场观察,通过自己的视觉、听觉、嗅觉、触觉、味觉等感观把真实的情况记录下来,记录得越详细越好。

(4) 新闻记者寻找事件当事人、目击者,还原事件发生的全部经过。目击者最好有3人以上。

(5) 新闻记者找到现场的政府层面的相关负责人,了解官方(政府层面)对这个突发事件的全部看法以及目前能够了解到的损失情况的具体数据。

(6) 新闻记者了解官方(政府层面)对该突发事件的原因分析。

(7) 新闻记者了解目击者对原因的分析。

(8) 新闻记者了解官方(政府层面)以及民间对该突发事件的援救措施、救援现状以及遇到的救援障碍等情况。

（9）新闻记者核对新闻六要素采访是否完整，如果不完整进行补充。

（10）新闻记者整理验证采访资料，提炼出最有价值的报道角度。

（11）对于事故灾难性突发事件的报道，往往不是一次能够完成的，新闻记者要及时关注事件的最新发展动态，及时向受众呈现事件最新进展的跟踪报道。

例文 3-5

马航 MH17 失事百天　事故真相仍难厘清①

中新网 10 月 25 日电　7 月 17 日，一架马航 MH17 飞机在俄乌边境坠毁，机上 298 人无人生还。这架坠毁的飞机犹如导火索，引爆了新一轮俄罗斯与乌克兰政府和西方国家的口水仗。如今空难发生已有百天，但谁击落了飞机？谁该为坠机事件负责？这些问题仍难有答案。

"黑色星期四"引爆俄罗斯与西方纷争

今年年初起，俄罗斯与西方的关系遭到重创，俄罗斯与基辅的关系更是一落千丈。继克里米亚入俄后，顿涅茨克和卢甘斯克也纷纷要求独立，并成立民间武装与基辅政府对抗。

就在东部民间武装与政府军冲突不断之时，一架马航客机 7 月 17 日在经过乌克兰东部空域时坠毁。机上 298 人全部遇难，其中包括 193 名荷兰人。

坠机事件犹如导火索。乌克兰政府官员当即指责是民间武装击落了飞机，且击落飞机的武器是俄罗斯提供的"山毛榉"导弹。但民间武装随即否认拥有"山毛榉"，并声称基辅政府需对事故负责……

…………

如今，曾经的坠机地鲜见调查人员的踪迹，遇难者的不少遗物，也在乌克兰顿涅茨克州的土地上逐渐腐烂。坠机地仍旧传来政府军和民间武装的交火声，这似乎预示着，MH17 的坠机惨剧远未能画上句号。

谁是肇事者

在 MH17 坠机事件发生后，马来西亚总理纳吉布亲自赶赴顿涅茨克，从中斡旋获得飞机的黑匣子，并将调查权交予荷兰。近两个月后，荷兰国家安全委员会发布了首份关于 MH17 航班失事原因的调查报告。

---

① http://news.sina.com.cn/w/2014—10—25/002031041779.shtml? source=1,有改动。

报告称，MH17客机坠毁的直接原因，与遭大数量的高能量物体从外部穿透所造成的情形一致，并造成了飞机的结构性的损伤所致。报告还称，并未找到相关证据，证明是因飞行员问题或技术故障造成了飞机坠毁。该调查委员会希望最终的坠机调查报告将在一年后公布。

由于报告并未指明是谁击落了MH17客机，外界的猜测并未停止，俄罗斯与西方的争吵也没有停止。

…………

在有关各方的争论沸沸扬扬之时，MH17客机上的部分遇难者，已经魂归故里。8月22日当天，马来西亚槟城大桥，车队排成了3公里长龙，逾千名人集体为罹难者默哀，以表达最后的尊重。但MH17的肇事者究竟是谁？谁又该为298名罹难者负责？答案仍然渺茫。

【例文评析】

例文3-5是一篇报道关于马航MH17坠毁事件的跟踪式新闻报道，全文以马航MH17失事百天为由头，综合性地报道了MH17坠毁事件所造成的生命、财产的损失情况，造成该空难事件的原因，以及在空难事件发生的背后，仍然是多个大国政治利益博弈的新闻。

根据例文3-5运用扩展小组法进行空难采访的实训。

（1）实训步骤。

工具：每个学生准备笔记本1本、笔1支；小组准备8开展板1个、彩笔若干支、剪刀1把、胶水1瓶；1间50平方米带有黑板的标准教室。

第一步：布置任务（5分钟）。

组成6人为一组的基础小组。小组组员对例文3-5采访的逻辑思路和采访流程进行梳理（如何获得突发事件的相关资料，怎样进行现场观察，如何提炼新闻主题，重点采访哪些人物，给这些人物提了哪些问题等），并记录下自己的答案。

第二步：两人合作（8分钟）。

基础小组中的2位组员组成2人小组，比较自己和搭档的答案并形成大家共同认可的答案。

第三步：四人一组（10分钟）。

一个2人小组与另一个2人小组组成4人小组。小组组员讨论、比较相互的答案，形成本组共同认可的答案并写在笔记本上。

第四步：小组合作（15分钟）。

一个4人小组与另一个4人小组组成大组，在大组中讨论、比较答案，并形成大组组员共同认可的答案。把答案贴在展板上,展板的制作要富有创意。

第五步:展示(15分钟)。

每个大组在展板上展示自己的讨论结果,挑选一个组员进行讲解。在讲解时,指导教师和其他大组的组员可以实时进行提问。

第六步:教师点评(20分钟)。

指导教师根据每个展板的讨论结果,激励学生使用正确的采访方法,同时针对存在的问题进行引导性分析思考。

(2)评析内容。

飞机失事可以成为事故灾难新闻里的头条新闻,因为这种事故发生的概率本身具有稀缺性,事故后果具有严重性,正因为这两点,空难新闻成为新闻价值最大的突发性新闻之一。

当空难新闻采访的要点已定,新闻记者需要在第一时间赶赴现场。在路途中,新闻记者就应该对空难事件的逻辑事故和报道流程作一个梳理。而在具体的实施中,则要转化成若干个细节,采访的具体内容如下:

① 死伤人数(在所有的损失中,人的生命是无价的);
② 事故发生的时间、地点以及官方公布的失事原因;
③ 飞机飞行的起点和终点;
④ 航空公司和航班号;
⑤ 飞机的型号、生产厂家、发动机的数量;
⑥ 遇难者的姓名和身份;
⑦ 生还者的名单(如果有的话);
⑧ 受伤者的情况;
⑨ 造成死亡的详尽原因,如撞击、失火、爆炸;
⑩ 飞机发生故障时的海拔高度;
⑪ 天气情况和飞机的飞行情况;
⑫ 飞行员最后的话;
⑬ 现场的警方、消防队和急救队的救援情况;
⑭ 不寻常的事件;
⑮ 幸存者的目击陈述;
⑯ 政府官员和航空公司的评论;
⑰ 飞机的造价;
⑱ 乘坐这趟班机的名人;
⑲ 飞机坠毁造成的地面破坏;
⑳ 相撞前飞机的飞行方向;
㉑ 航班是否已恢复;
㉒ 如果飞机失踪了,是谁发现了飞机的残骸,是怎样发现的?

㉓ 善后事宜；

㉔ 死者的遗物（如果有的话）；

㉕ 这一地区以前是否发生过类似的空难事故；

㉖ 同一型号的飞机或是同一家航空公司以前是否发生过空难事故。

空难事故之所以让受众感到惊心动魄，是因为这类事故的灾难性非常严重，所以一旦发生此类事件，受众的关注度非常高。但是，事实上现在我国已经成为世界上最大的汽车生产国和消费国，由于汽车造成的车祸事故数量远超空难事故，所以这类事故也属于新闻记者日常报道的事故灾难之一。

例文 3-6

四川绵阳干部在扶贫返程途中发生车祸 9 人受伤①

中新网绵阳 8 月 11 日电（杨勇） 11 日下午 4 时许，在四川绵阳市北川羌族自治县漩坪乡椿芽村 2 组（小地名：黄莲树）处，一辆共载有 9 人的农用车发生侧翻，导致 9 人受伤，其中一人伤势较重，但无生命危险。

据介绍，此行系绵阳市农业局所属工作人员到该村进行精准扶贫，返回途中，因道路维修，小车不能通行，于是坐当地农用车下山，不幸发生车祸。

当晚 8 时，记者在北川县人民医院看到，8 名伤者都在医院进行救治，1 名伤者被送往绵阳。

据同在现场的绵阳市农业局技术扶贫干部介绍，当天气温很高，他们于当天上午 10 时许抵达椿芽村，入户看望贫困户，发放消毒液、蜂蜜包装瓶，并进行技术指导和扶贫政策宣讲后，于当日下午乘农用车返程下山，在途经椿芽村 2 组黄莲树处，因坡陡弯急和道路正在维修，车辆侧翻，造成车祸。

事故发生后，北川县委、县政府领导迅速赶到医院看望慰问受伤人员，并要求县人民医院组织力量全力救护伤员。

根据例文 3-6 运用参与式教学法进行车祸事故采访的实训。

（1）实训步骤。

工具：每个学生准备笔记本 1 本、笔 1 支；小组准备 8 开展板 1 个、彩笔若干支、剪刀 1 把、胶水 1 瓶；1 间 50 平方米带有黑板的标准教室。

第一步：布置任务（5 分钟）。

组成 6 人为一组的基础小组。小组组员对例文 3-6 采访的逻辑思路和采访要点进行梳

---

① http://news.sohu.com/20160811/n463802745.shtml.

理,并记录下自己的答案。

第二步:小组讨论(10分钟)。

每个基础的小组组员之间相互研讨,把上述问题讨论的结果以词条的形式罗列出来。

第三步:制作展板(20分钟)。

每个基础小组将本组的词条贴在展板上,展板的制作设计要富有创意,并选派一个组员解说展板的内容。

第四步:展板展示(30分钟)。

每个基础小组展示本组采访的逻辑思路和采访要点,指导教师和其他的基础小组可以实时进行提问。

第五步:教师点评(20分钟)。

指导教师针对每个基础小组展板的内容、存在的问题进行点评。

(2) 评析内容。

车祸事故也分很多种类型,有高速路车祸、校车车祸、因公车祸等,采访要点如下:

① 事故的受害者(死者和伤者的姓名和身份);

② 有关机动车的车型;

③ 地点;

④ 时间;

⑤ 原因(官方的解释);

⑥ 其他驾车者和乘客的姓名和身份;

⑦ 受伤者的死亡原因;

⑧ 受伤者发生死亡的地点;

⑨ 其他受伤者的现状;

⑩ 受伤的程度;

⑪ 车辆的速度、起点和终点;

⑫ 车辆受损的情况;

⑬ 警方的逮捕情况及传讯;

⑭ 目击者对事故的还原;

⑮ 负责调查事故的交警的陈述;

⑯ 英雄行为以及救援;

⑰ 善后事宜。

灾难新闻也是突发事件追踪的一个重要话题,地震、洪水、泥石流等自然灾害以及矿难、火灾、爆炸等人为灾难都具有突发性的特点,同样也因为这类新闻是稀缺性新闻,所以才能引起受众的高度关注。在采访这类新闻时,新闻记者要具有高度的敏感性、及时行动性和细致的观察和追访性,这样才能写出一篇好的灾难新闻报道。

例文 3-7

尼泊尔发生7.5级左右地震 西藏多地震感明显①

新民网讯 今日14时11分,尼泊尔发生强烈地震,震级在7.5级左右。我国西藏边境地区发生强烈地震,震中位于尼泊尔境内。

我国西藏的拉萨、日喀则等地微博网友表示震感明显,"在六楼感觉很明显,灯也是晃的""家里晃得厉害,灯在摇,桌子也在动""刚刚好像地震了,整个房子都在摇"。

当地时间25日中午12时许,中新社记者在尼泊尔首都加德满都感受到强烈地震,当时记者正在就餐,在跑出楼房时,身边一堵墙被震塌,周围大批居民奔跑到空旷地带。手机信号中断,记者发稿时震感仍在持续,附近一家中资企业的有线网络尚未中断。

尼泊尔大地震已致5844人遇难 1万余人受伤②

4月30日,中新社记者走进尼泊尔"4·25"大地震受灾严重的巴德岗市,眼前出现多处灾情,包括部分世界文化遗产遭损毁,多处民居坍塌,不少家庭亲人不幸遇难,受灾民众生活也面临缺食物、缺水、缺电、缺医、缺生活用品等困难。

中新网4月30日电 据法新社报道,尼泊尔政府通报称,因25日8.1级大地震遇难的人数达5844人。

尼泊尔内政部在社交媒体上公布了最新消息,并表示另有11 175人受伤。

此外,尼泊尔多个邻国也受到地震影响,导致超过100人遇难。

联合国方面表示,大约有810万人受到地震的影响,超过尼泊尔人口的四分之一,其中140万人急需食品。震中附近地区虽然开始获得援助,但不少灾民的生活仍面临巨大挑战。

尼泊尔政府官员29日表示,将改进救灾工作,满足灾民对食品、饮用水等方面的需求。

根据例文3-7运用扩展小组法进行灾难新闻采访的实训。

(1)实训步骤。

工具:每个学生准备笔记本1本、笔1支;小组准备8开展板1个、彩笔若干支、剪刀1把、胶水1瓶;1间50平方米带有黑板的标准教室。

第一步:布置任务(5分钟)。

组成6人为一组的基础小组。小组组员对例文3-7采访的逻辑思路和采访要点进行梳

---

① http://news.163.com/15/0425/AO29TRRI00014AEE.html,有改动.
② http://news.sina.com.cn/w/2015-04-30/212331782541.shtml.

理(如何获得突发事件的相关资料,怎样进行现场观察,如何提炼新闻主题,重点采访哪些人物,给这些人物提哪些问题等),并在笔记本上记录下自己的答案。

第二步:两人合作(8分钟)。

基础小组中的2位组员组成2人小组,比较自己和搭档的答案并形成大家共同认可的答案。

第三步:四人一组(10分钟)。

一个2人小组与另一个2人小组组成4人小组,小组组员讨论、比较相互的答案,形成本组共同认可的答案,并写在笔记本上。

第四步:小组合作(15分钟)。

一个4人小组与另一个4人小组组成大组,在大组中讨论、比较答案,并形成大组组员共同认可的答案。把答案贴在展板上,展板的制作要富有创意。

第五步:展示(15分钟)。

每个大组在展板上展示自己的讨论结果,挑选一个组员进行讲解。在讲解时,指导教师和其他大组的组员可以实时进行提问。

第六步:教师点评(20分钟)。

指导教师根据每个展板的讨论结果,激励学生使用正确的采访方法,同时针对存在的问题进行引导性分析思考。

(2)评析内容。

例文3-7中的两篇新闻报道属于尼泊尔发生8.1级大地震的连续性报道:前者主要是针对突发事件的现场描写;后者主要是报道了确切的死伤人数(新闻六要素中的"结果")以及救援的经过。灾难新闻报道的采访要点如下:

① 死者;

② 伤者;

③ 现场描写(通过当事人还原灾难现场,越详细越好);

④ 受影响或仍然处在危险中的人群;

⑤ 死亡原因;

⑥ 目击者陈述(3个以上角度);

⑦ 财产损失;

⑧ 住宅毁损情况;

⑨ 土地破坏情况;

⑩ 公共设施毁损情况;

⑪ 政府机关有关救灾的声明、管理;

⑫ 官方或民间的救援和救济行动;

⑬ 疏散;

⑭ 英雄行为;

⑮ 使用的特殊救援技巧(如果有的话);

⑯ 是否发生抢劫;

⑰ 围观人数;

⑱ 保险;

⑲ 灾后司法介入。

3. 党政要人活动新闻采访训练

党政要人活动新闻也是时政动态新闻的一个重要组成部分。一般来说,在我们判断新闻的方法里一个重要的标准就是"不平常的人+不平常(平常)的事",党政要人活动新闻符合上述两种模式,因此只要是党政要人所进行的活动,作为一位新闻记者都要努力去追踪。这些党政要人不仅包括政府首脑,还包括社会各界名流。党政要人活动新闻的采访要点如下:

(1) 与党政要人的秘书(或办公室主任)建立起友好畅通的联系,及时跟踪党政要人的行踪,发现新闻线索(出访、视察、会议、文件出台、政策、国内外活动等都是值得报道的新闻);

(2) 线索确认后,及时现场跟随采访党政要人的行踪;

(3) 活动的目的地;

(4) 活动中会见谁;

(5) 会见或者视察中的谈话内容;

(6) 是否有签约;

(7) 对方有何表示;

(8) 该活动的影响;

(9) 与党政要人的新闻发言人及时取得联系,拿到党政要人的讲话稿、发言提纲或新闻通稿等材料;

(10) 善于发现党政要人的行踪中的有趣事件,如着装、公益活动等(这些都是值得报道的具有特异性的新闻);

(11) 核实新闻六要素;

(12) 及时提炼新闻主题,延续跟踪报道。

例文 3-8

二十国集团领导人杭州峰会举行　习近平主持会议并致开幕词[①]

新华社杭州 9 月 4 日电(记者何玲玲、霍小光)　二十国集团领导人第十一次峰会 4 日在杭州国际博览中心举行。国家主席习近平主持会议并致开幕词。习近平强

---

① 何玲玲,霍小光. 二十国集团领导人杭州峰会举行　习近平主持会议并致开幕辞[N]. 新华社,2016,有改动.

调,面对当前挑战,二十国集团要与时俱进、知行合一、共建共享、同舟共济,为世界经济繁荣稳定把握好大方向,推动世界经济强劲、可持续、平衡、包容增长。

下午3时,二十国集团成员和嘉宾国领导人、有关国际组织负责人陆续抵达会场,作为东道主的习近平同他们一一握手寒暄,随后集体合影。

3时30分,习近平敲下木槌,宣布峰会开幕。

习近平在开幕词中指出,当前,世界经济总体保持复苏态势,但面临增长动力不足、需求不振、金融市场反复动荡、国际贸易和投资持续低迷等多重风险和挑战。国际社会对二十国集团充满期待,对这次峰会寄予厚望。希望杭州峰会能够为世界经济开出一剂标本兼治、综合施策的药方,让世界经济走上强劲、可持续、平衡、包容增长之路。

习近平就应对世界经济当前面临的挑战提出五点主张。

··········

随后举行第一阶段会议。与会领导人围绕"加强政策协调、创新增长方式"议题深入交换了意见,取得重要共识。与会领导人一致认为,加强宏观经济政策协调至关重要,创新增长方式势在必行,创新增长方式大有可为。

王沪宁、汪洋、栗战书、杨洁篪等参加上述活动。

根据例文3-8运用旋转木马法进行党政要人活动新闻采访的实训。

(1) 实训步骤。

工具:每个学生准备笔记本1本、笔1支;小组准备8开展板1个、彩笔若干支、剪刀1把、胶水1瓶;1间50平方米带有黑板的标准教室。

第一步:任务布置(5分钟)。

全班学生先独立思考"对于党政要人活动应该怎样采访"和"采访中应注意哪些问题"这两个问题,将问题的答案写在笔记本上。

第二步:教师提示(3分钟)。

指导教师根据这两个问题,针对全班学生提示几个关键词或关键点,如党政要人到底去干什么,有没有讲话、签约等。

第三步:内圈交流(8分钟)。

让全班学生到标准教室,站成内外两圈,两圈的人数基本相等,男女间隔有序,学生两两面对面。内圈学生在5分钟内将问题的答案向外圈相对应的学生讲述完毕。外圈学生只准听和记录,即使有不同的观点也不许交流。

第四步:外圈交流(8分钟)。

外圈学生顺时针旋转5人,旋转后,外圈学生向与自己相对应的内圈学生讲述自己以及从内圈学生那里学习过来的成果,内圈学生只准听和记录。

第五步:内外混合交流(5分钟)。

外圈学生再逆时针旋转5人,回到最初的位置,与内圈学生一起相互交流自己学到的、听到的答案。内外圈学生相互交流、取长补短,补充修正自己的答案。每个学生记录交流的全过程内容,形成自己的最终答案。

第六步:学生组成基础小组(15分钟)。

组成6人为一组的基础小组。小组中的每个组员将自己听到的、记录的融合在一起进行讨论。最后把经过小组讨论而形成的答案词条贴到展板上,选一个组员进行讲解。

第七步:教师点评(20分钟)。

指导教师在学生旋转学习中,深入到学生交流组中,观察并倾听学生交谈的内容,但不做讲解,即使学生的讲述是错误的也不更正,只记录下学生存在的问题与错误观点。最后,指导教师针对展板里学生的讨论结果,解析正确的答案并说明理由,以便学生加深印象。

(2)评析内容。

① 主题确立(选择党政要人所进行的不平常或平常的新闻事件,视其影响力来确立党政要人活动的新闻主题,例文3-8为二十国集团领导人出席G20杭州峰会,共商世界经济未来发展走向的大事。这二十国集团领导人云集了当今世界上经济发达国家和发展中国家的精华人物,符合"不平常的人+不平常的事"的新闻模式,影响重大,主题当确立于此)。

② 活动的目的地(杭州)。

③ 地点(杭州国际博览中心)。

④ 活动内容(二十国集团领导人第十一次峰会)。

⑤ 现场描写(第三自然段和第四自然段)。

⑥ 主题内容阐释(摘引习近平全文中的"五点主张"为重点内容)。

⑦ 组织活动、亲身参与活动的意义(习近平强调,二十国集团承载着世界各国的期待,使命重大。二十国集团要与时俱进、知行合一、共建共享、同舟共济,为世界经济繁荣稳定把握好大方向)。

4. 校内实训基地实训

学生利用院报、校报等进行时政动态新闻的线索发现与客观全面采访的实训。

5. 校外实训基地顶岗实习

学生利用校外新闻媒体进行时政动态新闻的线索发现与客观全面采访的综合实习。

六、总结点评

(1)时政动态新闻是任何一个新闻媒体的窗口,特别能够展示媒体的个性特征与竞争实力,新闻采访(发现新闻与采访新闻)是决定这种实力的关键。

(2) 时政动态新闻多属于短平快的消息报道,要求新闻记者的反应素质与能力是手疾眼快。

(3) 时政动态新闻的报道要求新闻记者判断时局发展的能力强,把握政策的水平高。

(4) 对于突发事件是可遇不可求的,但是时刻准备好报道突发事件是每位新闻记者的责任。

(5) 新闻记者在会议中发现有报道价值的新闻点,才是把会议新闻做活、做出个性化报道的根本出路。

七、拓展提高

(1) 首脑的夫人随访期间,其穿着的服装富有特色性变化,这算不算时政动态新闻?为什么?

(2) 新闻记者怎样才能把会议新闻写出特色?

(3) 人们常说,新闻记者在发现新闻时是"唯恐天下不乱",我们应该怎样理解这句话?

(4) 事故灾难新闻为何可遇不可求?如果新闻记者遇到了这类新闻,哪些素质起到了关键的作用?

(5) 新闻记者报道事故灾难新闻的采访要点是什么?

(6) 下面一篇例文属于时政动态新闻里的哪一类?其采访要点突出了什么?为什么要这样采访?

中国对印度香客开放敏感口岸　朝圣新路线启用[①]

经过中国和印度两国政府的友好磋商,中国本月22日(2015年)起对印度香客开放西藏自治区与印度锡金邦边界的乃堆拉口岸,印度香客赴西藏朝圣的新路线将正式启用。

每年6月至11月,印度香客前往西藏西南地区的开拉斯山和蔓萨罗瓦尔湖朝圣印度教湿婆神。传说湿婆神的诞生地就在那里。中国称其为"西藏圣山圣湖"。

曾经,中国只在西藏与印度北安恰尔邦的里普列克山口向印度香客开放朝圣线路。这条线路全程途经海拔5800米左右的高原地带,路险人稀,常年积雪,大部分路段无法通车。到了朝圣月份,印度香客们不得不跋涉20多天才能抵达朝圣地点,一般年龄较大或者体力不支的香客都无法完成。

中国开放乃堆拉口岸后,印度香客可乘坐汽车途经西藏高速公路抵达山下,随后用较短时间爬到山峰。朝圣之路将缩短到8至10天左右,节省了一多半时间。

这样一来,许多印度年老者和身体较差的香客也将有机会在有生之年前往圣地,实现朝

---

① http://news.sohu.com/20150622/n415416436.shtml.

圣的夙愿。

印度香客从今年起分成两路上山。东路通往乃堆拉口岸,约 250 名香客将在印度政府的组织下从东路前往朝圣地;西路仍然是 1100 人左右,由政府和私人同时组织。

中国驻印大使乐玉成将在 22 日前往乃堆拉山口,见证这一重要时刻。他认为,这是中印两国"人和"的元素,将为两国深化合作奠定深厚的民意基础。

印度外长斯瓦拉吉本月 16 日说,她很高兴中国给印度香客开放这一口岸,这也是印中关系改善的一个标志,可以推进民间交往。

……

时至今日,中国决定对印度香客开放乃堆拉口岸,无异于为两国今后开通陆路边境口岸的一种尝试。

有分析认为,这比 2006 年中印开放边境贸易通道的意义更加重大,标志着中印两国关系有所改善。

……

此外,对印度香客开放乃堆拉口岸,也将有助于印度西孟加拉邦北部和锡金邦开发旅游资源,推动当地经济发展,并为孟中印缅经济走廊创造良好环境。……

(7) 下列新闻属于时政动态新闻里的哪一类?根据例文请你还原出此类新闻采访的要点。

亚航一架载百余人航班失联 机上乘客多为印尼人[①]

中新网 12 月 28 日电 据路透社报道,当地时间 28 日,亚洲航空公司一架从印度尼西亚泗水飞往新加坡的客机失联。据报道,机上载有百余名乘客,其中大部分乘客是印尼人。

路透社援引印尼媒体报道称,失联客机上载有 149 名印尼人、3 名韩国人、1 名新加坡人、1 名英国人和 1 名马来西亚人。

此前路透社称,一名印尼交通部官员表示,失联客机上载有 155 人。但另有外媒称,机上可能共载有 162 人。

印尼交通部官员哈迪·穆斯塔法称,失联的是亚航 QZ8501 航班,该航班于当地时间早 6 点 17 分与雅加达空管塔台失联。

穆斯塔法称,客机在失联前曾要求沿一条"不寻常航线"飞行。

(8) 每位同学认真搜寻近一段时间党和国家出台的各类政策、法规,或者本地党政要人重大活动等事件信息,选取其中的一条进行本地化时政动态新闻采写,要求不得少于 700 字,配有现场采访图片 3 张,制作成 PPT,全班展示,教师现场评分。

[①] http://news.sina.com.cn/o/2014-12-28/121131336485.shtml,有改动.

任务二　社会新闻采访

由于与民生关系密切,社会新闻一直是各路媒体追逐的热点,虽然它没有时政动态新闻那样惊天动地,但从新闻的贴近性来讲,这类新闻却是老百姓喜闻乐见、津津乐道的事件。因为无论事大事小,都与老百姓的生活息息相关,所以社会新闻采写好了会使得媒体在老百姓心目中具有很好的口碑。

教学目标

通过对社会新闻采访的学习与实训,使学生能够完成社会新闻全过程的采访任务。

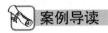案例导读

湖南 4 岁男童正午被锁车中身亡　车窗全是手印[①]

6月27日下午,在湘潭一小区,一名小男孩被发现死在自家车内。死者爷爷称,当时孙子跟着父母外出,回来时在车上睡觉。他们以为孙子还跟着父母,等家人发现异常,孩子已经在车内死亡。

6月28日上午,《潇湘晨报》记者来到事发小区,说起这件事,小区内的居民议论纷纷,既惋惜又觉得不该把孩子单独留在车里。

"中午气温很高,车子晒在外面温度肯定高。"居民黄爹爹说,当天不满 4 岁的小天跟着父母外出,当时总共有 4 个孩子,还有几个大人,当时说是去打疫苗。

黄爹爹说,中午 11 点左右,他们回到小区,车子停在了楼下,当时小天在后座睡着了。其余几名大人就把孩子带下车,单独留着小天在车内。

6月28日,《潇湘晨报》记者在车内做了个实验,太阳暴晒下,车内的温度10分钟内升到了 47℃。

"大人带着孩子去了15楼亲戚家吃饭。"黄爹爹说,死者住在2楼,亲戚住在15楼,等到了下午5点左右,家人才发现小天不见了,等找到人孩子已经死了。

[①] http://news.qq.com/a/20150628/018407.htm,有改动。

居民李女士说,这家有两个孩子,一个是4岁的小天,另一个还只有几个月,当时爷爷奶奶以为他跟爸爸妈妈在一起,"太大意了,不该把孩子放在车里。"

在该小区2栋楼下停放着一台现代白色越野车,据居民称这正是孩子父母的车。这台越野车窗户贴了玻璃膜,从外侧很难看清车内的情况,车窗玻璃上满是手指印。

"可能是孩子想出来,开不开门。"居民李女士说,当时温度高,孩子醒来时可能已经没力气了。

6月28日中午,在湘潭市中心医院,当日出警护士小苏表示,27日下午6点多,医院接到报警电话,等他们赶到华美丽都小区后,小男孩已经被从车中抬出,躺在家中沙发上。

小苏说,孩子脸部皮肤有破损,全身发紫红色,瞳孔已经放大,出现了尸斑。当时医生做了心电图,没有任何生命体征,证实已经死亡多时。

请你说说这则新闻报道的主题与老百姓的生活有什么关系?为什么这样的主题总会受到老百姓的关注?新闻记者在这类新闻里应注重于什么内容的采访?

工作任务

(1) 认知社会采访的特点、方法、技巧。
(2) 能够运用适合的方法与技能完成社会新闻采访任务。

实施流程

一、术语解释

1. 社会新闻的定义

社会新闻是指侧重于报道充满社会气息,与人们生活密切相关的社会动态、社会风貌和社会问题的新闻,能激起受众的某种情感,富有情趣。因此,社会新闻又称8小时以外的新闻。

2. 社会新闻产生的历史

社会新闻产生于19世纪30年代的"大众化报纸"盛行时期,最初以色情、暴力等题材为多,后来报道面扩展到社会的各个层面。当今的社会新闻主要包括以下两大类型。

一是能够反映出时代特点和社会生活气息的新闻。如中国新闻奖获奖作品《从厦门眺金门 吴伯雄发感慨》《兴华乡的形象工程掺了多少水》等都在一定程度上具有时代特点和社会生活气息。

二是社会新闻虽然不是什么重大事件,却能给人以某种启迪,传承知识、文化,能给受众的生活增添情趣,如一些关于人与自然奇特事件等的新闻报道。

二、工作要点提示

(1) 新闻记者从家长里短与街头巷语中发现新闻线索,着眼于"小"处。
(2) 新闻记者发现线索,立即采访。
(3) 新闻记者寻找与老百姓生活的贴近性角度提炼新闻主题。
(4) 新闻记者要当天成稿。

三、方法技巧

1. 社会新闻的特点

(1) 广泛性。

社会新闻由于反映的是老百姓身边的社会生活、社会事件,所以它具有广泛的群众基础。无论是男女老幼,无论生活于怎样一个群体,受众都会认可自己的关注程度高、与自己的生活息息相关、能引起共鸣的问题。如水、暖、电、气这样家长里短的问题,看似很小,却与老百姓的生活息息相关。

(2) 故事性强。

社会新闻往往以情节取胜,它的故事性比较强,某些新闻事件本身虽然很小,但经过新闻记者手下那么一两个情节的叙述,就使人对这篇新闻报道产生了要阅读的欲望。因此,新闻记者要学习戏剧创作中的悬念经验,吊住受众的胃口,通过合理的结构安排,取得引人入胜的效果。如巴西发生的一条新闻是这样的——《巴西一名婴儿被大蟒蛇吞进肚子里一小时,被救出后竟仍能存活》。单看这条新闻的导语就颇有悬念,受众在故事性的吸引下,迫切需要知道这个事件是如何演变的。

(3) 知识性。

知识性是社会新闻的特点之一,也是社会新闻的职能之一。当今新闻既要满足受众的"新闻欲",又要满足受众的"求知欲"。而社会新闻中那些轻松愉快的人们闻所未闻的新闻事件,则能满足受众的这种需求,如《东北虎坠楼》《六胞胎》等。

(4) 趣味性。

趣味性是社会新闻的主要特点。广大受众之所以喜爱社会新闻,就是因为在茶余饭后,社会新闻能够成为受众的谈资,引发受众的兴趣与娱乐情感。如《泰国最胖的女人出门》《飞来的"闺女"》等,一看标题就会引发受众的求知欲望。

(5) 思想性。

许多人总是把社会新闻与"低级趣味"画等号,这是带有偏见的认识。事实上,社会新闻虽然诞生于街头巷尾,但是思想性还是显而易见的。如"小悦悦事件"引发的社会公德舆论思考。因此,新闻记者在采访中要力求客观,不能顾此失彼。

同时,社会新闻中批评、揭露性的题材也不少,尤其是针对社会公德缺失、违反道德法律等一些社会负面问题,新闻记者也是揭露得一针见血,如中学生在著名的历史古迹上随意涂鸦,大人置之不理等事件。但是,在这些材料的采集与选用上要把握分寸,新闻记者不能受到情绪的左右任意夸大其词,导致不好的社会效应。

（6）以小见大。

有很多人把社会新闻形容成"豆腐块",觉得没有什么影响力。正因为社会新闻"小",所以才能以最鲜活的生命力藏匿于老百姓的生活里。新闻记者要善于从"小事实"中发现"大道理",见义勇为、伸张正义都是这样。

例文 3-9

男子街头抱走2岁女童被发现　遭上千民众围堵①

南海网海口6月29日消息（南海网记者　高鹏）　6月29日19时15分许,海口市南大桥下发生一起涉嫌偷抢小孩子的事件,辖区大同派出所接警后,迅速赶到现场,将涉嫌偷抢小孩子的男子控制。警方目前已介入调查。

据知情人介绍,当天晚上7时15分左右,一名老者带着他的两名孙女准备到南大桥下的华海公园里玩,途径附近的某广场时,两名孙女又不愿意去了。这时,老人准备在附近买点东西,离开了约十多米时,回头一看,原本在玩耍的两名孙女中的小孙女不见了！老人赶紧跑了回来,看到一名男子抱着他的小孙女准备离开。老人的大孙女6岁半,被该男子抱走的小孙女为2岁半。

老人跑过去拦住该男子,并质问"为什么要抱走孙女？"该男子挥手推了下老人不愿放下抱着的女童,还称"这是他的女儿"。老人大声向路人呼救,附近的千名群众将该男子围起,该男子还企图推开群众离开,但最终未得逞。

接到群众报警后,辖区大同派出所民警迅速赶到现场将该男子控制。女童未被该男子带走,涉嫌偷抢小孩子的男子也被警方带回,目前正做进一步调查。

南海网记者了解到,涉嫌偷抢女童的男子已移交海口市公安局龙华分局刑警大队,警方将做进一步调查。

【例文评析】

（1）广泛性。

例文 3-9 这篇新闻报道选取了一个小孩被拐的新闻事件为新闻主题。之所以能受到受众的关注,是因为现在很多的家庭一旦孩子丢失,一个家庭也跟着毁了。所以,这种事情一旦发生,就会持续牵动着受众的心,具有广泛性特点。而且,随着一些公益性节目的播出,我们会发现社会中小孩被拐事件具有一定的普遍性。

---

① http://news.sohu.com/20150630/n415873762.shtml,有改动。

(2) 以小见大。

这是一起在光天化日之下拐卖小孩的新闻事件,幸运的是这种行为最后被有效制止,小孩安然无恙。但这件事为我们揭示了,在当今社会中犯罪分子很猖獗。从一个更高的高度和深度来看这个问题,即其所造成的危害会影响社会稳定。

(3) 思想性。

这个新闻事件虽然只是一起个案,但它引发的受众的反思是深刻的。其思想性体现在打击有关拐卖儿童罪行的法律依据是否有待完善?社会对于打拐行动是否能国民化、社会化?如何才能从本质上解决问题?

(4) 故事性。

在这篇新闻报道中,采访材料中的故事性足以打动千万受众的心,现场描写真实而细腻,能够在受众的内心深处引发震撼。

四、注意事项

(1) 新闻记者不要厌弃社会新闻之"小"而不为。可能新闻记者报道出来的只是个"豆腐块",但是很多的"豆腐块"积累起来可能就是一篇具有轰动性的爆炸新闻。

(2) 以小见大是社会新闻的特性,所以在小新闻中能发现大主题是对新闻记者提炼主题能力的大考验。

(3) 想要以小博大,必须在写作上富有情趣,那么就需要新闻记者在采访中发现能吸引受众的贴近角度。

五、实训操作

1. 怎样从身边发现社会新闻的线索

以下运用案例加角色扮演教学法进行发现社会新闻线索的实训。

案例加角色扮演法是项目教学中将两种实训方法的优点和长处叠合在一起的一种教学方法。其特点是指导教师先给出一个典型案例,通过小组组员扮演案例中新闻当事人、新闻记者的角色,使得学生能够从入情入境的角度上更全面地理解案例,理解新闻记者采访中那些内在的、心理的应对表达能力。请看案例:

以 2015 年大年三十为新闻事件由头,通过发散思维方式,讨论"你能以此事件为由头发现几条社会新闻线索"这个问题。对其中一条新闻线索,以角色扮演的方式,把事实场景表演出来。

(1) 实训步骤。

工具:每个学生准备笔记本 1 本、笔 1 支;小组准备 8 开展板 1 个、彩笔若干支、剪刀 1 把、胶水 1 瓶;1 间 50 平方米带有黑板的标准教室。以讲台为界,讲台之上摆放一排供采访对象受访使用的桌子,讲台下面对应摆放一排供新闻记者采访使用的桌子。采访现场与受众区域隔开3米的空间,以便表演之用。

第一步:任务布置(10分钟)。

全班组成6人为一组的学习小组。每个学习小组选取一个以2015年大年三十为新闻事件由头的热点新闻事件。小组组员里1人扮演记者,剩下的组员需扮演这个新闻事件中的采访对象。每个学习小组先用5分钟讨论选定的新闻事件,然后由组长与其他的组员共同协商分配每个组员扮演的角色。每个学习小组安排1周课外策划、排练时间。

第二步:组成专家小组(5分钟)。

每个学习小组分别选1人组成1个专家小组,每位专家都能拿到本组拟表演新闻事件的采访提纲1份、评分表1份。指导教师单独组成另外一个专家组,也能拿到所有学习小组表演的采访提纲、评分表。评分表由指导教师设计。专家组的任务是考量学习小组所发现的新闻线索是否具有新闻价值,新闻记者是否运用三角定位法选择采访对象,所提的问题是否客观、全面。

第三步:小组表演模拟采访(1周后,90分钟)。

指导教师事先安排学生布置好采访现场。每个学习小组先罗列本组通过发散思维所发现的有关2015大年三十的新闻线索,并说明理由。然后分成两批人上场:第一批人扮演一个新闻事件的当事人、专家、目击者、政府有关人士;第二批人扮演媒体的新闻记者。每个学习小组演绎采访全过程。

第四步:提问、讨论(20分钟)。

专家小组的每个组员有权向每个学习小组的新闻记者和采访对象提出1~2个问题,指导教师也可以实时进行提问。下面的同学也可以提问。各学习小组派人记录下所有的问题并现场作答。

第五步:评分(10分钟)。

每个学习小组表演、现场提问结束后,专家小组打分。指导教师也给每个学习小组打分。二者打分取平均值,就是每个学习小组的最后得分。指导教师记录讨论交流的全部内容,记录计分表的所有内容并存档。

第六步:教师点评(20分钟)。

指导教师全程参与学生的角色扮演发布与采访的过程,深入到学生交流组中,观察并倾听学生交谈、争论的焦点内容。每个学习小组表演、争论结束时,指导教师实时进行点评。最后,指导教师针对评分内容、分值以及共同存在的问题,解析正确的答案并说明理由,以便学生加深印象。

(2)评析内容。

① 2015年大年三十,对于老百姓来讲团圆与欢聚是主题,与这个主题相关联的应该都是惯常性事件。新闻敏感就是寻找那些惯常性事件之中的非惯常性事件,这才是针对这个案例判断新闻价值的逻辑起点。

② 遵循这样的起点，新闻记者可以大体判断出以下新闻线索：

a. "摇一摇"成为 2015 年大年三十的一大亮点，有人摇到手抽筋，有人摇到中大奖……

b. 家人团聚不是像往年那样相互交谈、互通信息、相互问候，而是除了爷爷奶奶以外，所有人都自己抱着一部手机。爷爷因此而大发脾气，摔门而去……

c. 2015 年的春节联欢晚会出现了哪些新面孔，又有哪些老面孔消失了，为什么……

d. 年夜饭消费方式的变化以及价格情况……

e. 大年三十可能发生的火灾情况……

f. 大年三十的春运以及交通事故的情况……

③ 社会新闻线索捕捉的方法。

新闻记者要充分利用社交朋友圈、人际关系，以及自己的耳闻目睹等多种渠道捕捉社会新闻的线索。

新闻记者要闻风而动，刻不容缓。许多的社会新闻是突发性社会事件，由于事发突然，新闻记者若不闻风而动，很快就会被别的媒体捷足先登，新闻价值会大打折扣。

新闻记者要研究社会，多思好奇。许多的社会新闻具有突发性、偶然性的特点，但是这种突发性、偶然性是存在于必然性之中。只要新闻记者平时常保持好奇心，关注比较容易出现社会新闻的各个角落、场合（如车站、码头、公园、农贸市场、医院急诊室、网站贴吧、媒体新闻热线以及公用事业单位等地），关注思考其发生的变化，自然社会新闻的线索会源源不断。

2. 怎样采访社会新闻

(1) 警事、法制新闻的采访要点。

很少有报道领域能像警事、法制新闻那样产生如此大量的报道。由于警事、法制新闻戏剧性强而且影响面广，所以大多数媒体都给其以突出的位置和时段进行大版面、多时段的报道。

警事、法制新闻若细分其小类也是比较丰富的，但总体可以分为刑事案件和民事案件、纠纷。请阅读例文 3-10 和例文 3-11。

例文 3-10

复旦大学投毒案嫌犯涉嫌故意杀人罪被批捕[①]

中新网 4 月 25 日电 据上海市人民检察院官方网站消息，今天（4 月 25 日），黄浦区检察院以涉嫌故意杀人罪对复旦大学"4·1"案犯罪嫌疑人林某依法批准逮捕。

4 月 11 日，上海警方文保分局接到复旦大学保卫处报案，该校枫林校区 2010 级硕士研究生黄某自 4 月 1 日饮用了寝室内饮水机中的水后出现身体不适，有中毒迹象，正在医院抢救。

---

① http://www.chinanews.com/fz/2013/04-25/4765633.shtml，有改动。

警方接到报案后立即成立专案组开展侦查。经现场勘察和调查走访,锁定黄某同寝室同学林某有重大作案嫌疑。11日晚,警方对林某实施刑事传唤。12日,林某被警方依法刑事拘留。

警方透露,已初步查明,林某因生活琐事与黄某关系不和,心存不满。经事先预谋,3月31日中午,林某将其做试验后剩余并存放在实验室内的剧毒化合物带至寝室,注入饮水机水槽。

4月1日晨,黄某引用饮水机中的水后出现中毒症状,后经医院治疗无效于16日下午去世。

此前,复旦大学校方15日深夜发布官方微博称,该校一名医科在读研究生因身体不适入院,后病情严重,学校组织多次专家会诊,未发现病因。校方遂请警方介入。此案一经披露,即引起广泛关注,坊间议论纷纷,成为当下最热门话题之一。

上海警方19日披露,警方当日以涉嫌故意杀人罪向黄浦检察院提请逮捕复旦大学"4·1"案犯罪嫌疑人林某。

例文 3-11

两名男子虐杀西藏野驴将肉分给工友被公诉[①]

新华社电(张京品、姚欢) 记者近日从有关部门了解到,西藏自治区札达县检察院以涉嫌非法猎捕、杀害珍贵濒危野生动物罪,对非法虐杀藏野驴案两名犯罪嫌疑人提起公诉。

今年8月9日,微信、微博中转载了一组"'虐驴男'活割藏野驴"的图片。照片中,一名身穿牛仔裤、黑色T恤、戴着墨镜的男子站在草原上,满手是血,正残忍地用刀从藏野驴身上割肉。消息激起网友的愤怒,并呼吁追责。

经有关部门查实,8月9日下午,犯罪嫌疑人陈某、李某从西藏札达县曲松乡返回县城路途中,驾车连续撞击藏野驴致其受伤倒地后,用刀捅死并用车运到县城内的工地上,把肉分给自己工地上的工人。

9月8日,阿里地区森林公安局依法对两名犯罪嫌疑人执行逮捕。两名犯罪嫌疑人对猎杀藏野驴的不法事实供认不讳。

藏野驴栖居于海拔3600米至5400米的高原地带,是国家一级保护动物。根据《刑法》相关规定,若罪名成立,两名嫌犯将至少被处以5年以下有期徒刑或拘役,并处罚金。

[①] 张京品,姚欢.两名男子虐杀西藏野驴将肉分给工友被公诉[N].新华社,2014,有改动.

根据例文 3-10 和例文 3-11 运用参与式教学法进行警事、法制新闻采访要点的实训。

① 实训步骤。

工具：每个学生准备笔记本 1 本、笔 1 支；小组准备 8 开展板 1 个、彩笔若干支、剪刀 1 把、胶水 1 瓶；1 间 50 平方米带有黑板的标准教室。

第一步：布置任务(5 分钟)。

组成 6 人为一组的基础小组。小组组员根据例文 3-10 和例文 3-11 的案例对警事、法制新闻采访的逻辑思路和采访要点进行梳理，并记录下自己的答案。

第二步：小组讨论(10 分钟)。

每个基础小组的组员之间相互讨论，把上述问题讨论的结果以词条的形式罗列出来。

第三步：制作展板(20 分钟)。

每个基础小组将本组的词条贴在展板上，展板的制作设计要富有创意，并选派一个组员解说展板的内容。

第四步：展板展示(30 分钟)。

每个基础小组展示本组采访的逻辑思路以及采访要点，指导教师和其他的基础小组可以实时进行提问。

第五步：教师点评(20 分钟)。

指导教师针对每个基础小组展板的内容、存在的问题进行点评。

② 评析内容。

例文 3-10 和例文 3-11 都属于刑事案件。例文 3-10 是有关复旦大学投毒案的报道，报道主题重在叙述案件始末。其涉及的主要内容有两个方面：一是受害者身份说明，受害时间、地点、日期，犯罪凶器，救助医院对死亡原因的诊疗分析，官方鉴定的死亡原因和社会有关此事件的评论等；二是报道了该破案线索的提供过程、凶手的身份说明、犯罪动机、警方的评论等。例文 3-11 是有关非法虐杀国家级保护动物的案件。因为这个案件事发突然，所以新闻记者第一时间是以虐杀现场为重点，主要采访了虐杀经过、虐杀者被控制以及虐杀者的行为触犯的法律条款等。因为新闻记者在报道时并不知道这个案件最后的结果，所以事件的结果要素一旦清晰，随时就可以进行跟踪报道。

一般来说，警事新闻的采访要点如下：

a. 受害者身份说明；

b. 受害时间、地点、日期；

c. 犯罪凶器；

d. 犯罪现场观察；

e. 官方鉴定的死亡原因和评论；

f. 谁发现的尸体，线索提供者的身份；

g. 目击证人的证词；

h. 有关凶手的任何身份证明；

i. 犯罪经过（报案者、目击证人、警方三角定位）；

j. 犯罪动机（罪犯供述、证人、警方、专家等三角定位）；

k. 谋杀事件对受害者的家庭及他人产生的影响（警方的评论、专家提示）。

法制新闻采访的要点如下：

a. 原告的身份及背景；

b. 被告的身份及背景；

c. 起诉时间、受理案件的法院；

d. 起诉动机；

e. 原告提出的赔偿条件；

f. 双方的冲突与不和历史；

g. 该案件是否成为里程碑式的判决；

h. 庭外和解的可能性；

i. 该起诉的重要性、对其他人的影响；

j. 双方律师对案件的态度和结果的判断；

k. 审理时间和审理首席法官；

l. 法院在处理同类案件时的声誉；

m. 法院最终的判决结果（如果有的话）。

例文 3-12

复旦投毒案今二审　林森浩一审判死刑道歉未获原谅[①]

中新网 12 月 8 日电　备受关注的复旦投毒案将于今日在上海市高院二审。在今年 2 月 18 日的一审宣判中，被告人林森浩犯故意杀人罪被判死刑，剥夺政治权利终身。林森浩随后上诉，在诉状中否认有杀害被害人黄洋的故意。

2013 年 4 月 15 日，复旦大学校方深夜发布官方微博，该校医学院一名医科在读研究生因身体不适入院，后病情严重，学校多次组织专家会诊，未发现病因。校方遂请警方介入。4 月 16 日，投毒事件受害者黄洋去世。警方经现场勘察和调查走访，锁定黄洋同寝室同学林森浩有重大作案嫌疑。当月 19 日，上海警方以涉嫌故意杀人罪向检察机关提请逮捕犯罪嫌疑人林森浩。

---

① http://news.sohu.com/20141208/n406729459.shtml，有改动。

2013年11月27日,该案在上海市第二中级人民法院开庭审理。检方指控,林森浩与黄洋居住在同一寝室内。林森浩因琐事与黄洋不和,逐渐对黄洋怀恨在心。2013年3月底,林森浩决意采取投毒的方法杀害黄洋。3月31日下午,林森浩从其实习过的复旦大学附属中山医院影像医学实验室取得装有剧毒化学品二甲基亚硝胺的试剂瓶和注射器,当日17时50分许,林森浩将剧毒化学品全部注入宿舍内的饮水机中。次日上午,黄洋从饮水机中接取并喝下已被注入了剧毒化学品的饮用水。之后,黄洋即发生呕吐,赴医院治疗。4月16日,黄洋经抢救无效死亡。经鉴定,黄洋符合生前因二甲基亚硝胺中毒致肝脏、肾脏等多器官损伤、功能衰竭而死亡。

一审庭审时,林森浩表示,黄洋曾戏称欲在即将到来的愚人节"整人",便产生整黄洋的念头,并由此实施投毒行为。他说,自己和黄洋关系一般,且无直接矛盾,只是彼此间"有些看不惯"。在他看来,黄洋聪明、勤奋好学、很优秀,但有点自以为是。在庭审结束前,他说:"我的行为导致我同学黄洋的死亡,给他家庭带来了巨大打击。我对不起我父母近30年的养育之恩。我罪孽深重,我接受法庭给我的任何审判。"

在一审开庭前,黄洋的父亲黄国强称,黄洋的遗体已经在殡仪馆放了半年多时间,他们只有在凶手受到应有惩罚之后,才会让黄洋入土为安。一审宣判后,黄洋的亲属于12月19日将黄洋的遗体火化。

2014年2月25日,林森浩的二审代理律师唐志坚正式受林森浩委托向法院提起上诉。

事件发生后,在复旦校园内乃至社会上引发巨大争论。黄洋家坚决要求依法处理,不接受道歉,但是为林森浩求情的声音也不断传来。今年年初,复旦大学177名学生联合签名了一封《关于不要判林森浩同学"死刑"请求信》寄往上海市高级人民法院,建议给被告人林森浩一条生路,让他洗心革面,在将来照顾受害人黄洋的父母。随后又有媒体报道称,一位贵州的退休教师致信上海高院、找黄洋的父母,为林森浩"求免死"。当时黄国强表示,这样的行为"太幼稚"。黄国强表示如果二审改判,他肯定要去有关部门问个理由。其代理律师则表示"相信法院会秉公办案。"

"人生若只如初见,那该有多好……事到如今,我只能很苍白地说,对不起……"此前有媒体报道,林森浩曾于近期亲笔写了一封道歉信给被害人黄洋的父母,跪求他们原谅自己的灵魂。黄国强在接受媒体采访时表示的确收到过一封道歉信,但收信时间并非近日,而是今年五六月份。且该信并非手写,而是由电脑打印而成,只在每页底部均附有林森浩的签名。末尾署名为"罪人:林森浩"。

黄国强说,"信里的口气不像是林森浩本人,倒有点像辩护律师。"由于信中林森浩仍称自己投毒只是出于开玩笑,因此他们并未接受致歉。面对即将到来的二审,黄国强依旧态度坚决:"严惩凶手,杀人偿命。"

【例文评析】

例文 3-12 是例文 3-10 复旦大学投毒案的跟踪报道。这篇新闻报道以犯罪嫌疑人提起上诉为主题,重在叙述二审的经过。因此,采访中以一审判决被告人不服提起上诉为由头,重点采访了二审中,检方是如何提起公诉的,被告又有哪些上诉的理由和证据,被告希望能通过道歉获得原告父母的原谅,而原告的父母拒绝原谅的事实经过以及该事件对受害者的家庭和他人产生的影响,尤其是对社会的影响等内容。尽管说这个案件的二审结果下达或者还有后继结果等都需要跟踪报道,不过通过例文3-10 和例文 3-12,我们已经基本上对警事、法制新闻的采访要点有所把握。

(2) 社会情趣新闻的采访要点。

根据例文 3-13 运用博物馆看展法进行社会情趣新闻采访要点的实训。

例文 3-13

莫迪率 4.5 万印度民众秀瑜伽　创吉尼斯世界纪录[①]

印度媒体报道,数万名印度各界人士(2015 年 6 月)21 日在新德里市中心的国王大道铺开瑜伽毯,在总理莫迪的带领下同秀瑜伽操,庆祝首个国际瑜伽日。印度官员说,这一人数创下新的吉尼斯纪录。

800 警察确保安全

21 日早上 6 时许,1400 米的国王大道已经人头攒动,穿着白色瑜伽服的各色群众带着瑜伽毯,把道路挤得满满的。据新德里电视台报道,现场人数达到 4.5 万人,800 名印度警察也在各个出口设置检查站和路障,确保活动安全有序。国王大道现场有 200 个电子显示屏,实时展示活动盛况。

7 点刚过,一身纯白、披着三色围巾的总理莫迪发表完简短致辞,走到了瑜伽队伍前面,在瑜伽教师拉姆齐旁边的一张红色瑜伽毯上坐下。主持人提议开始祈祷后,三声"唵"响彻全场。

紧接着,全场民众跟着麦克风里传来的英语指示,伴随着坦普拉琴演奏的诵经曲,开始做各种瑜伽动作——摆动头部、舒展手臂、并拢双脚、弯腰、呼吸控制、冥想等。莫迪也兑现此前诺言,献上自己的首次公开瑜伽秀。

---

① http://news.sohu.com/20150622/n415414290.shtml,有改动.

> **政府出资宣传瑜伽**
>
> 　　为宣传瑜伽,印度政府部门绞尽脑汁:旅游部耗资1亿卢比(约合1000万元人民币),在印度国内外推广"国际瑜伽日";信息部把从瑜伽部划拨的5500万卢比(约合550万元人民币)悉数用于瑜伽的推广宣传活动。
>
> 　　为确保瑜伽展示成功、动作规范,印度瑜伽部专门制作手册,还制作了瑜伽录像带供政府官员、学生、士兵等各界人士学习,并特地举办为期一个月的培训班。由于申请吉尼斯世界纪录要求每个瑜伽表演者都有自己的便携式瑜伽毯,承办这次活动的印度公司四处奔波,从印度50多个城市收购,甚至从海外加急采购。
>
> 　　"瑜伽是日常生活中的一个部分,不只是为了控制形体",莫迪在这个由他自己亲自倡导的"国际瑜伽日"庆典上再次强调了瑜伽的意义。作为瑜伽习练者,莫迪希望通过组织一个声势浩大的瑜伽展示,让更多印度人加入瑜伽大军。

① 实训步骤。

工具:每个学生准备笔记本1本、笔1支;小组准备8开展板1个、彩笔若干支、彩纸若干张、剪刀1把、胶水1瓶;1间50平方米带有黑板的标准教室。

第一步:布置任务(5分钟)。

组成6人为一组的基础小组。小组中的每个组员先独立认真地思考指导教师的问题"社会情趣新闻的采访要点是什么",然后将自己思考的结果以关键词词条的形式写出来,并以书面形式记录下讨论成果。

第二步:小组讨论(10分钟)。

每个基础小组的组员比较自己和同组其他组员的答案。小组组员相互讨论,各自说出理由,最后形成本组共同的答案。

第三步:小组制作展板(20分钟)。

小组以词条的形式将答案用彩笔和彩纸醒目地书写出来,每张词条应具有统一的色彩和设计装饰图案。小组将词条贴在展板上,展板由每个基础小组自行设计,要求富有创意、生动形象。在规定的时间内所有的基础小组将展板贴在指定的位置。

第四步:小组展示(20分钟)。

每个基础小组派一个组员做讲解员,另一个组员做记录员。讲解员仔细讲解本组的讨论结果,回答其他的基础小组提出的问题,记录员认真进行记录。本组的其他组员可以到其他的基础小组进行观摩、提问。

第五步:小组二次交流(10分钟)。

派出去的所有组员回归基础小组,把听到的、看到的通过比较分析的方式来补充本组结果的不足,修正本组的讨论结果。每个基础小组在观、说之中将最后的答案展示在展板上。

第六步：教师点评(20分钟)。

指导教师针对每个展板的讨论结果以及存在的问题，解析正确的答案并说明理由，以便学生加深印象。

② 评析内容。

社会情趣新闻是人们在茶余饭后的议论话题，虽然这类新闻的价值不大，但由于其具有新鲜、生动、有趣、出人意料的特点，常常成为老百姓街头巷尾、8小时之外热议的话题，满足了受众好奇、求知、娱乐的心理。因此，其新颖性、趣味性是受众关注的重点。

作为新闻记者来讲，新闻六要素是其采访的基本构架。除此之外，趣味点更是受众所关注的焦点内容，对此内容新闻记者应采访得更加细致化、现场化、生活化。例文3-13的采访要点如下：

a. 选择要人进行的不平常的新闻事件，视其影响力来确立首脑、要人活动的新闻主题（莫迪——印度总理亲率万人在国际瑜伽日练瑜伽，创吉尼斯世界纪录）。

b. 时间：2015年6月21日。

c. 活动的目的地：新德里。

d. 详细地点：新德里市中心的国王大道。

e. 事件：首个国际瑜伽日，4万多人练瑜伽，申请吉尼斯世界纪录。

f. 现场描写：第二自然段、第三自然段、第四自然段。

g. 事件经过：第五自然段和第六自然段，1.55亿卢比进行推广宣传活动。

h. 原因和意义：最后一个自然段，莫迪在联合国提议设立"国际瑜伽日"，并且要将瑜伽定为印度的"地理标志产品"，让印度走向世界，让瑜伽成为生活的一部分。

i. 情趣看点：这不是一场普通的瑜伽活动，而是由印度总理莫迪亲自组织、亲身参与并申请吉尼斯世界纪录的瑜伽活动。由于莫迪属于政府要人，他亲率4万多人练瑜伽事件，不仅具有新颖性，而且具有趣味性。

3. 校内实训基地实训

学生利用院报、校报等进行社会新闻的线索发现与客观全面采访的实训。

4. 校外实训基地顶岗实习

学生利用校外新闻媒体进行社会新闻的线索发现与客观全面采访的综合实习。

六、总结点评

(1) 社会新闻以小见大，以趣见长，题材丰富广泛，要求新闻记者能够在广泛接触生活中发现新闻线索。

(2) 积小成大。大报道往往来源于小采访的积累，事无巨细，小采访也需要客观、公正、全面。

(3) 无论是哪种类型的社会新闻，都要显示新闻记者的人文关怀、民生意识。因此，新闻记者采访社会新闻要着力收集新闻事件具有故事性的一面,使受众能够感受到社会新闻情趣的一面。

(4) 社会新闻宜低而不俗、新而不硬,采访材料既要满足受众的求奇心理,又要能增长知识、扩大视野,这样才更具有吸引力。

七、拓展提高

(1) 有的新闻记者认为写社会新闻常常是出力不讨好,采访了半天最后只写了个"豆腐块",是否可以不关注日常小事直接写出重要的新闻报道?

(2) 社会新闻部的记者常常感觉自己的地位要比其他部门记者的地位低,因为他们写的新闻太琐碎了,还具有猎奇心理。这种看法正确吗?为什么?

(3) 如何才能既写出好的社会新闻,又不惹上官司?

(4) 观察身边发生的与老百姓的生活密切相关的事(如水、电、乘车、供暖等),写一篇600~700字的社会新闻。

(5) 运用案例倒推法分析下列新闻报道采访的逻辑思路?其是怎样进行现场描写的?其故事性怎样引发了受众的兴趣?

5岁女孩14楼坠下奇迹生还　仅左腿骨折[①]

"14日下午4点左右,一名居住在金州新区一高层居民楼14楼的小女孩从家中摔下,掉在楼下超市的房顶上。"昨日,读者聂先生、李女士反映说,幸亏6楼住户家突出楼体近1米的雨搭和超市房顶的轻钢彩板起到了两次缓冲作用,这或许直接促成了奇迹出现。

昨日,这名从14楼坠落的5岁女孩小娜(化名)仍在市儿童医院接受治疗,孩子左腿骨折,但暂无生命危险。昨日在大连市儿童医院内,小娜在病床上不时喊着"妈妈我腿疼"。孩子的妈妈对于这起意外不愿多说。

记者昨日在宁海小区事发居民楼前看到,这是一栋高层居民楼,小娜家住在14层。家住6层的居民小聂告诉记者,14日下午4点左右,自己还在家睡觉,突然听到阳台传来"轰"的一声巨响,他从梦中惊醒。"我家的阳台整体封包了,搭建了突出楼体近1米的一段雨搭。"小聂说,以前发生过楼上抛掷杂物砸中雨搭的事情,这次他还以为是有花盆掉下来了。"我起身到阳台一看吓了一跳:阳台的雨搭都被砸穿了,玻璃碎了一大块。"昨日记者在小聂家看到,阳台内的狼藉情状仍未收拾,覆盖阳台封顶的雨搭一角被砸穿破裂,破碎的窗玻璃碎片散落一地。而14日看到这一幕的小聂还看到了更令他震惊的场景。"我往窗外看时,发现楼下的超市房顶坐着个五六岁的小姑娘,正在哇哇大哭。"小聂看到的小姑娘正是小娜。

记者在采访中了解到,砸中6楼雨搭的正是小娜。当天下午事发时小娜独自在家,据称

[①] http://news.china.cn/live/2015-03/16/content_31836558.html,有改动.

孩子的爸爸上班,妈妈临时外出买花盆。至于孩子是怎样爬上窗台又掉下楼的,暂时不得而知。事发后有人报了警,并拨打了120急救电话。孩子被送往当地医院,之后又被转入大连市儿童医院抢救。

庆幸的是:小娜除了左腿骨折,暂时没有生命危险。而记者在现场看到,除了6楼小聂家的雨搭被砸穿外,超市房顶的轻钢彩板结构也起到了一定缓冲作用。居民们猜测,这或许是促成奇迹出现的直接原因。

(6)下面这篇新闻报道非常有情趣,请你把这篇新闻报道的情趣点一一标识出来,说一说这篇新闻报道为何能吸引受众。

巴西总统特梅尔杭州逛商场　用人民币买男士皮鞋[①]

9月2日上午,特梅尔到达杭州。3日15时15分许,他出现在杭州最繁华区域的银泰商业集团杭州武林总店(下称武林银泰)。

银泰商业集团相关人士告诉(记者),特梅尔在武林银泰逗留了约50分钟,花798元人民币购买了一双男士皮鞋,还花399元人民币买了一只玩具机器狗。

"我们是在3号当天14时15分左右才接到有关部门通知的,说有一位神秘嘉宾要光临门店。我们准备好了接待工作,但并没有因为嘉宾的到来而限制客流,更没有清场。"银泰商业集团相关工作人员告诉记者。

该工作人员介绍,3日15时15分许,等嘉宾车队到达武林银泰时,他们才知道神秘人物是来参加G20杭州峰会的巴西总统。

今年4月12日,特梅尔接替巴西总统罗塞夫就任代总统。……G20杭州峰会之行,是特梅尔就任总统后的首次出访。特梅尔在专柜走了一圈,拿起一双棕色的皮鞋看了一会儿,一名随行人员用中文问营业员"有没有39码的鞋子可以试一下"。

武林银泰相关工作人员告诉记者,特梅尔到达后,表示要去男士服装、鞋子购物区逛逛,并自行逛到了某品牌皮鞋专柜。

"当时我不知道他是谁,就知道是个大人物,有很多人跟着他。后来我才知道是巴西总统,事后想想更加觉得紧张。"该品牌专柜营业员邵婷告说。

(7)下面这篇新闻报道是有关什么题材的?请你说说它的采访特点是什么?

男子为测试手机性能拨打110七百余次被抓[②]

据安徽商报消息　巢湖一男子先后700余次拨打110报警电话进行骚扰,当民警将其抓获后,其交代说这么做是为了测试手机性能。记者从警方获悉,目前男子已被给予行政拘留10日的处罚。

---

① http://news.sohu.com/20160903/n467541532.shtml,有改动。
② http://news.sohu.com/20160905/n467620864.shtml,有改动。

据了解,近段时间巢湖市110报警服务台工作人员经常接到莫名的报警电话,不是刚接通就挂断,就是说句"感谢值班"再挂断。不完全统计,同一个手机号码共向110拨打了近500次骚扰电话。警方随即介入调查,很快锁定这个号码的机主是住在中垾镇的一名秦姓男子,9月1日警方在其家中将秦某抓获。让民警没想到的是,秦某交代说,频繁拨打110报警电话只是为了测试一下自己的手机性能。据了解,秦某还数百次拨打了安庆、合肥等地的110,总计700余次。目前,因秦某的行为严重扰乱了110接处警秩序,警方依法对秦某做出了行政拘留10日的处罚。

(8)每位同学认真搜寻近一段时间与老百姓的利益密切相关的事件信息,选取其中的一个事件进行本地化社会新闻采写,要求不得少于700字,配有现场采访图片3张,制作成PPT,全班展示,教师现场评分。

任务三　经济新闻采访

自21世纪初以来,中国传媒业中的经济新闻异军突起。在我们现在这样一个"无处不经济"的时代,有人曾说所有的社会新闻也都可以用经济的眼光、经济的视角去看待。

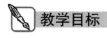

通过对经济新闻采访的学习与实训,使学生能够具备经济新闻的采访能力。

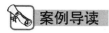

国际油价14日触底反弹[①]

新华社纽约1月14日电(记者黄继汇)　受投资者逢低买入推动,国际油价14日触底反弹。

目前市场对油价前景看法悲观,众多华尔街金融机构下调了对油价的预测。高盛和摩根士丹利预计油价或跌至20美元,渣打银行甚至认为油价会跌至10美元。

经过今年以来的快速下跌后,受投资者逢低买入以及之前做空的机构回补仓位推动,油价14日走高。

---

① 黄继汇,《国际油价14日触底反弹》2016年1月14日,《新华网》。

截至当日收盘时,纽约商品交易所2016年2月交货的轻质原油期货价格上涨0.72美元,收于每桶31.2美元,涨幅为2.36%。2016年2月交货的伦敦布伦特原油期货价格上涨0.72美元,收于每桶31.03美元,涨幅为2.38%。

上述这篇报道为何属于经济新闻的范畴?经济新闻有哪些突出特征?

工作任务

(1) 认知经济新闻的采访要领。
(2) 客观、全面地采访经济新闻。

实施流程

一、术语解释

1. 经济新闻的含义

所谓经济新闻,是指侧重于报道国民经济、生产建设、人们生活等各领域新近发生的经济政策、经济事件、经济人物的新闻。

社会经济活动与每个人的生活息息相关。人们的衣、食、住、行由社会中的企业来生产,它们的质量以及我们为其支付的现金,在很大程度上取决于政府等有关方面的决策。价格变动信息直接关系老百姓的生活质量,企业的发展变化直接关系国家的发展变化。因此,只要有人的活动,就会有经济新闻的发生。

2. 经济新闻的主要类型

(1) 突发性的经济事件,如知名企业开业或倒闭、重大人事变动、新的建设项目、企业的公告、突发性环境污染事件等。

(2) 解读性报道,如对新的国家经济政策和地方经济政策的解读,全国性或国际性经济会议、活动对本地经济的影响。

(3) 深度报道,即重大经济事件背后的新闻。

3. 经济新闻的特点

(1) 实用价值明显,直接服务于现代经济生活。

经济在我们的现代社会生活中无处不在,无论是经济领域的决策者,还是产品的生产者、经营者,或是商品的消费者,都会把经济新闻看成是现代经济生活中不可缺少的重要信息来源。日常生活中的柴、米、油、盐都离不开经济。因此,经济新闻比起其他的新闻来讲更具有实用价值。

(2) 政策性强,具有突出的指导作用。

经济是国家的命脉,它的强盛直接关系国家兴衰。因此,无论是宏观经济政策还是微观经济政策,都会对整个社会、受众产生较大的影响。经济新闻的一个重要使命就是要对党和国家的经济政策做最新的、及时的解读,成为受众行为处事的参谋和根据。

(3) 具有一定的专业性。

经济新闻具有一定的专业性,具有自己的专业术语、专业数据及专业知识,因此,要求从事经济新闻报道的新闻记者需要具备一定的专业知识,成为内行或专家,只有这样才能做到报道准确、分析到位、解读深刻。

二、工作要点提示

(1) 熟知国内外大的经济气候、经济背景以及国内经济的大政方针、政策。
(2) 善于从热点和变化中捕捉经济新闻的线索。
(3) 判断适合做何种类型的经济新闻。
(4) 全面、客观、真实的采访经济新闻。

三、方法技巧

1. 学习、掌握社会主义经济建设的理论与政策

这是新闻记者从事经济报道时确定报道方针和报道思想的基本依据,是经济报道符合经济科学规律、正确反映经济科学规律的基础保证。所以,新闻记者要每天通过多种渠道关注国家大事,使自己的政策水平和理论水平在不断发展的社会中始终保持前位意识。同时,由于新闻记者的采访具有专业性(专业术语)与层次性(面对的是企业家、业内人士),所以新闻记者通过对经济领域知识的不断积累,及时、系统、全面地学习经济理论、经济政策,就可以使自己在提问时提高尖锐性与准确性,使采访的效率大大提高。所以,学习、掌握社会主义经济建设的理论与政策对新闻记者有以下帮助。

(1) 能判断、预见新闻的发生。

除了突发事件以外,新闻记者发现经济新闻线索的能力大多数还要靠自己的思考、判断、联想等发散思维能力,这些分析判断能力能够预测常态新闻的发生。这种预测能力既得益于新闻记者在职业生涯的长期积淀,又得益于新闻记者对采访领域政策、理论水平和知识的储备。

(2) 能面对采访对象提出问题并进行深入交谈。

新闻记者有了社会主义经济建设的理论与政策的积淀,就能在采访中提出具有一定高度和深度的问题;在交谈中沉静自若,把握好分寸,不至于出现提问没头没脑、交流时断时续的混乱状况。

(3) 能以专业的水准解释、说明问题。

经济新闻相对于时政动态新闻、社会新闻、娱乐新闻来讲有一个突出的特点就是专业性强。它常常会引用一些专用术语,所以新闻记者一方面是在进行工作采访,另一方面也是一个自我完善的学习过程。新闻记者首先要弄清楚这些专业术语是什么意思,其次还要弄清

楚它们的经济运行规律与运作过程,这样在采访时才能不做门外汉,才能与采访对象在专业领域平等对话。

2. 善于从"新"和"变化"中寻找新闻线索

经济新闻线索的发现一般有两种途径:一种是社会生活中发生的新的经济事件;另一种是在发生的寻常经济事件中发现了不寻常的变化。这两类事件之所以能成为经济新闻的线索是因为该事件必须与老百姓的生活有较大的关联度,也就是说,该事件在老百姓的生活中具有一定的影响力,这样才具有新闻价值。这些新事件、新变化就是新闻记者要追逐的新闻。

与此同时,新闻记者在搜寻经济新闻的线索时,要对价格、数字、企业精英名字的变化等保持高度的敏感,这些敏感的数字或名字的变化本身就意味着经济新闻的产生。

3. 注重经济新闻中的故事性写作

由于经济新闻特有的专业性特点,所以一直以来就有经济报道的三难问题,即新闻记者难写、编辑难改、受众难读。尽管经济报道基本上是由数字和图表构成,面对专业性较强、数据冷冰冰的客观现状,新闻记者仍然可以在报道里加进"人"的因素。这样就可以使平面报道中有了盎然有趣的立体效果。新闻记者在采访经济新闻时,当事人的故事、典型个案就成为经济新闻采访的关键。

为了突出经济新闻的故事性,新闻记者在采访经济新闻时应把注意力放在以下五个方面。

(1) 抓问题。

在我们的生活中,不仅存在增产节约、按照经济规律办事、优化企业管理的先进事件,而且也存在阻碍生产力发展的落后事件。要想使我们的经济发展步入发达国家行列,新闻记者在经济报道中就必须不断总结新时期经济运行的新经验,提出具有普遍性、方向性的新问题,这样才能得到受众的关注。

(2) 抓事实。

问题抓准后,接着新闻记者就要选取具有典型意义的事实来呈现问题、解决问题。因为受众信任事实的力量,新闻记者应该充分信任受众的判断分析能力。这些事实的叙述不仅让受众感受到可读性,而且会潜移默化地接受事实所呈现的观点。

(3) 抓角度。

经济报道的立意一般都比较宏观,可是报道的角度却可以通过微观来展现宏观。尤其是新闻记者在选取典型案例的角度时,可以从小的微观事件着手,如报道产品质量可以从一位顾客买的一双劣质皮鞋的故事说起。这样就让受众感到这篇新闻报道离自己的生活很近,好像就是自己身上发生的事情,因此受众就愿意看这篇新闻报道。因此,新闻记者在采访时要善于进行现场观察,选取典型的能说明主题的具体事件入手。

(4) 抓趣味。

许多的新闻记者认为经济报道不像社会新闻那样有情趣,比较枯燥。事实上经济报道是否也能有情趣,主要看新闻记者是否能采访到有情趣的典型事件来表达新闻主题。

(5) 抓通俗。

经济报道中通常会有"三多",即专业术语多、数字多、专业性问题多。但是,经济报道又离不开这"三多",这就要求新闻记者要用联想、类比的通俗方法进行叙述。要使用这些方法,新闻记者在采访时就要细致入微,注意现场细节观察、描述;用具体的典型事件进行形象的比喻;多进行解释说明;讲到利润时多采用数字换算法;多采访人物活动与具体场景,这样会使一篇原本枯燥的经济报道生动起来。

例文 3-14

毛大庆离职创业　万科邀其任外部合伙人①

经过了半年多的猜测、分析,甚至八卦,毛大庆的离职传闻,终于在 2015 年"三八妇女节"这天尘埃落定。

昨日(3月8日)晚间,毛大庆在其自己的微信公众号发文称,"……虽然不再于万科内部担任管理职务……我将继续以万科外部合伙人的身份,为营建万科新的生态系统贡献自己的一分力量。"

万科于昨晚发出的一份内部知会显示,已接受毛大庆的辞职申请,并邀请毛大庆在离任后以外部合伙人身份,继续为万科发展提供建议和助力。

同时,万科看好毛大庆将启动的创新工场事业,将以财务投资者身份支持该项创业。毛大庆将在未来 3 个月时间内,妥善安排其离任的相关事项。

…………

大庆离职:从传闻到现实

万科总裁郁亮最早一次是 2014 年 9 月在北京的记者招待会上回应了传言:"这好比两口子过得好好的,有人硬说他们闹离婚。"他并称"佩服记者的编剧能力"。

其后不久,毛大庆卸任北京万科总经理一职,出任万科北京区域首席执行官兼北京公司董事长。作为万科的明星职业经理人,曾担任万科北京公司总经理 5 年时间的毛大庆可谓功不可没,他推动了北京万科稳居京城房企第一阵营。

万科也成就了毛大庆。有开发商人士认为,毛大庆在万科的日子里,已经做到了职业经理人的顶峰。

---

① http://business.sohu.com/20150309/n409501735.shtml,有改动.

有知情人士向《每日经济新闻》记者透露,此前,万科方面还是在挽留。昨日(3月8日)公众号"新京报微房产"称,郁亮在当日已飞抵北京,预计将再与毛大庆深谈一次。但挽留显然无效,到了晚上,万科就宣布接受毛大庆的辞职申请。

新城控股高级副总裁欧阳捷说,业内人士对毛大庆离职创业的态度,都是表示祝福的。

……

【例文评析】

万科集团属于中国房地产领域里赫赫有名的地产公司。自然,北京万科总经理毛大庆的行踪动向就非常引人关注。因此,毛大庆从万科辞职,另立新公司,这本身就是一个令业界猜想的话题。到底为何辞职?是毛大庆的原因还是万科的原因?这些均是商界所关注的话题,其符合了"不平常的人+不平常的事"这种新闻模式。与此同时,毛大庆不但辞职,而且又开了一个眼下最时髦的公司"创新工场事业",万科集团还是这个新公司的合作伙伴,在现在全国上下"大众创业,万众创新"的大环境下,这是一个更值得关注的焦点。这篇报道的采访,新闻记者拥有比较深厚的经济政策积累的基础;善于从毛大庆前后任职的变化去发现新闻报道的角度;再加上对毛大庆离职故事的细致采访内容,因而获得了受众的关注。

例文 3-15

乌市天山区公车改革启示录

晨报讯:(记者 唐成荫) 张王清是天山区人民政府办公室的一位主管文秘事务副科级公务员。现在单位每月给他按标准发 450 元的车改补贴。除了正常工作所需的交通费之外,一个月下来还略有结余。张王清说,车改给他个人带来了用车的自由度与实惠。

天山区先行试水

像张王清一样享受车贴的人在整个天山区政府有 400 余人,他们从正科、副科到一般科员分五级分别享受 50~500 元不等的车贴。少数公检法等特殊科室由于工作性质的特殊性未在此次车改之列。

事实上,天山区政府今年所实施的大规模车改早在去年 4 月就先行在其所辖的街道办事处"开刀"。

据主管此次车改的天山区政府纪检委主要负责人告知,去年4月中旬,天山区政府将其所辖13个街道办事处的28辆公车一次性收回集中,随后委托专业的评估机构对这28辆车进行了评估,总体评估价格为57.75万元;5月26日,天山区政府委托新疆嘉盛拍卖公司对这28辆车进行公开拍卖,最后的结果是其中的26辆车成功拍卖,成交总金额为69万元,令他们意想不到的是,拍卖价格比评估价高出了十来万元。

由于拍卖公车的异常顺利,为此次车改试点奠定了良好的基础,也给天山区政府这次车改的试水之举带来推广动能。于是天山区政府趁热打铁拟订街道办事处的车贴方案并得到上级有关部门批准。到5月1日,天山区政府所辖13个街道办事处开始正式实施正科600元/月、副科500元/月到科员50元/月的5个不等级别的车贴。

车贴实施一个月后,天山区政府派有关负责人员到所辖街道办事处进行为期一周的跟踪调研,调研的结果让有关负责人心里松了一口气。

在街道办事处车改小试牛刀却有意外收获之后,天山区政府又开始在全区机关开始第二轮车改的摸底,首先区政府对参加车改的机关人员发放了1400余份问卷调查表。纪检委负责人告知,99%的工作人员同意车改。在制定车贴标准之时,由于要向一线倾斜,所以机关所有车贴标准比街道办事处同等级别少50元;机关科员与街道办事处科员车贴标准一样。此方案也得到天山区机关工作人员的认可。

于是,从去年(2005年)11月3日起,天山区政府将机关车改后的第二批公车委托新疆诚信拍卖公司公开拍卖,12月1日,除了区级五套班子、公检法等个别单位以外,天山区政府机关共403人享受车贴。

有关统计数据显示,自天山区政府去年5月实施车改以来,共计有1225人享受车贴;总共有包括街道办事处和机关各部门的96辆车全部集中收回机关,其中机关服务中心保留36辆公车,因工作之需调整给区公安交警10辆,4辆已到报废年限,其余46辆均向社会公开拍卖。前后进行3次拍卖。有关部门正在筹备第四次拍卖。

50%成本的节约考验车改

"车改后如果成本不能节约50%就不能证明车改的成功!"这是一位市政府领导在审批天山区车改方案时给天山区政府负责车改事务人员说的一句话。这个目标在天山区车改一年之后,不但实现了,而且超过了这个数字。

据悉,2004年天山街道办事处车辆费用支出为206万元/年,车改后,街道办事处车贴仅支出77万元/年,节约率为62.62%。区政府机关实施车改半年来,同比车改前节约率为72%。

一位深谙公车保养费用的知情人士给记者算了一笔账,车改前,机关里养1辆车除了财政上给拨付1万~1.2万元/年以应付燃油费、维护费、折旧费等需求以外,再加上司机工资、车辆专控费等费用,少说1辆车1年下来,要有3万~4万元才能养得住。

车改后,不但使机关的人工成本、物力成本瘦身,大大减轻了财政负担,而且让机关工作人员在使用交通工具时有了更大的自主性。

朱新苛是首府团结路办事处的一名老公务员,已有25年的工龄,负责党办工作。在车改前,他一个月可以有30元的交通补贴,有的与他一样的科员,按规定连这30元补贴也不能享受。他告知记者,车改前由于不够享受办事处公车的待遇,所以办事处的公车他基本上没坐过,只有靠自己的两条腿坐公交车。

现在的朱新苛虽然享受只有50元的车贴,但他有了更大支配自己交通费的自由。朱新苛告知记者,他有月票,一个月的车贴正好买了一张月票,老朱认为,有总比没有强,最起码他不像原来那样办公事却不能坐公车,现在他们办事处的领导与他一样都是自己解决交通问题,没有以前的专车,因此他心里感到挺平衡的。

而另一部分爱车一族的公务员,在车改之后,也圆了自己驾驶私车上班之梦。

据天山区纪检委负责人告知,天山区政府在实施车改后,有一少部分人现在是自己买车、自驾私车上班。现在车越来越便宜,车贴发放个人,使个人最起码有了养车的相当一部分费用,减轻了个人的负担;再加上公车的货币化改革,车的产权属于自己,个人在私车的维护上与公车有非常大的区别。

…………

【例文评析】

例文 3-15 是经济新闻中的一类——产经报道。产经报道的最大特点就是故事性强。新闻记者选取了一个贴近老百姓生活的角度——政府公车改革的话题。当现实生活中居民个人购车上班一族越来越多时,原来单位的公务用车既浪费了资源,又解决不了基层公务人员的用车问题。在这种情况下,公车改革势在必行。其中,新闻记者抓的问题是公车"改不改""怎么改"的典型问题。例文 3-15 就是以乌鲁木齐天山区公车改革作为典型事实,回答了上述问题。

该新闻线索的获取,来源于乌鲁木齐天山区年底的一次总结报告会。新闻记者在"新"和"变化"的驱动下获取了该新闻线索。

同时,这篇新闻报道的主题落在"车改后普通公务员是否获得交通红利,车改给单位带来的节约成效"的角度。可以说这是一个由表及里的深层次的角度,但又必须从"车改破题"的现象说起。于是,新闻记者采访了乌鲁木齐市天山区公车改革的点点滴滴,了解他们在车改过程中的各种经历,以朱新苛这位最基层公务员车改前后鲜活的故事,引发受众的阅读兴趣。新闻记者又运用算账的通俗手法,把车改前后给普通公职人员带来的物质上和精神上的收益进行对比,揭示出车改的现实意义所在。这是新闻记者用心积累典型的人和故事的结果,既有点又有面,既有现象又有高度,以贴近老百姓、贴近生活的角度,把有关车改这一新闻事件活灵活现地报道出来。

例文 3-16

城区南扩,再造新油城

克拉玛依的"风"自有这个城市以来就颇有"名气",连续数月的大风夹杂着干热常常让这块戈壁滩寸草不生。

今日克拉玛依的"绿色"也颇有些名气,这里的风变小了,雨水却增多了,克拉玛依变大了。

克拉玛依城区南扩

鲁振田是克拉玛依新疆油田分公司重油退休处的一名职工。2002年,老两口凑了 10 万元钱在四川买了一处房,以备养老之用。

时隔不到一年,两位老人又想把四川的房子卖了,说啥也要在克拉玛依新城区买一套 130 平方米的大房子。鲁老汉说,克拉玛依养老,人熟地也熟,居住环境不比四川差。

与鲁老汉有着同样想法的人不在少数,在新区,首期开发的 4 个小区几千套商品住宅房已被抢购一空就是最好的例证,一些房地产商表示,没有想到均价 1300 元左右/平方米的商品房卖得这么火,他们在新区沿克拉玛依河两岸还要开发二期、三期商品住宅。

这一切都得益于一条"引水工程"的成功。

据了解,1997 年国家计委批准克拉玛依 463 公里长的引水工程立项。1998 年正式动工。这项耗资 52 亿元的巨大工程,克拉玛依就承建 329 公里引水主渠道及附属设施,为此克市也付出了 36.6 亿元的高额代价。

2000 年 8 月,当引水工程正式通水后,克市人觉得这 36.6 亿元的引水资费值得去交。

据克市旅游局局长魏天峰告知,所引之水每年可让克市享用 4 亿立方米。其中工业用水 1.9 亿立方米,农业用水 2.1 亿立方米,新建的 3 座水库可蓄水 1.7 亿立方米,加上原有的 3 座水库,总调节能力 2.5 亿立方米,完全可以满足克市的各方之需。

也正是由于有了水,这个在戈壁滩拔地而起的石油城,才有了重新经营定位克拉玛依的大胆构图。

据悉,克拉玛依自1958年建城以来,到1996年整体占地为17.68平方公里。这座屹立于戈壁滩上的城市,依石油生而生,依石油长而长。

有关数据显示,克拉玛依的石油还可以再开采100年,然而100年之后克拉玛依又会是什么样子呢?它是否会重蹈苏联巴库油田的厄运(巴库油田曾兴旺一时,后由于石油资源开采枯竭,巴库油田城市随即消失)?这成为摆在克市领导班子面前一个严峻的问题。

1997年时任当时克拉玛依市市委书记谢志强以及后任的领导班子一班人马为百年之后的克市规划出两大替补产业——大农业和旅游业。

为了支撑两大替补产业的发展,克拉玛依确立了"适度改造老区,重点发展新区"城市经营思想,中心城区实施了"南扩"大动作。以引水而来的克拉玛依河为界,新城区在一片戈壁上南扩了3.62平方公里。来自克市规划局的数字显示,到2015年,克市中心区将整体达到23.086平方公里的面积。

这个数字只是相对于现在克市30余万人口发展的保守数字,克市规划局有关负责人表示,如果将来克市的人口超过30万,或流动人口超常规地增加超过常居住人口的话,克市中心城区占地面积还将继续扩大并非天方夜谭。

为了支持这个大胆的城市定位把一座油城变成一座功能齐全的开放的现代化的城市,克市委、市政府及所有行政区举家南迁新区。

此举之意魏天峰认为,在于以行政区的大规模南迁,带动相关配套设施的跟进,从而使克拉玛依新城区能在较短的时间完善城市各项功能的建设。

与此同时,老城区全面铺绿,定位于商业居住区;这样通过优化提升城市三产,进一步完善城市功能,克市作为北疆的次中心城市的地位,成为一个区域性集散地的城市品位方能凸现出来。

记者此次现场走进克市,只感受到天是蓝的,街是整齐、干净的,一排排喷灌不停地在随处可见的绿地上点头示意。

克拉玛依变大了,克拉玛依变绿了。

园区经济延伸城区南扩

引水工程让克拉玛依城市重新定位,也让克市的园区经济得以生根发展。

据了解,现在克拉玛依中心城区西南部(靠近炼油厂附近)正在筹建占地约34平方公里的石油化工工业园区;同样是在此地,克市工业园区也在准备之中。另外,在克市中心城区东南部,一片规划为200万亩、已开发出近30万亩的大农业开发区也成为此处最抢眼的绿地,其他类似非公有制园区等都在克市的筹划之中。

克市中心城区现在的地理分布依次为：最外围——中心区市郊为各种工业、农业园区；然后向北为新区——行政办公区，其位置在老城区与园区之间，起到一定的辐射作用；再往北就是原来的老城区——纯粹商业居住区。这样克市通过城市重新经营规划也显示出其经济发展主线——主业（石油化工），替补产业——大农业和旅游，主业做大"补"业做强，相得益彰，延续后势。

············

魏天峰这样对记者说，以前的克拉玛依只是作为石油城的后勤基地是缺水缺绿缺功能。

城市的经营发展让克拉玛依人天天都感到有变化。

老百姓的感触最深的是房价涨了。原来1000元左右/平方米的商品房少人问津，现在均价1300元左右/平方米的商品房抢购一空；以前很多退休职工盼望回内地买房养老；现在这些职工不但自己在本地买房养老，甚至把后代的房产也提前置办起来，因为他们多有听说商品房的价格还要涨。

以前的老百姓吃饭穿衣总喜欢往乌鲁木齐跑；现在老百姓能在本土的大型超市里穿上漂亮的时装，在肯德基克拉玛依店吃上洋快餐，悠闲于宏景等大企业投资兴建的高尔夫球场，享用上自己大农业开发区种植出来的各色水果以及沙滩、绿色。

克拉玛依气候的干热让克拉玛依老人们印象颇深，然而现在的克市的降雨量由原来的年平均110毫米变为年均178毫米；绿地面积也比以前增加了数10倍。

企业对克市颇有感触的是，克市的人均收入和消费能力乃居全国前列，再加上克市现在全力打造的服务型政府，这里蕴藏着非常大的商机。

有关统计数据显示，去年克市完成国内生产总值GDP为216亿元，今年的预期目标是在去年的基础上增长7％以上。去年的人均收入为9818.3元，今年人均收入预期增长3％，由此，近一两年来，一些国际、国内知名企业纷纷下榻克市。

据悉，仅去年一年克市招商引资就达9.3亿元，大漠高尔夫球场、肯德基、新华人寿、平安保险等纷纷落户克市，克拉玛依作为城市整体升值。

由于城市在不断的经营之中，克市的交通由原来的陆路一条线，变为飞机、火车、汽车三条线齐头并进。

············

据来自克拉玛依市统计局的资料显示，去年，克市旅游总收入达1.08亿元，游客接待达16.7万人次。去年城市三产实现增加值30.2亿元，邮电通信、商贸流通、餐饮、金融保险、房地产等均呈高速发展态势。今年的呼克公路改造及全年绿地率增加3个百分点一系列城建目标会使克拉玛依进一步提升城市品位。

克拉玛依还继续在经营之中，克拉玛依城在不断升值。

【例文评析】

中国人对于克拉玛依的认识源于一首《克拉玛依之歌》,这个从戈壁滩上崛起的城市因石油生而生、因石油长而长。但是,由于克拉玛依处于恶劣的自然气候之中,炎热、风沙、干燥成为这里的代名词。例文 3-16 以"引水工程"为背景,报道了克拉玛依在引水成功后发生的城区南扩,成为宜居、旅游城市以及建设可持续发展城市等事实。新闻记者所抓取的新闻角度重在引水前后的"变化"二字,老城区和新城区之变,居民心态之变,石油城可持续发展产业之变。虽然是经济报道,但是新闻记者在报道开头,就以克拉玛依一名退休职工鲁振田晚年安居地的安排作为导语,通过其安居地前后变化的故事,把一个石油城引水前后城市、居民、产业的发展变化形象生动地报道出来。所以,在枯燥的经济报道中通过加入人和故事一样能够吸引受众。

四、注意事项

(1)经济新闻的受众群体也是大众,因此经济新闻也要采访到鲜活的人物、事件来增加新闻的可读性。

(2)经济新闻的专业性比较突出,所以新闻记者在采访经济新闻时要注意专业术语,并对当事人的姓名、职务等进行有效记录、核实。

(3)经济新闻里的数字尤其敏感,所以新闻记者遇到价格、数字时要记录准确并核实,上涨与下降尽量使用百分数。

五、实训操作

1. 获取经济新闻的线索

以下运用完全行动法进行获取经济新闻线索的实训。

(1)实训步骤。

工具:每个学生准备笔记本 1 本、笔 1 支;小组准备 8 开展板 1 个、彩笔若干支、剪刀 1 把、胶水 1 瓶;1 间 50 平方米带有黑板的标准教室。

第一步:布置任务(5 分钟)。

组成 6 人为一组的基础小组,指导教师提出问题"从哪些渠道可以发现经济新闻线索"。指导教师请每个组员独立思考该问题。

第二步:小组讨论(10 分钟)。

每个组员将自己独立思考的答案与小组的其他组员一起分享,然后小组组员相互交流,最终形成小组的答案,并以书面形式记录下讨论成果。

第三步:组成专家小组(15 分钟)。

每个基础小组推荐1人组成专家小组。专家小组获得各基础小组的讨论结果,同时在专家小组里相互交流本组的讨论结果。指导教师参与旁听并记录下讲解要点。

第四步:循环交流(10分钟)。

每位专家再回到自己所在的基础小组,向基础小组依次报告专家小组的讨论成果。基础小组根据专家小组的讨论结果,取长补短,最终形成本组的答案。

第五步:展示、评定成绩(15分钟)。

每个基础小组把最终的讨论结果制作成富有个性的展板,选一个组员进行讲解,其他的基础小组可以实时进行提问,展示组有义务回答。专家小组与指导教师一起为每个基础小组打分,成绩取二者的平均分值。

第六步:教师点评(20分钟)。

指导教师针对讨论、展示的结果,解析正确的答案并说明理由,以便学生加深印象。

(2)评析内容。

① 新闻记者每天(通过电视、网络等各种渠道)关注国内外新闻大事,把能够本地化的经济信息记到采访本上,将政策新信息、国际市场价格新信息等新闻线索进行本地化。

② 针对季节性常规新闻,新闻记者应在思维模式上通过对比、联想、变化、逆向思维等方式去捕捉新闻线索。同时,新闻记者要至少提前一周到常规新闻事发地点打听有什么新的变化。

③ 针对归属自己的行业口,要与该行业办公室主管宣传的负责人、信息员融洽关系,以便从中获取新闻线索。

④ 通过亲朋好友的衣、食、住、行获取经济新闻线索。

例文 3-17

董明珠到访360引合作传言①

上周末,在参加全国人大会议的间隙,格力集团董事长董明珠出现在360公司,与360公司董事长周鸿祎进行了会面,这似乎也印证了外界对于格力和董明珠将进行合作的传言。

关于格力集团和360公司要进行合作的消息,从年初就已经传出。今年1月份,周鸿祎在微博自曝在格力集团参观,并向董明珠请教如何做产品,当时就让人猜测360公司是否要与格力集团合作;3月6日,董明珠也出现在360大厦,据360内部员工透露,董明珠除了参观360互联网安全中心、食堂以外,还与部分安全工程师进行了交流。随后董明珠与周鸿祎在办公室聊了许久,聊天内容不得而知。

---

① http://business.sohu.com/20150309/n409503544.shtml,有改动。

项目三　新闻记者主要新闻采访任务类型

据外界分析,如果360公司与格力集团携手,那很可能会是在智能家居领域展开,毕竟对于互联网企业和传统的家电企业来说,智能家居都是今后重要的一个发展方向,更何况小米和美的联姻已经为业界树立了一个合作的范例。

不过董明珠之前在接受记者采访时曾表示,如果格力集团与360公司合作,并不是因为小米与美的合作而导致的。"与周鸿祎,更多是进行技术交流,现在还谈不上合作不合作。"

【例文评析】

作为商界名人的董明珠无论走到哪里,都属于经济新闻记者跟踪的对象。董明珠到访360公司,对于该行为所有的业界之人都会猜想,一家传统家电企业的老总为何要访问360公司这家从事互联网安全事业的企业?她去做了些什么?格力集团和360公司是否也要继小米和美的联姻之后向智能家居方向发展?这条线索可能来自于两个企业员工之间的口口相传,也可能来自媒体给新闻记者划分的行业归口。总之,在得到这条新闻线索后,新闻记者要发挥的联想、对比等发散思维能力,迅速跟踪采访。

例文 3-18

格力也要造手机　董明珠打到雷军家门口①

3月18日,格力电器董事长董明珠今日在一次公开活动上,首次对外展示了格力手机,这意味着这家传统电器厂商将正式进军手机领域。

去年年底,有消息称,格力目前已经准备试水做智能手机产品,并且产品已经初步成型,而去年年初,格力曾传出投资魅族的消息,前不久董明珠到360公司参观,也引发外界关于格力与360合作做手机的猜想。

董明珠此前还曾和小米公司CEO雷军大打口水战,从2014年开始,围绕董明珠和雷军10亿赌局的新闻话题一直不间断,媒体也拿二人的关系大做文章。去年年底,小米投资美的之后,和格力的关系更是降至冰点。

"小米和格力的关系已经是过去时了,大家总是在扯格力跟小米的关系,没有什么意义。"董明珠近日接受《中国经济周刊》采访时表示,如果格力做手机,就让消费者3年不换手机。

董明珠称,"格力有6个研究院,电器的很多功能与手机密切相关,若做手机,肯定能做到3年不用换,这是我对消费者负责。"

---

① http://read.haosou.com/article/?id=6fcc155a5bc3eb221ef0dec2729ad738&mediaId=2500194,有改动.

【例文评析】

曾经的董明珠与雷军10亿豪赌,中国商界至今还记忆犹新。这次是"董明珠打到雷军家门口"了,格力电器董事长董明珠在一次公开活动上首次对外展示了格力手机,这意味着这家传统电器厂商将正式进军手机领域。这条新闻线索有可能来自于新闻记者跟踪的格力电器这个点,有可能来自于格力电器的合作企业,还有可能来自于这次董明珠参加的业界公开活动……无论来自哪个渠道,都符合"不平常的人+不平常的事"这个新闻模式,格力电器无论与哪个企业合作,都会引发一个传统企业与互联网企业合作而带来的产业变革,其意义是巨大的。

2. 怎样采访经济新闻

(1) 调查性经济新闻采访。

调查性经济新闻主要是针对在社会主义市场经济发展中存在的事件性问题而展开的报道,这些问题涉及范围非常广,如民生问题、制度问题等,尤其是那些涉及民生的食品安全、环境污染、价格等传统性非常大的问题是经济新闻中的重点报道领域。

根据例文 3-19 运用案例实训法进行调查性经济新闻采访的实训。

案例实训法也是项目教学当中的一种,就是选取报纸、电视、网络等媒体中的典型新闻报道作为教学案例,通过对典型案例的解剖、分析、讨论,最后使学生达到举一反三、理解并内化为自我学习能力的一种方法。案例实训法的特点在于形象生动,有极强的模仿效应。

例文 3-19

问责缺失　毒餐巾纸泛滥[①]

在荧光灯的照射下,一张张看似洁白的餐巾纸却显现出了星星点点的亮斑。用它擦嘴,嘴边会沾上光斑;用它擦手,手上残留的也是它。甩不掉,抹不下。这亮闪闪的物质究竟是什么呢?

在保定农副产品批发市场,记者注意到,这里批发的餐巾纸大部分都没有厂名和厂址。

销售人员:都没写,写厂名有什么用呢?

…………

---

① 中央电视台《经济半小时》栏目,有改动。

这些餐巾纸为什么没有厂名厂址,它又是哪里生产的呢?石家庄白佛汽车站旁的狭窄巷子里,没有任何标牌的卷帘门后,竟然隐藏着一家餐巾纸厂。

凌乱的厂房里,随意摆放着制作餐巾纸的原料纸,歪歪斜斜摞在一起,有的就直接放在地上,沾满了灰尘。在旁边,几台机器高速运转着。成卷的白色大盘纸源源不断送进机器。

(石家庄宝洁纸业)董厂长:咱们装上纸了就行了,管它白黑呢,反正咱们的货也不愁卖。

记者注意到,整个生产过程并没有任何消毒措施。

记者:有消毒吗咱们这儿?

董厂长:没有。

董厂长还向记者透露,这种餐巾纸价格低廉的奥秘是使用了一种特殊的原材料。

工作人员:这是脱墨纸。

记者:啊?脱墨纸。这个?脱墨纸!

董厂长给我们算了笔账,符合国家标准的原材料大都在1万元左右,而她使用的脱墨纸原料价格每吨才5000多元。

············

霸州市刘庄公路旁的晨光造纸厂院子里,堆放着很多回收来的垃圾纸,这里面既有废弃的破书烂本,也有夹杂着污垢粘连成团的黑色脏纸,风吹起来时,四处飞扬。

郭经理:河北省晨光造纸厂霸州分厂经理。

记者:这个可以做餐巾纸吗?

郭经理:就是,这都是做餐巾纸用的,别的咱不做。

············

那里不仅有旧书本、碎纸屑,甚至还有回收来的药品包装盒。在这些垃圾里,记者还发现了剩余的药物和一些粪便。

记者:这种也是(餐巾纸)原料吗?就这种?

工作人员:对。

原来,这些随意放置的废品垃圾,就是用来生产餐巾纸纸浆的原料。那么,这些工厂又是用什么神奇方法让这些黑黑的垃圾纸变成白色的脱墨纸呢?

············

工人,河北省晨光造纸厂霸州分厂。

工人:这个烧碱。烧碱。

原来,要想把废纸上的墨剂给脱掉,烧碱这种化工原料是必不可少!烧碱,也叫火碱,是工业用氢氧化钠($NaOH$)的俗称,具有强腐蚀性。

工人：烧劲大，专用这个把墨给烧掉，给脱下来，要不你脱不下来。

……

记者看到，工人们会把回收来的垃圾直接放进铁罐容器里，然后，直接再加入半袋儿烧碱。40分钟之后，这些灰黑色水泥样的纸浆慢慢变成了灰白色。

郭经理告诉记者，要想让它变得更白，还需要用到另一种化工原料。在旁边一个小房间里，堆放着三四桶化工原料，其中一桶已经被打开，里面黄颜色粉末状物质所剩不多。在漂洗纸浆的地方，一个专门盛放这种物质的塑料盆摆放在那里。

……

记者：师傅，那个黄色是什么东西呀？那个黄色盆子里面的东西？

工人：增白剂！

……

荧光增白剂，是一种荧光染料，有漂白增亮作用。这些脏乱垃圾废纸经过烧碱脱墨、荧光增白之后，摇身一变就成了又白又亮用来加工餐巾纸的原料纸。

根据国家相关规定，"生产纸巾纸，只可以使用木材、草类、竹子等原生纤维做原料，不得使用任何回收纸、纸张印刷品、纸制品及其他回收纤维状物质做原料。"在国家《一次性使用卫生用品卫生标准》里，对于餐巾纸这样的纸巾纸，原材料卫生要求必须是——"无毒、无害、无污染。"然而，记者在采访中发现，在河北省保定、石家庄等地区，用回收的废纸经过烧碱和荧光增白剂生产餐巾纸的现象非常普遍。

……

处罚力度轻微，流通环节难以禁止黑心餐巾纸[①]

……

在餐巾纸批发市场采访时，（执法）工作人员都告诉记者，他们在日常巡查中也经常发现这种三无餐巾纸，但是因为餐巾纸的价格并不高，经营者在门店摆出的又往往只是部分样品，因此，对违规销售的经营者，并没有什么大力度的处罚手段，这也造成了这类三无餐巾纸在市场上屡禁不止。

张贺光（执法工作者）：要是按照法律的要求，我们只能根据现场查获的问题商品，进行定额处理。毕竟现场我们查扣的这些商品数量有限，特别是纸制品，它的价格是非常低，从数量和金额上还不足以构成追究他的刑事责任。

……

---

① http://money.163.com/11/0320/23/6VKGUOOU00252G50_4.html，有改动。

尹兵辉（石家庄市工商局局长）：你像抽检这个餐巾纸，我们抽检一个批次就要几百块钱，就是每年的抽检经费也比较紧张，所以说不可能大面积地抽检……

小餐馆依然使用不合格餐巾纸

在石家庄白佛长途汽车站附近的一条街道，沿街开着十几家小餐馆。而被"3·15晚会"曝光的餐巾纸生产窝点就在这条街道背后。记者跟随长安区卫生监督所执法人员来到了这些餐馆进行检查。

执法人员：你这（餐巾纸）是从哪儿进的？

餐馆负责人：就是从房子后边那家（进来的）。

执法人员：房子后边那家不是已经被我们都取缔了吗？

餐馆负责人：不知道。

执法人员：给客人直接使用的这种纸巾的（要从）有资质的供货商进货。

餐馆负责人：什么叫有资质？

…………

老板则表示自己对餐巾纸的卫生标准一无所知。

记者：这袋餐巾纸多少钱？

餐馆负责人：5块钱一袋。

记者：那您平时自己用它吗？

餐馆负责人：用，自己都用。

记者：像这条街上普遍都是从这进货吗？

餐馆负责人：应该都是，我们后边是餐巾纸厂，谁都上他家买去。

…………

① 实训步骤。

工具：每个学生准备笔记本1本、笔1支；小组准备8开展板1个、彩笔若干支、彩纸若干张、剪刀1把、胶水1瓶；1间50平方米带有黑板的标准教室。

第一步：任务布置（5分钟）。

组成6人为一组的基础小组。小组中的每个组员独立思考下列问题：例文3-19的采访逻辑思路是怎样的？这篇新闻报道中用了哪些新闻事实来展现这个新闻主题？

第二步：小组讨论（10分钟）。

小组在讨论中形成比较一致的结果，并以书面形式记录下讨论成果。

第三步：小组制作展板（20分钟）。

小组以词条的形式将答案用彩笔和彩纸醒目地书写出来，每张词条应具有统一的色彩和设计装饰图案。小组将词条贴在展板上，展板由每个基础小组自行设计，要求富有创意、生动形象。在规定时间内所有的基础小组将展板贴在指定的位置。

第四步：小组展示(20分钟)。

每个基础小组派一个组员做讲解员，另一个组员做记录员。讲解员仔细讲解本组的讨论结果，回答其他的基础小组提出的问题，记录员认真进行记录。本组的其他组员可以到其他的基础小组进行观摩、提问。

第五步：小组二次交流(10分钟)。

派出去的所有组员回归基础小组，把听到的、看到的通过比较分析的方式来补充本组结果的不足，修正本组的讨论结果。每个基础小组在观、说之中将最终的答案展示在展板上。

第六步：教师点评(20分钟)。

指导教师针对每个展板的讨论结果以及存在的问题，解析正确的答案并说明理由，以便学生加深印象。

② 评析内容。

例文3-19的采访逻辑思路分为以下三步。

第一，毒餐巾纸的生产环节。

新闻记者用了一个特写镜头"在荧光灯的照射下，一张张看似洁白的餐巾纸却显现出了星星点点的亮斑"作为导语，以此来概括"毒餐巾纸"毒在哪里。

现场观察典型场景一：保定农副产品批发市场。

(视觉)批发的餐巾纸大部分都没有厂名和厂址——结论：在批发市场对批发餐巾纸的总体印象是不正规、欠规范。

(听觉)销售人员说："写厂名有什么用呢"——结论：缺乏对规范生产经营餐巾纸的一般常识。

(视觉)石家庄宝洁纸业(典型个案)，"凌乱的厂房里，随意摆放着制作餐巾纸的原料纸……有的就直接放在地上，沾满了灰尘。"——结论：生产环境脏乱差。

(听觉)不管纸是白与黑，"销路不愁"——结论：不合格的餐巾纸流向甚广，危害范围大。

(视觉)使用脱墨纸作为原料(添加有毒化学制剂)——结论：因为脱墨纸比标准原料纸每吨便宜5000多元，道出使用脱墨纸的根本原因在于利益驱动。

现场观察典型场景二：霸州市刘庄公路旁的晨光造纸厂。

(视觉)院子里堆放着很多回收来的垃圾纸，这里面既有废弃的破书烂本，也有夹杂着污垢粘连成团的黑色脏纸，风吹起来时，四处飞扬。还有药品包装盒及剩余的药物和一些粪便——结论：生产环境细菌滋生，有毒物质残留。

(视觉)记者看到，工人们会把回收来的垃圾直接放进铁罐容器里，然后，直接再加入半袋儿烧碱。40分钟之后，这些灰黑色水泥样的纸浆慢慢变成了灰白色——结论：生产环节加入有害化学物质。

(视觉、听觉)郭经理告诉记者，要想让它变得更白，还需要加入增白剂，记者询问操作师傅加入原料桶中的黄色液体是什么,师傅答:"增白剂"——结论:生产环节加入有毒化学物质。

餐巾纸国家标准参照:对比毒餐巾纸的危害性。

(资料引证):"生产纸巾纸,只可以使用木材、草类、竹子等原生纤维做原料,不得使用任何回收纸、纸张印刷品、纸制品及其他回收纤维状物质做原料。"在国家《一次性使用卫生用品卫生标准》里,对于餐巾纸这样的纸巾纸,原材料卫生要求必须是——"无毒、无害、无污染。"——结论:与国家标准相悖。

第二,毒餐巾纸的查处监管环节不力。

(听觉)批发市场执法者:因为餐巾纸的价格低廉,没有什么大力度的处罚手段;从数量上和金额上还不足以构成追究违法者的刑事责任,造成了这类"三无"餐巾纸在市场上屡禁不止——结论:执法不力。

(听觉)(石家庄市工商局局长)"像抽检这个餐巾纸,我们抽检一个批次就要几百块钱,就是每年的抽检经费也比较紧张,所以说不可能大面积地抽检。"——结论:抽检成本高,难实施,导致放任自流。

第三,终端消费环节法律意识淡漠。

(视觉、听觉)餐馆负责人:不知道什么餐巾纸的卫生标准——结论:终端消费者没有法律意识。

(视觉、听觉)一条街都在使用——结论:违法成为常态。

(2)常态经济新闻采访。

常态经济新闻是指在常态生活中,按照固有生活规律预期发生的经济新闻事件。一年有四季,每个季节都会有相应的经济新闻发生,已经形成规律。如春节快到了,新闻记者应该关注年货市场、春运票价、用工荒等信息变化;夏季到来,新闻记者应关注制冷家电、旅游、时令果蔬价格等信息变化;秋季之中,新闻记者应关注农产品收获价格以及夏季商品价格变化等信息;冬季来临,新闻记者应关注供暖和天然气的供应、价格变化等信息。一年之中的节假日也很多,也会催生相应的假日经济新闻事件。

根据例文 3-20 运用博物馆看展法进行常态经济新闻采访的实训。

例文 3-20

新疆外贸"圣诞"订单降六成

晨报(记者唐成荫　钱铤摄影报道)　从 10 月中旬开始,疆内圣诞礼品出口就进入了订货旺季。不过,今年圣诞节前的礼品出口却染了风寒。

据边疆宾馆、新疆华凌市场的多数外贸商户估算,美国次贷危机引发的国际金融风暴,使得俄罗斯、中亚地区客商的购买力明显降低,进而导致今年以来我区圣诞礼品出口额同比下降了 60% 左右。

10月22日,记者在边疆宾馆专门出口圣诞礼品的二期一层看到,去年这里聚集着十几家圣诞礼品批发商铺,现在只剩下七八家。每个商铺门口都摆放着各种圣诞礼品,不过,很难见到外商的影子。

"生意是越来越难做了,今年尤其糟糕,我还有80%的货没卖出去。"边疆宾馆2137号商铺老板桂龙福说,他是从1995年开始在边疆宾馆做圣诞礼品出口生意的,今年生意最惨淡。

桂龙福说,每年10月中旬到11月上旬是圣诞货品出口的黄金期,往年一到销售黄金期,他每天要接待十几位中亚客商,至少60%的圣诞货品是在此期间售出的,出口额在200万元左右,占一年出口额的70%。

"现在一天能见到一两位外商就不错了,我还有80%的货未出手。"桂龙福不光发愁货品出口,还担心货品积压后,库房日租金成本太高,"今年库房日租金比去年增加了2/3"。

新疆华凌市场经营小商品、礼品生意的商户也向记者反映,今年以来,小商品、礼品出口量同比下降了60%左右。

不仅小的圣诞礼品出口商铺面临出口下滑的窘境,就连圣诞服装出口量最大的新疆野马经贸公司也受到出口不畅的困扰。

该公司主管商贸出口的副总经理张涛刚从霍尔果斯口岸回来。他告诉记者,往年圣诞礼品服装等产品的出口可占到公司服装鞋帽等出口商品总量的1/3。

今年10月13日开关至今,霍尔果斯哈国一方每天只有约15辆运货车进入中国。"而往年这个时候,因为是圣诞货运高峰期,哈国每天至少有40辆运货车入境,这直接使出关货运成本猛增,其他通往中亚的陆路口岸情况也差不多。"张涛说,现在口岸上积压了大量等待出关的圣诞货品。

自治区外经贸厅一位工作人员介绍说,每年圣诞节前两个月,我区服装、玩具、圣诞礼品出口占全年出口总额的1/5,出口金额在10亿美元左右,这使外贸企业大多重视圣诞节前的贸易量。

业内人士认为,今年我区圣诞礼品出口染上风寒的主要原因,与国际金融风暴波及中亚有关。

据了解,美国次贷危机引发的国际金融风暴直接影响了中亚国家及俄罗斯的购买力。据中国驻哈萨克斯坦参赞处提供的消息,今年上半年,哈国的工业增加值只有3.3%左右,对比以往两位数的增长速度,可以看出国际金融风暴对哈国经济的影响程度。

在这种情况下,俄罗斯以及中亚地区的国家纷纷采取银根紧缩等政策。银根一吃紧,从生意人到企业手头都开始紧了。

项目三 新闻记者主要新闻采访任务类型

> 桂龙福告诉记者,一位土库曼斯坦的老客户最近给他打电话时说,现在银行不给放贷,他手里的现金吃紧,进新货还要再等等。
>
> 此外,外商采购圣诞货品的欠款行为今年也多起来。据华凌市场的一位商户介绍,一位与他做了 12 年圣诞货品生意的阿塞拜疆客户,向来是一手交钱一手交货,可今年这位外商拿了 10 万元的货,只给了 8 万元的货款,理由也是银行贷款收紧。
>
> 对疆内外贸商户而言,现在最实际的是怎么把手里的圣诞礼品尽快销出去。降价是他们目前最实用的办法。
>
> 据桂龙福介绍,现在所有的圣诞礼品降价幅度都在 20% 左右,去年 1 棵 1.8 米高的圣诞树要卖 90 元左右,今年售价是 72 元;去年 1 棵光纤树要卖到 150 元,现在售价是 120 元。"今年我的圣诞愿望很简单,就是希望货不要压得太多,我就心满意足了"。

例文 3-20 这篇新闻报道写于某年圣诞前一个多月。新闻记者之所以能发现这条新闻,是循着惯常性思维逻辑思考,圣诞节要到了,从惯例上讲,往年在圣诞节前的一两个月是通过此地的二类口岸出口到中亚五国的轻工业产品最为繁忙的时间。因为中亚五国的批发商都会通过这里的二类口岸提前一两个月把圣诞节的货品批发回国,然后再分销给零售商,零售商至少要提前一个月就把圣诞节的礼品货物上架。今年的情况怎样?新闻记者来到边疆宾馆二类口岸进行走访。新闻记者在这里却发现了不寻常的情况。

① 实训步骤。

工具:每个学生准备笔记本 1 本、笔 1 支;小组准备 8 开展板 1 个、彩笔若干支、彩纸若干张、剪刀 1 把、胶水 1 瓶;1 间 50 平方米带有黑板的标准教室。

第一步:布置任务(8 分钟)。

组成 6 人为一组的基础小组。小组中的每个组员先独立认真地阅读例文 3-20,思考下列问题:新闻记者是循着一条怎样的思路发现了这条新闻的?其采访路径是怎样的?将自己的分析判断以关键词词条的形式写出来,并以书面形式记录下讨论成果。

第二步:小组讨论(10 分钟)。

每个基础小组的组员比较自己和同组其他组员的答案。小组组员相互讨论,各自说出理由,最后形成小组共同的答案。

第三步:小组制作展板(20 分钟)。

小组以词条的形式将答案用彩笔和彩纸醒目地书写出来,每张词条应具有统一的色彩和设计装饰图案。小组将词条贴在展板上,展板由每个基础小组自行设计,要求富有创意、生动形象。在规定的时间内所有的基础小组将展板贴在指定的位置。

第四步:小组展示(10 分钟)。

每个基础小组派一个组员在展区做讲解员,另一个组员做记录员。讲解员仔细讲解本组的讨论结果,回答其他的基础小组提出的问题,记录员认真进行记录。本组的其他组员可以到其他的基础小组进行观摩、提问。

第五步:小组二次交流(10分钟)

派出去的所有组员回归基础小组,把听到的、看到的通过比较分析的方式来补充本组结果的不足,修正本组的讨论结果。每个基础小组在观、说之中将最后的答案展示在展板上。

第六步:教师点评(20分钟)。

指导教师针对每个展板的讨论结果以及存在的问题,解析正确的答案并说明理由,以便学生加深印象。

② 评析内容。

惯常性新闻线索的发现是源于新闻记者运用了逆向思维的方法。今年圣诞外贸订单同比去年大降六成,这就是比较之后发现的变化。

根据新闻主题的确立必须要有三个事实做依据的原则,新闻记者要表达"新疆外贸'圣诞'订单降六成"的主题,选取了以下四个事实片段:

第一,现场观察:批发商户下降六成,中亚订货商踪影难觅。

第二,边疆宾馆2137号商铺老板桂龙福说"80%的货没卖出去"。

第三,华凌市场经营小商品、礼品生意的商户也向记者反映,出口量同比下降了60%左右。

第四,圣诞服装出口量最大的新疆野马经贸公司也受到口岸运输出口不畅的困扰。

在分析原因时,新闻记者通过以下三个方法采访分析:

第一,外贸厅官方分析,"业内人士认为,今年我区圣诞礼品出口染上风寒的主要原因,与国际金融风暴波及中亚有关。"

第二,批发商户的客户银根吃紧,证实了官方的分析。

第三,华凌市场的一位商户证实了"外商采购圣诞货品的欠款行为今年也多起来。"

最后,新闻记者进行了趋势分析:降价销售;应对策略。

3. 校内实训基地实训

学生利用院报、校报等进行经济新闻的线索发现与客观全面采访的实训。

4. 校外实训基地顶岗实习

学生利用校外新闻媒体进行经济新闻的线索发现与客观全面采访的综合实习。

六、总结点评

(1) 虽然经济新闻的专业性较强,但却并非是经济专业毕业的新闻记者才能胜任此类采访,因为社会永远离不开经济,经济永远孕育在社会生活之中。对数字和价格的敏感是新闻记者发现经济新闻线索的第一步。

(2) 不间断的学习、每日通晓大政方针,会为新闻记者采访经济新闻打下良好的基础。

(3) 经济新闻采访比起一般的新闻采访要更加深入,因为任何一个经济新闻事件都能追溯到其背后的利益链条,因此无论任何事实的表述均要拥有翔实的证据作为支撑。

(4) 经济新闻应该是专而生动、平而富于人情味。所有的新闻记者在采访中能够采访到故事性较强的事实、典型个案、现场观察才是生动的根本。

七、拓展提高

(1) 社会新闻总感觉太小,施展不开;经济新闻又总感觉太大,很难驾驭,新闻记者应该怎样理解二者的不同点?

(2) 在经济新闻中写进人情味,说的容易,做起来难,新闻记者怎样才能抓住经济新闻中的人和事?

(3) 中央召开全国经济工作会议,你认为这是时政动态要闻,还是一条纯粹的经济新闻?

(4) 常态的经济新闻要报道一些什么?节假日、数据、价格、效益对于经济新闻的意义是什么?

(5) 发现你身边的经济事件的变化:涨价、跌价、开业、倒闭,只要是能与货币、效益挂上钩的都是一本经济账。特别是要对数字、数据、价格敏感一些。根据你自己发现的经济新闻线索,写1篇700字左右的经济新闻稿件和1篇2000字以上的经济新闻深度报道。

(6) 根据下面的案例,分析这篇经济新闻的线索是按照什么样的逻辑思路发现的?其采访路径又是怎样的?

春节消费　首府市民更加理性

晨报讯:(记者　唐成荫)　一年一度的春节又将来临,商厦、出租车上均拥挤着一堆一堆购买年货之人,酒店的年夜饭和春节宴也是家家爆满。就看现在春运的日运客总量超过去年同期,即可以品尝出今年春节的节日味道。然而也有新的一组人群在传统春节消费中表现出"淡化"之意,本报就此联合新疆数流动力调查公司对首府的400位、年龄从18—50岁的市民进行春节消费的调查。

淡味春节消费异军突起

王柏林是新疆京剧团的一名退休职工,今年89岁。春节临近,当儿子、女儿问他购置什么年货时,王老伯一反常态说,"不要买那么多,天天都过年的呢,跟平常买的一样"。回想去年的这个时候,王老伯家里已经堆了4只羊,鸡、鸭、鱼、卤制品、瓜子、糖、水果一并俱全,一样都不少,冰箱里、窗户外到处均是吃喝之物,就连老两口身上穿的、家里用的也是样样俱全。

……………

与王老伯这种淡化春节消费的人不在少数,调查显示,把春节消费当作是日常节假日消费的市民占了82.3%。那种积攒平常支出集中在春节一次性消费的市民只占17.77%,虽然春节消费要大于平常节假日的支出,但在市民的理念中已经有了新的消费苗头。

同时有17.85%的市民认为年味较淡,这部分人的年龄层次在27—50岁,相对低龄化,生活节奏较快,由于新疆地处少数民族地区,就汉族本身来讲也是一个杂居之地,不像内地许多地方,自身的新春传统文化范围较浓,春节气氛也较浓厚,所以通过调查,有30%的人对春节没有什么特殊的感觉,或者是对过春节不感兴趣,只是把春节当作比平常的节假日更大的一个节日罢了。

高科技、文化消费成为低龄市民消费的流行时尚

王宝林在新疆一家著名的保险公司工作,月薪达到6000元左右,春节之际他想把父母从阿勒泰那边接到首府来过年。王宝林春节购物跟大多数人有所不同,除了必要的年货以外,他最想购买的是一款价值4000元左右的手机和一台健身器。他告知记者,吃喝的年货够用就行了,这些高科技的产品最起码给自己添了两个大件。他的许多收入和他相等甚至比他高的同事,春节购买的年货均已不是传统的吃喝之物,大件高科技用品的消费不在少数。这种消费的数额占了他们整个消费的2/3左右。

此次调查数据显示,有60.1%的人在春节消费购物中选择了购买大宗商品,这其中的高科技数码产品占了绝对优势。因为这部分产品是易耗品,产品更新速度很快,更带有时尚的科技元素,因此,市民家中,尤其是年轻一族,更换此类产品的速度较快。……与此同时也有32.3%的人在春节消费支出上选择了文化休闲旅游。一位在私企工作的销售人员告知记者,平常工作太忙了,几乎没有周末。这个春节他只有一个要求就是彻底放松休息,什么都不想,或者在疆内找一个人群稀少的地方旅游住几天,或者干脆就在家睡觉,他不希望别人打扰自己,自己也不准备过多地拜访别人。因此他的春节消费主要是旅游费用。

在被访市民中,春节文化用品消费在500～5000元的人占26%左右,其中选择看电视的有56.9%,选择看电影的有19.7%,选择去游乐场、公园的有30.6%,去博物馆的人只有5.1%。看来这个春节选择文化休闲、图书馆等场所又有许多人前去光顾。

传统春节消费依然占主流

董女士在一家私企做会计,今年27岁,由于工作3年不到,自己的收入在1500元左右,她告知记者,她刚成家,但现在她还没有属于自己的房子,因此,要每月节省开支,尽快在首府买一套自己的房子。她的父母在南疆,春节期间她主要是探望父母,因此主要消费是给父母买了过年的新衣服,给自己的兄弟、姐妹、亲戚压岁钱,另外还有一部分费用要花在交通费用上。

她告知记者,其实她最大的喜好就是去旅游,最终的目的地要到国外去一趟。可是现在自己在经济上的积累还差得比较远,因此她认为自己在6年之内才有可能改变这种传统的春节消费方式。但同时她也告知记者,春节是中国人最重要的节日,不管到什么时候,拜亲、给压岁钱等传统消费方式仍然是她的主要消费方式。

此次调查显示,年货购买和礼品购买依然是被访市民拔得春节消费支出头筹的最大两项,各占113.6%,压岁钱、孝敬长辈及餐饮服装消费依然占到被访人群的50%左右,这说明传统的春节消费优势依在。

....

有关专家认为,首府市民现在传统消费依然占优势的基础上,一些非传统性的新型消费方式已初现端倪。这不仅表明,今年春节同比去年居民的收入及消费支出均有相当幅度的增长,而且显示出,居民收入是居民消费方式改变的决定性因素。随着新疆经济的高速发展,在未来几年内,居民的春节消费方式还会有更大的变化。

(7)每位同学通过多种渠道认真搜寻近一段时间的经济事件信息,选取其中的一个事件进行本地化经济新闻采写,要求不得少于700字,配有现场采访图片3张,制作成PPT,全班展示,教师现场评分。

任务四　娱乐新闻采访

"全民娱乐"是现代社会生活中一个非常流行的词语。受众会发现,在自己的日常生活中、餐桌上、茶余饭后,一个个搞笑的娱乐节目、视频、微博,甚至一些八卦新闻都在亲朋好友圈中广为流传。改革开放以来,娱乐新闻以迅猛的速度充斥着受众的视野。据不完全数据统计,在现代国内外传媒业中,娱乐新闻几乎占据整体新闻报道的半壁江山。随着现代中国社会中的人群压力不断增大,人们对娱乐新闻的需求也呈现出复杂性和深层次性。在当今传媒业,传播具有高尚情操的娱乐报道,传递正能量仍然是目前娱乐传媒的主流。

教学目标

通过对娱乐新闻采访的学习与实训,使学生具有采访娱乐新闻的综合能力。

案例导读

国际足联主席布拉特突然辞职　新主席产生或需数月[①]

据美国媒体报道,在国际足联贪腐丑闻不断延烧之际,布拉特6月2日突然辞去国际足

---

① http://sn.people.com.cn/n/2015/0603/c190216-25107027.html,有改动。

联主席一职。体育评论员们丝毫没有想到布拉特会提出辞职。据说,事件的突然逆转令他们大吃一惊。

就在四天之前,现年79岁的布拉特第五次当选国际足联主席。他2日要求国际足联代表大会召开特别会议,选举新主席。同时他表示将留任到新主席产生为止。

选举国际足联的新主席显然还需要数月时间。熟悉该国际机构选举流程的评论人士预计,投票将在今年12月到明年3月间进行。

布拉特是在瑞士苏黎世的一个记者会上宣布了他的辞职决定的。虽然一些负面报道称国际足联的一些高官涉嫌腐败和受贿,令这个国际机构备受打击,但布拉特宣称他自己是清白的,他还誓言,将清除国际足联中参与非法活动的所有人。

5月30日,布拉特在苏黎世还对记者说,他本人对于美国联邦机构本周稍早宣布的调查并不感到担忧,还称他本人并不在美国起诉书的国际足联高级官员之列。同时他坚称,国际足联不会因此改变2018年和2022年世界杯足球赛以俄罗斯和卡塔尔作为主办国的决定。

上个星期,在国际足联高官齐聚瑞士的时候,美国联邦调查局和瑞士警方开展了一系列的突查。一些国际足联高官被控收受数百万美元的贿赂,操控包括世界杯在内的国际足球锦标赛主办权。在美国以腐败罪名起诉14名足联官员并且在苏黎世逮捕了其中7人的情况下,布拉特仍在第65界国际足联年会的首轮投票中赢得了133票,之后他的竞选对手、约旦王子阿里·本·侯赛因获得了73票退出竞选。布拉特顺利第五次当选连任国际足联主席。

瑞士目前正在对俄罗斯申办2018年、卡塔尔申办2022年世界杯的过程进行调查。俄罗斯和卡塔尔都否认在申请主办权上有任何违规。

以上这条新闻属于娱乐新闻里的哪一类?其新闻线索的发现属于哪一种新闻模式?这条新闻对受众的吸引力表现在哪些方面?

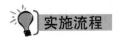

(1)认知娱乐新闻的采访要点。
(2)客观、公正、准确地采访娱乐新闻。

实施流程

一、术语解释

所谓娱乐新闻,是指侧重于报道对社会产生重大影响的文化体育娱乐事件、文化体育娱乐人物以及人们生活中富有知识情趣的娱乐文化体育科教类新闻。

娱乐新闻的内容比较广泛,包括:娱乐作品的出版、上演、展出、评论和研究方面的信息;娱乐人物的创作、生活和娱乐界的各种活动信息;群众文化艺术活动的信息;中外文化艺术交流方面的信息;文艺方针、文艺政策和文艺文化改革方面的信息以及体育赛事活动的信息。

娱乐新闻具有以下两个方面的特点。

1. 思想性与娱乐性的统一

娱乐新闻从本质上说是陶冶人的情操的,它拒绝抽象说教,必须让受众喜闻乐见、怡情悦性,通过美的形式感染受众。因此,娱乐新闻的采访比起其他类型的新闻来讲更加注重生动性与娱乐性,文笔轻松活泼;在内容上要尊重新闻真实性的基本原则,为受众提供有意义、有价值、积极向上的娱乐内容。

2. 专业性与群众性相结合

娱乐新闻涵盖的内容极其丰富,专业性强,档次不一,既有阳春白雪,也有下里巴人。因此,新闻记者在采访娱乐新闻时要兼顾雅和俗两个方面,而且要尽可能将高雅题材写得让受众饶有兴致,将俗的题材提升出其高雅品位。

二、工作要点提示

(1) 具备一个娱乐新闻记者的基本职业操守。
(2) 娱乐新闻记者要熟悉娱乐新闻的各个领域。
(3) 在采访时,娱乐新闻记者一定要亲身近距离地观察、接触、正式采访、两次补充采访。
(4) 娱乐新闻记者要核实事件的真伪,言之有据。

三、方法技巧

1. 体现特点,明确职责

娱乐新闻的特点是什么?娱乐新闻记者的职责有哪些?娱乐报道首先应该体现其文艺性,如果缺乏这种文艺精神,娱乐新闻的低俗一面就会显现出来。

文艺性的特点与娱乐新闻记者的职责有着某种必然联系。即娱乐新闻记者是帮助受众理解艺术、热爱艺术,提高艺术、娱乐鉴赏水平,最终使本民族的精神文化内涵更加丰富。娱乐新闻既要体现对受众的情操陶冶,又要寓教于乐,因为受众喜闻乐见娱乐新闻,是出于对艺术享受和精神追求的需要。

例文 3-21

南京市京剧团国外演出受热捧

南报网讯(记者 罗薇薇) 应德国柏林中国文化中心和智利"圣地亚哥—千国际艺术节"组委会的邀请,南京市京剧团 25 位演员目前正在德国柏林和智利圣地亚哥演出。

据了解,1月4日,南京市京剧团的优秀中青年演员一行25人来到柏林中国文化中心,参加德国当地举办的"中国文化年"。4日晚,市京剧团演员们为德国观众奉献了一个半小时的演出,受到热烈欢迎。

南京市文广新局副局长徐开利告诉记者,柏林中国文化中心是一个传播中国文化的组织,早在市京剧团前往演出的前一个月,该中心便公布了演出信息,看演出需提前预约。因为演出中心只有约300个座位,不少观众没能预约成功,演出当天就在剧场外排队等候。开场后,主办方照顾在外等候观众的感受,安排他们进场观看。"演出现场座无虚席,无票的观众只好坐在演出前台,还有二三十名观众站着观看了整场演出,其中还有一些年纪较大的观众,演员们非常感动。"徐开利说。

当晚的演出包括京剧程式表演《龙飞凤舞》、京剧折子戏《贵妃醉酒》《天女散花》以及浓缩版武戏《穆桂英大战洪州》。表演《贵妃醉酒》的青年演员王璨以优美的唱腔和身段,将贵妃的雍容华贵及妩媚醉态表现得淋漓尽致。市京剧团台柱子、著名武旦、国家一级演员范乐新唱念做打俱佳,将新编历史大戏《穆桂英大战洪州》中穆桂英的豪气与柔情活灵活现地呈现在观众面前。

"现场85%以上是德国观众,几乎不懂中文,通过大屏幕上的字幕,他们基本都能看懂。……最后谢幕更是长达20分钟。演出结束后,观众涌上舞台向演员们祝贺,并争先与演员们合影留念,场面相当火爆。"徐开利说。

在柏林的演出结束后,市京剧团一行6日又飞往智利参加"圣地亚哥一千国际艺术节"。这是智利本地的大众艺术节,市京剧团在当地的演出要持续至23日。

据南京市京剧团团长蔡继伟介绍,从柏林飞往圣地亚哥,演员们没倒时差,就在圣地亚哥市大剧院连演了两场《穆桂英大战洪州》,演出堪称完美,在当地形成了观赏热潮。一位智利女艺术家看完演出后非常激动,她在演出后台对蔡继伟表示:"你们的演出完全是发自内心的,充分体现了中国的文化内涵,京剧是人类艺术的精华。"

接下来,他们在圣地亚哥的卫星城兰卡瓜市的万人露天剧院(也是一个斗牛场)的演出更是让演员们振奋不已,"现场座无虚席,演出时观众的阵阵掌声犹如观看南美洲足球比赛现场那般狂热,我们感到无比的自豪。"市京剧团演员耿飞在微博中写道。

…………

【例文评析】

京剧作为中华民族文化艺术的国粹,在娱乐新闻报道中具有丰富的文化历史内涵。虽然这仅仅是一场文艺演出,但是娱乐新闻记者通过对在德国演出的现场描写,形象地反映出尽管有语言的障碍,但是德国人民是如此地热爱艺术。另一处描写了京剧团到圣地亚哥演出的盛况,在露天剧场演出受到赞赏的生动现场。同时,这篇新闻报道也体现出娱乐新闻寓教于乐的特点,对于中国京剧的喜爱是出于这些受众对艺术享受和精神追求的需要,所以最后才会有"京剧是人类艺术的精华"的深刻评价。

2. 亲临现场，认真观察

若不亲临现场，新闻记者就不可能写出有声有色的娱乐新闻。剧场、影院、舞台以及各类艺术展厅都应是娱乐新闻记者经常光顾的地方。在这些地方，娱乐新闻记者只有投入自己的人力、智力细心观察，才能写出具有现场感的娱乐新闻，字里行间才能流露出真情实感，从而使受众受到感染并产生共鸣。

例文 3-22

曹文轩获颁 2016 年国际安徒生奖文学奖[①]

新华社新西兰奥克兰 8 月 20 日专电（记者 田野 宿亮） 中国著名儿童文学作家曹文轩 20 日在新西兰奥克兰市获颁 2016 年国际安徒生奖文学奖。

国际儿童读物联盟当天在奥克兰市中心皇后码头一座会议中心举行国际安徒生奖颁奖仪式。曹文轩从评委会主席帕齐·亚当娜手中接过文学奖金质奖牌和奖状，成为首次获得这一殊荣的中国作家。

曹文轩在发表获奖感言时做了题为《文学：另一种造屋》的主旨演讲。与前一天在奥克兰大学孔子学院演讲时的教授风格不同，他身穿中式上衣、胸前挂一条大红围巾，回归文学家和美学家，以极其优美的语言，阐释了在文学中获得自由，并以这份自由为责任，传承影响下一代的主题。演讲结束，台下观众悉数起身，报以长时间热烈掌声。

曹文轩在颁奖结束后对媒体说，中国的儿童文学和中国文学一样，已经达到世界水准，这毫无疑问。"曾经，我们在文学上有一种卑微的心态，我一直说，我们要感谢一个人，莫言得奖告诉我们，中国最好的文学就是世界水准的文学"。

国际儿童读物联盟主席邓肯在接受记者采访时说，安徒生奖是一个世界性奖项，评委来自世界各地，获奖是对作家的一种肯定。对于中国文学界来说，这是一个好消息；对于世界来说，看到更多中国优秀作家的出现也是一个喜讯，也是对中国文学整体水平的肯定。

……

例文 3-23

读者恋恋不舍 曹文轩"延时"签售[②]

（晚报讯：首席记者 贾容） 曹文轩在鹿城的知名度有多大？7 月 28 日上午的

[①] http://news.xinhuanet.com/newmedia/2016-08/21/c_135620015.htm.
[②] 贾荣.读者恋恋不舍 曹文轩"延时"签售[N].包头晚报，2016.

新华书店说明了一切,原本一个小时的见面会,最后又延长了半个小时。

在展览中心书博会现场,听说曹文轩在新华书店有见面会,上初一年级的小欣当即赶了赶去,虽然去得晚了些,还是如愿拿到了曹文轩亲笔签名的书。上午10点整,曹文轩如约来到位于一购物广场4楼的新华书店,顿时点燃了现场的气氛。原本大家盼望着让曹文轩讲几句,但现场排队等着签售的读者太过热情,刚一落座,大家就拥了过去,一沓沓新书已摆在面前,签售会匆忙开始,眼看时间已过11点,见面会还迟迟无法结束,长长的队伍仍在新华书店的书柜间绕来绕去,"再延长半个小时!"曹文轩满足了所有来现场见面读者签名的希望,不时还要和小读者们简单互动一下。

记者注意到,当天签售的书籍主要是曹文轩关于儿童文学方面的著作。现场也有一些大读者,希望买到他的学术著作,一位中年读者着急地找新华书店工作人员咨询,想找一本曹文轩的《第二世界——对文学艺术的哲学解释》,当年上学时这本书对他影响巨大,曾反复研习。

【例文评析】

作为中国首位获颁国际安徒生奖文学奖的作家,曹文轩在颁奖现场的点点滴滴可谓引人注目。因此,例文3-22的新闻记者把报道新闻的重点放在现场报道方面,这样才能使得离新西兰远隔万里的中国读者对颁奖现场能有身临其境之感。这篇新闻报道首先描写了曹文轩怎样从评委会主席帕齐·亚当娜手中接过文学奖金质奖牌和奖状的现场,其次描写了曹文轩作主旨演讲的现场,最后描写了曹文轩在颁奖结束后对中国文学发展前景的评论现场。

例文3-23是曹文轩获奖后的跟踪报道。这次新闻记者的报道主题是曹文轩在包头的一个读者见面会。新闻记者先是选择了一个典型个案——初一年级的小欣紧赶慢赶让曹文轩给他签名的欣喜现场,其次把4楼新华书店签名现场人群拥堵、曹文轩从10:00一直签名到11:00最后又延长半个小时的现场描写得活灵活现,而且还描写了小读者和成年大读者希望得到签名的期盼。字里行间都流露出新闻记者的真实情感,这种情感也感染了受众。

3. 实事求是,准确报道

娱乐新闻记者很多时候被称为"狗仔队"。因为一位娱乐新闻人物、一部娱乐新闻作品,尤其是一个娱乐新闻事件,是最容易引起受众的关注的。越是当真相扑朔迷离、真假消息满天飞的时候,娱乐新闻记者就越有责任将该事件的真实面目还原给受众。娱乐新闻记者始终需要坚持的职业报道底线就是"准确"二字,应当把主要的注意力放在报道国内外文化艺术体育产业的发展变化大格局上来,而不仅仅是只关注某些明星的隐私。如果需要报道娱乐新闻人物,由于牵扯到其隐私、名誉等法律问题,娱乐新闻记者也必须严守职业操守,秉持公正的原则报道,不能为了寻找炒作的噱头,故意夸大事实,引导全民娱乐。

娱乐新闻报道追求准确并不是一件容易的事。第一,娱乐新闻记者应该是对艺术的爱好者和鉴赏者,不能对所报道的艺术形式一无所知。第二,娱乐新闻记者应该熟悉艺术领域的发展现状,包括各类艺术流派、风格,对艺术的发展趋势有一定的了解。娱乐新闻记者自己不熟悉、不了解的,要加强学习,多请教行业专家。第三,在报道明星的逸闻琐事的时候,要注意有真凭实据的支撑;要向当事人核实消息的真伪;客观地呈现双方或者多方发生矛盾的观点,让受众自己去下结论。第四,面对现代新媒体的迅速崛起,受众娱乐消费方式的改变,娱乐新闻记者要不间断地关注受众的娱乐新消费模式和新消费业态的发展。

例文 3-24

"韩红爱心百人援甘"今启程　众多艺人奔赴第一线[①]

搜狐娱乐讯　韩红爱心慈善基金会的百人援甘之行在 24 日正式出发,爱心团队全体成员在北京西站集合,一起踏上此次公益之行。

24 日下午两点左右,"韩红爱心百人援甘"公益团队已经抵达北京西站集合,简单的合影后,踏上前往甘肃的列车,开启本次援甘公益之行。"韩红爱心百人援助"系列公益活动由韩红爱心慈善基金会发起,致力于改善我国偏远贫困地区的医疗卫生事业的发展。今年是百人援助系列公益行动的第六年,韩红及其爱心团队成员将抵达甘肃,进行长达 15 天的援助之行。

本次援甘之行,不仅吸引了李玟、范冰冰、赵薇、周迅、李易峰、TFBOYS 等数十位明星的发声应援,毛阿敏、郭晓冬、刘翔、殷桃、邹市明冉莹颖夫妇、黄嘉千夏天母女、金池等众多艺人更将和大部队一起抵达甘肃,到义诊第一线支持公益行动。在出发之前,韩红特地为此次"百人援甘"志愿者及公益伙伴献墨一幅,以表感激之情,并在微博中对本次公益之行的所有支持者参与者逐一表示感谢,"公益行动离不开大家的支持,一个人的力量有限,当众人都燃起星星之火,爱才可以燎原"。愿此次百人援甘一切顺利!

【例文评析】

例文 3-24 是报道有关明星做慈善的新闻事件。明星做慈善在现在来讲也不算什么新鲜事,除非这个善举活动所筹集的善款数额巨大或者是该慈善活动涉及的方式、地域、效用有特别之处。例文 3-24 所报道的慈善事件的新闻价值在于,这个慈善活动由韩红爱心慈善基金会发起,有百位明星亲身参与(人数众多),一直坚持了 6 年(时间长,具有连续性),并且此次的援助地是我国的贫困地区之一甘肃。

[①] http://yule.sohu.com/20160624/n456100032.shtml.

例文 3-24 的真实性首先在于该慈善活动的现场描写——"'韩红爱心百人援甘'公益团队已经抵达北京西站集合,简单的合影后,踏上前往甘肃的列车";其次报道了此次慈善活动的基本内容"韩红及其爱心团队成员将抵达甘肃,进行长达 15 天的援助之行""致力于改善我国偏远贫困地区的医疗卫生事业的发展"。最后报道了此次慈善活动"百人"团队的参与者有受众耳熟能详的明星——"李玟、范冰冰、赵薇、周迅、李易峰、TFBOYS 等数十位明星的发声应援",还有"毛阿敏、郭晓冬、刘翔、殷桃、邹市明冉莹颖夫妇、黄嘉千夏天母女、金池等众多艺人更将和大部队一起抵达甘肃"。

4. 娱乐新闻容易写得一般化,但也可以写得有深度、精彩

娱乐新闻容易写得一般化,导致这种结果的根本原因在于采访的深度。在采访中,娱乐新闻记者不仅要紧扣现场表演本身,而且还要开阔视野,尽可能地采访到舞台、银幕、画面上没有的却又是受众感兴趣的材料。如创作动机、成长背景、历程、艺术构思、创作过程等背景材料,这些材料往往寄托了作者(表演者)鲜为人知的思想、情感,揭示了娱乐新闻背后的新闻。

例文 3-25

冯小刚:很多糊涂蛋拍糊涂片给糊涂的观众看①

搜狐娱乐讯(马嫚丽/文 玄反影/图 李楠视频) "不知道为什么,一些很无聊的电影在市场上竟然都表现不错。电影是很感性的,不要精于计算。"3 月 19 日,冯小刚在御用剪辑师肖洋执导新片《少年班》发布会上,这样感叹。

…………

昨天,华谊投资的新片《少年班》在京宣传,影片由孙红雷、周冬雨、董子健、王栎鑫、夏天等联袂主演,讲述了大学"少年班"中天才少年的故事。由于这是冯小刚御用剪辑师肖洋的执导新片,现场除了监制陈国富,冯小刚也过来助阵,此外,韩寒也通过现场连线支持"神交已久"的好友肖洋。

《少年班》属于青春电影,谈到近年来青春片的流行,冯小刚坦言自己最喜欢的是《阳光灿烂的日子》《颐和园》和《致青春》,他认为好的青春片要有情怀和真实情感。

"电影可以分两类,一类是有话要说,一类是没话找话。我拍了这么多年已经是没话找话了,我很羡慕像肖洋这类有话要说的年轻导演。"冯小刚赞美道。

…………

---

① http://yule.sohu.com/20150320/n410048690.shtml.

影片定于6月19日公映,正好还有3个月,谈起商业预期,监制陈国富感叹,"中国电影的成功与否的元素是很多,也很复杂,这方面我其实也把不住。我觉得情况越是混乱,越要坚持一个原则,这个原则就是认真拍电影,认真说故事,我觉得只有在这种情况下才能找到自己的方向。电影还是需要真实情感的。"

年前冯小刚因为抨击《奔跑吧,兄弟》综艺大电影而成为焦点。昨日发布会上,冯小刚虽然言辞低调,对当下电影市场也有话要说。

"过去我觉得我很了解电影,现在完全不了解。不知道为什么,一些很无聊的电影在市场上竟然都表现不错。"冯小刚首先感叹,"如果电影开拍前就涉及市场,比如用哪个明星对票房有帮助,那么这部电影不会好。反而用很诚恳的态度,拍自己喜欢的电影,才具备把电影拍好的前提"。

"电影是很感性的,不要精于计算。"冯小刚总结道。最后他拿《少年班》和其他电影做比较,"我很喜欢《少年班》,这远胜于那些不知所云、费很大劲花很多钱拍出来的电影,正因为《少年班》这类的电影不多,或许会有好的出头机会,如果大家都认真去做电影,机会就少了,好在现在还有很多糊涂蛋拍糊涂的电影给糊涂的观众看。"

【例文评析】

给自己拍的新片做宣传、造营销声势,这在娱乐界是太平常不过的事情。但在冯小刚给别人的新片《少年班》做宣传时,新闻记者却抓住了一个有关冯小刚对现在的电影市场的看法"很多糊涂蛋拍糊涂的电影给糊涂的观众看"作为主题。这个角度很新,它已经脱离了老一套为新片做宣传的报道模式,而是将冯小刚这位知名导演对当前中国电影现状的看法表达出来"过去我觉得我很了解电影,现在完全不了解。不知道为什么,一些很无聊的电影在市场上竟然都表现不错。"新闻记者开阔视野,尽可能地采访到舞台、银幕、画面上没有却又是受众感兴趣的材料。因此才得到了冯小刚的精彩观点"电影是很感性的,不要精于计算""有很多糊涂蛋拍糊涂的电影给糊涂的观众看"。这些观点客观地展现了冯小刚鲜为人知的对现代电影市场的思想、情感,揭示了新片出炉这条娱乐新闻背后的新闻,让受众自己看了之后去对现代的电影市场进行思考。

5. 体育新闻的采访技巧

体育新闻主要是对体育赛事、体育明星以及体育政策、体育大事件的一种报道。体育新闻具有竞争性、群众性、时间性和国际性等特点。体育新闻报道吸引了众多的受众,因此,体育在现代既是一种竞技,又是一种娱乐。

体育新闻采访的总体要求如下。

(1) 以快制快,分秒必争。

这是体育新闻采访的首要要求。体育比赛本身就是一项时间性、竞争性较强的活动,好多项目本身就是速度的竞赛,采访与报道的机遇稍纵即逝。因此,作为体育新闻记者,必须要有较强的时间观念和快速工作的竞争意识,在赛前要进行充分的采访准备和先期采访。一旦进入赛场,体育新闻记者必须全身心投入现场观察、聚焦焦点人物,以快制快,争分夺秒采访新闻,实时采访专家评论。否则待赛事一旦结束,赛场一乱,会立刻失去采访的机遇。

(2) 熟悉情况,深刻准确。

大多数体育报道媒体都会预先为一场重大体育赛事预测比赛结果,准备好一些预备采访的草稿。若待赛事的结果与本媒体预测的一致,马上就可以在第一时间推出报道,以期收到很好的采访效果。但是,这个前提是在体育新闻记者对运动员、教练员、运动项目、赛场情况非常熟悉的情况下。如果体育新闻记者对上述情况不熟悉,那么赛事成绩的预测也只能带有较大的盲目性,采访只能被动应付。

(3) 强化观察,待机提问。

教练员和运动员出于保密和专注训练的想法,一般会在赛前谢绝采访。所以,体育新闻记者一旦进入训练场或赛场,就要尽可能地抢占最佳观察点,全面细致地进行现场观察。另外,体育新闻记者还要善于抓住运动员、教练员休息或空闲的时机进行采访,提问要简单明了,并适时反馈采访结果、评论。

(4) 掌握分寸,切记偏激。

体育报道的格调与措辞要有一定的分寸,这与采访时的客观公正直接对接。特别是采访成绩排序时,体育新闻记者要客观,给自己今后的报道采访留有余地,胜利时看到问题,失败时要总结教训。否则,就有可能在以后的报道采访中变得被动。

(5) 控制情感,迅速发稿。

在赛场上,观众观看比赛可以热血沸腾、情绪化,但体育新闻记者要绝对保持冷静。体育新闻记者不能因为受到比赛气氛的感染而忽视了自己最主要的任务是把赛事完整地呈现给受众,因此在采访中必须牢牢把控情绪,全神贯注进行观察,采访才能获得预期的结果。

例文 3-26

中国女排勇夺里约奥运会冠军[①]

湖北日报讯 本报里约21日电(记者胡革辉、戴文辉) 继1984年洛杉矶奥运会、2004年雅典奥运会后,中国女排第三次站在了奥运之巅。

[①] 胡革辉,戴文辉.中国女排勇夺里约奥运会冠军[N].湖北日报,2016,有改动.

本届奥运会,中国女排开局不利,在小组赛中 2 胜 3 负。此后,顽强逆转局势,一路斩关。昨晚,在巴西里约的马拉卡纳体育馆,随着队长惠若琪的探头球命中,中国女排在决赛中以 3∶1 逆转战胜塞尔维亚队,成功夺冠!郎平在以运动员身份摘得洛杉矶奥运会金牌 32 年后,终于作为主教练首尝奥运冠军滋味。

例文 3-27

中国女排创造里约奇迹,时隔 12 年再次夺得奥运会冠军[①]

…………

女排决赛现场,马拉卡纳体育馆已成五星红旗的海洋,这里是中国女排的主场。比赛回放第一局,朱婷扣球为中国队首开纪录。塞尔维亚队率先发力,一举以 9∶5 拉开比分。中国队主教练郎平果断请求暂停。中国队逐渐稳住阵脚,袁心玥快攻和拦网连续得分,帮助中国队将比分追成 10∶12……但塞尔维亚队之后再次将比分拉开……最终,中国队以 19∶25 输掉首局。第二局,中国队提高了发球质量,利用对手的失误连续得分,以 6∶3 占得先机。……随着塞尔维亚扣球触网,中国队成功以 25∶17 扳回一局。第三局,中国队在开局 2∶4 落后的情况下迎头赶上,随着丁霞探头球得分,中国队追成 5 平。……中国队一度形势大好,以 20∶12 领先 8 分,但场上风云突变,塞尔维亚队连得 5 分将比分追成 17∶20。关键时刻,徐云丽短平快打中,为中国队打破得分荒,但对方依旧气势凶猛,一度追到 21∶22 只差 1 分。决胜时刻,朱婷扣球打手出界,中国队 24∶22 获得局点,之后朱婷发球直接得分,帮助中国队以 25∶22 艰难地拿下第三局。第四局,双方开局便陷入僵持,比分交替上升,多次出现平分。在 13 平之后,中国队连得 3 分,随着朱婷扣球打手出界,中国队以 16∶13 领先 3 分。塞尔维亚队顽强追赶,韦利科维奇扣球得分之后将比分追到 18∶19 只差 1 分,中国队选择暂停调整。暂停之后,对方将比分追成 20 平,之后连续平分,23∶23,比赛陷入白热化。关键时刻,塞尔维亚队发球出界,中国队 24∶23 获得赛点。最后时刻,惠若琪扣球得分,中国队 25∶23 拿下第四局,总比分 3∶1 获得胜利。

…………

[①] http://mt.sohu.com/20160822/n465406707.shtml,有改动.

【例文评析】

体育新闻记者首先就是要以快制快、分秒必争,这是由体育新闻的性质所决定的。体育比赛本身就是一项时间性、竞争性较强的竞技运动,所以采访与报道的机遇也是稍纵即逝。其次,体育新闻记者要熟悉情况。例文 3-26 和例文 3-27 都报道了中国女排获得里约奥运会排球比赛冠军的事件。但是,这两篇新闻报道的侧重点有所不同。

例文 3-26《湖北日报》里约奥运会现场记者由于预先准备充分,为了抢时间,所以赛事一结束,立刻就报道了赛事结果——中国女排荣获里约奥运会女排比赛冠军,以此为主题,篇幅简短,国内三大门户网站等多家媒体纷纷转载。

例文 3-27 则是在这之后,运用比较翔实的文字叙述了中国队与塞尔维亚队进行 4 局鏖战对决的激烈现场。这是因受众对精彩赛事的深度信息需求而提供的报道。新闻记者按照每一局双方比分增长的逻辑思路安排报道,描写了比赛现场的交锋、焦灼、鏖战、逆转、结局等步骤,详细地描写了全过程,使受众有身临其境之感。

四、注意事项

(1)娱乐新闻的采访在活泼幽默的笔触中要注意对明星隐私权的尊重,要把握娱乐新闻采访的尺度。

(2)作为娱乐新闻记者,在采访中要遵守新闻的真实性原则,不能捕风捉影,只热衷于新闻的娱乐性,却忽视了娱乐新闻的使命,要坚守核实验证的原则。

(3)娱乐新闻在采访时应以政治素养和艺术修养为根基。

五、实训操作

1. 搜寻娱乐新闻的线索

(1)娱乐新闻记者要每日关注公开媒体报道的有关娱乐界新的国家政策、重大娱乐事件等,将本媒体能够本地化的新闻线索记下来。

(2)娱乐新闻记者要关注公开媒体对娱乐新闻人物的报道信息,对可能进行的跟踪采访,做好准备。

(3)娱乐新闻记者要留意自己无意中听到的相关娱乐新闻线索,并去粗取精。

(4)娱乐新闻记者要跟踪与自己关系较好的娱乐明星的新动向,每周至少打电话 3 次,以捕捉新闻线索。

(5)娱乐新闻记者要留意各路粉丝团的动向,搜寻新闻线索。

(6)娱乐新闻记者要关注微平台(如微信、微博、社交网站等),以获取新闻线索。

(7) 娱乐新闻记者要关注媒体的新闻热线,从中筛选新闻线索。

2. 娱乐新闻采访训练步骤

(1) 收集当天或近日发生变动的娱乐新闻信息。

娱乐明星的一举一动、歌唱演艺、体育赛事、文艺娱乐新作等均是娱乐新闻线索搜寻的主要范围,是格外受人关注、大众茶余饭后喜欢谈论的话题。

(2) 跟踪热点娱乐事件当事人,持续采访报道。

娱乐新闻记者常常跟踪采访娱乐明星,也因此有可能与明星本人发生一些冲突。娱乐新闻记者既能获得娱乐新闻,又能与娱乐明星保持良好关系最有效的办法就是与其交朋友,多从娱乐明星的角度考虑问题。

(3) 拟好采访提纲,提问要刚柔并济。

在采访前,娱乐新闻记者对娱乐新闻人物的背景要通过多种途径了解清楚,然后事先拟好采访提纲,提问的语气要婉转有分寸,不可咄咄逼人或者带有质问的语气。

(4) 采访要秉持客观公正,针对一个事实的成立至少确保有3种以上验证性材料。

娱乐新闻,由于传播者众多,容易产生传播误区。因此,娱乐新闻记者在得到新闻线索后,一定要有3个角度以上的事实来验证该新闻事件的真实性,这样也可以有效地避免职业风险。

(5) 避免捕风捉影、故意泄漏、炒作隐私的行为。

娱乐明星的私生活总会受到关注。如果一位娱乐新闻记者本身情操高尚,针对那些没有事实根据的捕风捉影的传闻,在没有落实的情况下,不能轻易地在公开的媒体上刊播。

(6) 采访提问宜简短。

娱乐明星的工作比较忙,因此,当一位娱乐新闻记者抓住一个提问的机会时,问题一定要简短、风趣幽默、富有生活气息,语言表达要字正腔圆、声音洪亮。

根据例文3-28运用旋转木马法进行娱乐新闻采访的实训。

例文 3-28

2016广州艺术节外国剧目创历届之最　汤公莎翁"齐会"羊城[①]

中新社广州7月20日电(王华　丁滢)　2016广州艺术节门票20日开售,采取低价惠民政策,最低票价仅50元人民币。据悉,本届艺术节外国剧目为历届之最。

广州艺术节于2011年创办,至今已举办5届,参演规模、进剧场人数、演出影响力逐年提升,成为华南地区最大的城市艺术节。本届艺术节将于8月31日正式开幕,持续至12月初。

---

① http://money.163.com/16/0720/20/BSEPJLQR00254TI5.html.

今年是中西方戏剧巨人汤显祖、莎士比亚逝世400周年。本届艺术节以"汤公莎翁会羊城,海上丝路连五洲"为主题,包括莎士比亚、汤显祖剧目展演,海丝文化剧目展演,国内优秀剧目展演等三个板块,共引进海内外优秀剧目49台,为市民献上96场精彩演出,展演规模再创新高。

本届艺术节外国剧目也为历届之最,吸引了11个国家和地区的优秀剧目共17台。除了常规演出以外,主办方还安排了《蝶》《西贡小姐》《悲惨世界》等世界著名音乐剧的欣赏会。阿根廷、瑞士、匈牙利、法国、俄罗斯等国家及地区艺术家也将献上精彩演出。

为纪念汤显祖、莎士比亚逝世400周年,本届艺术节安排了9部汤显祖、莎士比亚经典剧目。以莎士比亚经典话剧《威尼斯商人》担任艺术节开幕式演出,该剧目由英国莎士比亚环球剧场制作,将原汁原味的莎剧经典带到羊城。

汤显祖经典剧作的演出则以不同的剧目类型致敬这位东方戏剧大师。其中包括上海昆剧团演出汤显祖经典剧作《临川四梦》等。

据了解,本届艺术节期间,中国国内优秀剧目展演涵盖戏、舞、乐等艺术形式,包括话剧、舞剧、音乐剧、木偶剧、杂技剧、音乐会等共22台。

此外,艺术节期间还将举行2016中国广州国际演艺交易会,届时,将有400多家海内外演艺机构参加。

据悉,此次演交会不设传统的展位,成为全球首个无展位文化展会。拟实现三个转型:以论坛替代传统展位展示;展会内容以文化创意融资替代成品剧目交易,建立中国最大演艺剧目孵化基地;展会形式以互联网交易替代传统单一直面交易,举办视频推介选拔会。

(1)实训步骤。

工具:每个学生准备笔记本1本、笔1支;小组准备8开展板1个、彩笔若干支、剪刀1把、胶水1瓶;1间50平方米带有黑板的标准教室。

第一步:任务布置(5分钟)。

全班学生先独立思考"例文3-28的新闻线索是如何获取的""其采访路径是怎样的"这两个问题,将问题的答案写在笔记本上。

第二步:教师提示(3分钟)。

指导教师根据这两个问题,针对全班学生提示几个关键词或关键点,如本届广州艺术节在这之前已经成功举办过5届,本届艺术节与前几届相比有什么变化,哪几个渠道是新闻记者采访的重点领域等。

第三步：内圈交流(8分钟)。

让全班学生到标准教室，站成内外两圈，两圈的人数基本相等，男女间隔有序，学生两两面对面。内圈学生在5分钟内将问题的答案向外圈相对应的学生讲述完毕。外圈学生只准听和记录，即使有不同的观点也不许交流。

第四步：外圈交流(8分钟)。

外圈学生顺时针旋转5人，旋转后，外圈学生向与自己相对应的内圈学生讲述自己以及从内圈学生那里学习过来的成果，内圈学生只准听和记录。

第五步：内外混合交流(5分钟)。

外圈学生再逆时针旋转5人，回到最初的位置，与内圈学生一起相互交流自己学到的、听到的答案。内外圈学生相互交流、取长补短，补充修正自己的答案。每个学生记录交流的全过程内容，形成自己的最终答案。

第六步：学生组成基础小组(15分钟)。

组成6人为一组的基础小组。小组中的每个组员将自己听到的、记录的融合在一起进行讨论。最后把经过小组讨论而形成的答案词条贴到展板上，选一个组员进行讲解。

第七步：教师点评(20分钟)。

指导教师在学生旋转学习中，深入到学生交流组中，观察并倾听学生交谈的内容，但不做讲解，即使学生的讲述是错误的也不更正，只记录下学生存在的问题与错误观点。最后，指导教师针对展板里学生的讨论结果，解析正确的答案并说明理由，以便学生加深印象。

(2)评析内容。

① 采访线索。

例文3-28新闻线索的获得来源于2016年广州艺术节这个大型会议。或许新闻记者是从行业归口的广州市文化局获得，或许是从文化部获得，或许从参加本届艺术节演出的演职人员口中获得等。在经过对新闻线索核实后，这条新闻线索无疑是2016年演艺界的一件大事。

② 采访路径。

第一，由于该艺术节于8月31日开幕，报道之时只是售票阶段，艺术节现场演出的情况还没有发生，所以新闻记者现在只能以整体艺术节的会议内容为重点。在这种情况下，新闻记者最重要的采访领域是要到该艺术节主办方组委会了解艺术节的基本情况，如整个艺术节开幕时间和闭幕时间，有哪些领导参加，参加演出团体的数量、来自哪些国家，参演剧目，本届艺术节的主旨，有什么影响等。

第二，新闻记者通过与往届广州艺术节的对比，了解本届艺术节的看点在什么地方；通过这种看点(变化)来确定自己要采访的领域。本届广州艺术节的看点在于，一是低票价(最低50元)，二是外国剧目为历届之最。所以，新闻记者把这两个变化要素都放进导语段，凸显新闻报道的贴近性(亲民)和变化性(外国剧目数量最多说明其影响力在海外非常大)的特征。在必要时，新闻记者可以寻找一位花了50元钱享受这样美好文化大餐的观众来谈感受;还可以采访几个以前在广州艺术节没有出现过的外国艺术团体,重点采访他们为什么要来中国参加这届艺术节的原因。

第三,新闻记者在报道时要彰显"汤公莎翁会羊城,海上丝路连五洲"的本届艺术节主题,要充分认识到这是中国提出"一代一路"战略后的一次东西方文化交流,因此新闻记者在采访这方面内容时要站在一定的高度来认识本届艺术节的意义和价值,着重采访组委会相关领导。

第四,新闻记者在采访艺术节的同时,还需要了解与艺术节相关联衍生产业发展情况,即艺术节期间还将举行 2016 中国广州国际演艺交易会,需要新闻记者纵深了解中国广州国际演艺交易会的有关事实,为形成另一篇有关 2016 中国广州国际演艺交易会的报道打下基础。

3. 体育新闻采访训练步骤

(1) 比赛名称。
(2) 比赛在何时、何地举行。
(3) 表现突出的运动员。
(4) 名次、排名或者个人记录。
(5) 比赛转折点,带来胜利的机会,关键策略。
(6) 得分,重要的投篮、射门、跑垒等细节,对其他情况的概述。
(7) 个人或球队的连胜、连败纪录。
(8) 赛后评论。
(9) 外部因素(如天气、观众等)。
(10) 上座情况。
(11) 运动员的伤病情况及后果。
(12) 数据统计。

例文 3-29

里约奥运会男子跳水三米板决赛　曹缘夺冠[①]

新华社里约热内卢 8 月 16 日体育专电(记者王浩宇、周欣)　中国跳水"梦之队"16 日再传捷报,曹缘在男子 3 米板决赛中"孤军奋战",以 547.60 分为中国队夺得里约奥运会的第五枚金牌。

男子 3 米板此前被认为是本届比赛中国队没把握夺金的项目,中国选手上次夺冠是 2008 年北京奥运会上的何冲,但 2012 年何冲和秦凯未能守住这块金牌。此番曹缘不仅为中国队弥补了伦敦时的遗憾,还收获了自己的首枚奥运个人赛金牌。

---

① 王浩宇,周欣.里约奥运会男子跳水三米板决赛　曹缘夺冠[N].新华社,2016,有改动.

过去两届奥运会中,中国队在男子3米板中两名参赛选手都能站上领奖台,然而何超在预赛意外出局,让争金的重担压在了曹缘一个人身上。

"(何超出局)我感觉压力是有一些,但只有一个人我也要顶住,决赛的时候我感觉挺放得开的,给大家带来一场表演,"曹缘说。

虽然里约这两天气候多变,尤其是15日预赛时的大风天气给选手们造成不小困扰,但曹缘从预赛到半决赛一直都稳居头名。当天决赛中曹缘第一跳获得85分占据榜首,此后三跳成绩全部在90分以上进一步巩固了领先优势。第四跳曹缘依旧发挥稳定得到86.70分,不过排名第二的英国选手拉夫尔这轮跳出了96.90的高分,让最后一轮比赛悬念重生。

拉夫尔末轮率先出场拿下88.20分,全场的焦点集中在了最后一个出场的曹缘身上,只见他面无惧色,沉稳地完成了锁定金牌的一跳。看到曹缘从始至终稳定的发挥,站在水池旁观赛的拉夫尔也送上了致敬的掌声。

拿到这枚沉甸甸的金牌后,曹缘成就了中国跳水男选手中的"板台双冠"第一人,伦敦奥运会上他曾和队员张雁全为中国队斩获双人10米台金牌。"上一届感觉自己年龄还小,就参加了双人台的比赛,很幸运拿到冠军。随着年龄增大,块头也起来了,很自然地就转到跳板,刚开始接触跳板的时候感觉比较顺的"。

拉夫尔的里约之行也算收获不小,获得银牌让他成为首位拿到男子个人3米板奖牌的英国选手。此前他和队友米尔斯拿到了男子双人3米板的金牌。德国选手帕特里克·豪斯丁拿到铜牌。

根据例文3-29运用完全行动法进行体育新闻采访的实训。

(1)实训步骤。

工具:每个学生准备笔记本1本、笔1支;小组准备8开展板1个、彩笔若干支、剪刀1把、胶水1瓶;1间50平方米带有黑板的标准教室。

第一步:布置任务(5分钟)。

组成6人为一组的基础小组,指导教师提出"例文3-29是从哪些渠道发现该新闻线索的""其采访路径是怎样的"这两个问题。指导教师请每个组员独立思考这两个问题。

第二步:小组讨论(10分钟)。

每个组员将自己独立思考的答案与小组的其他组员一起分享,然后小组组员相互交流,最终形成小组的答案,并以书面形式记录下讨论成果。

第三步:组成专家小组(15分钟)。

每个基础小组推荐1人组成专家小组。专家小组获得各基础小组的讨论结果,同时在专家小组里相互交流本组的讨论结果。指导教师参与旁听并记录下讲解要点。

第四步:循环交流(10分钟)。

每位专家再回到自己所在的基础小组,向基础小组依次报告专家小组的讨论成果。基础小组根据专家小组的讨论结果,取长补短,最终形成本组的答案。

第五步:展示、评定成绩(15分钟)。

每个基础小组把本组最终的讨论结果制作成富有个性的展板,选一个组员进行讲解,其他基础小组可以实时进行提问,展示组有义务回答。专家小组与指导教师一起为每个基础小组打分,成绩取二者的平均分值。

第六步:教师点评(20分钟)。

指导教师针对讨论、展示的结果,解析正确的答案并说明理由,以便学生加深印象。

(2) 评析内容。

① 该条新闻线索的获得源于新闻记者在里约奥运会参会所得。在一个体育盛会之中,云集了成千上万的媒体记者,作为新闻记者应该如何发现新闻线索、报道体育盛会呢?

第一,获得本届奥运会手册,然后将每天的会议议程、赛事安排仔细阅读并梳理一遍。特别要注意每天的赛事,把将会出现新闻的地方用醒目的颜色圈出来。

第二,根据每天的赛事流程,把有中国运动员参赛的赛事醒目地标注出来,特别是对那些有可能夺得金牌的项目着重标记,预先准备背景资料(如参赛运动员、教练员的基本资料,运动员的运动生涯以及曾经获得的历届赛事奖牌情况等)。

第三,例文3-29的新闻线索就是该报道记者被分在跳水赛事项目的报道组中发现的,在比赛期间,该报道记者需每时每刻蹲守在赛事现场。

② 名称——2016年里约奥运会。

③ 比赛在何时、何地举行——2016年8月16日,里约跳水游泳馆。

④ 表现突出的运动员——曹缘。

⑤ 名次、排名或者个人记录——男子3米板决赛金牌,以547.60分为中国队夺得里约奥运会的第五枚金牌。

⑥ 比赛转折点、带来胜利的机会、关键策略——男子3米板此前被认为是本届比赛中国队没把握夺金的项目;何超在预赛意外出局,让争金的重担压在了曹缘一个人的身上。

⑦ 现场描写——虽然里约这两天气候多变,尤其是15日预赛时的大风天气给选手们造成不小困扰,但曹缘从预赛到半决赛一直都稳居头名。当天决赛中曹缘第一跳获得85分占据榜首,此后三跳成绩全部在90分以上进一步巩固了领先优势。第四跳曹缘依旧发挥稳定得到86.70分,不过排名第二的英国选手拉夫尔这轮跳出了96.90的高分,让最后一轮比赛悬念重生。

拉夫尔末轮率先出场拿下88.20分,全场的焦点集中在了最后一个出场的曹缘身上,只见他面无惧色,沉稳地完成了锁定金牌的一跳。看到曹缘从始至终稳定的发挥,站在水池旁观赛的拉夫尔也送上了致敬的掌声。

⑧ 对其他情况的概述——拉夫尔的里约之行也算收获不小,获得银牌让他成为首位拿到男子个人3米板奖牌的英国选手。此前他和队友米尔斯拿到了男子双人3米板的金牌。德国选手帕特里克·豪斯丁拿到铜牌。

⑨ 背景——伦敦奥运会上曹缘曾和队员张雁全为中国队斩获双人10米台金牌。

⑩ 外部因素——里约这两天气候多变,尤其是15日预赛时的大风天气给选手们造成不小困扰。

⑪ 上座情况——座无虚席(本文缺失)。

⑫ 运动员的伤病情况——因为曹缘没有在比赛中受伤,也没有在比赛中途因伤病退赛,故在报道中未涉及这些内容。

⑬ 数据统计——以547.60分为中国队夺得里约奥运会的第五枚金牌。

⑭ 赛后评论——专业人士评价:拿到这枚沉甸甸的金牌后,曹缘成就了中国跳水男选手中的"板台双冠"第一人……新闻人物自己感言"上一届感觉自己年龄还小,就参加了双人台的比赛,很幸运拿到冠军。随着年龄增大,块头也起来了,很自然地就转到跳板,刚开始接触跳板的时候感觉比较顺的"。

4. 校内实训基地实训

学生利用院报、校报等进行发现娱乐新闻线索、综合采访娱乐新闻的实训。

5. 校外实训基地顶岗学习

学生利用校外新闻媒体进行发现娱乐新闻线索、综合采访娱乐新闻的综合实习。

六、总结点评

(1) 娱乐新闻形在娱乐,重在内涵。然而,捕风捉影则有违娱乐新闻的初衷。

(2) 娱乐新闻被称为受众茶余饭后的甜点,因此,让受众饶有兴致、津津乐道才是娱乐新闻捉人眼球之处。故事性、情趣性是娱乐新闻主要的写作特征。

(3) 娱乐新闻记者要有验证新闻的工作态度,既要对媒体负责,又要对采访对象负责。

七、拓展提高

(1) 朋友告诉我的娱乐新闻是真实的,那么娱乐新闻还需要验证吗?应该怎样进行验证?

(2) 一位新闻记者应该怎样处理与名人或娱乐明星的关系?

(3) 对于名人的隐私,新闻记者在报道时应该怎样把握分寸?

(4) 娱乐新闻现在被诉诸法律的情况越来越多,新闻记者应该怎样做才能更好地对媒体负责并保护自己?

(5) 对于微博中爆出的明星轶闻琐事,娱乐新闻记者应该本着怎样的精神和原则进行报道?

（6）发现身边新近发生的娱乐事件,写一篇600字左右的娱乐新闻,要求写作真实、文笔优美、富有情趣。

（7）下面这篇新闻报道以莫言获得诺贝尔文学奖为主题,请你分析其侧重于哪个时间段、哪个角度进行采访?这篇新闻报道有什么采访特点?又有什么采访上的缺失?如果你是新闻记者,你应该怎样补充完整?

莫言领取2012年诺贝尔文学奖①

据中国新闻网电 2012年诺贝尔奖颁奖仪式在瑞典斯德哥尔摩隆重举行。北京时间0点16分许,由瑞典文学院成员作家、瓦斯特伯格致辞并宣布,今年的诺贝尔文学奖由中国作家莫言获得。

随后,莫言身着黑色燕尾服上台,从瑞典国王卡尔十六世·古斯塔夫的手里接过了诺贝尔奖证书、奖章和奖金支票。莫言与国王握手后微笑表示感谢,并向各个方向鞠躬致意,观众席上响起了热烈的掌声。

今年受经济危机的影响,诺奖奖金由1000万瑞典克朗缩减至800万,约合人民币750万。第二天,获奖人将前往诺贝尔基金会商讨奖金转账的具体事宜。

金质奖章约重半磅,内含23K黄金,奖章直径约为6.5厘米,正面是诺贝尔的浮雕像。不同奖项、奖章的背面饰物不同。每份获奖证书的设计也各具风采,可以堪称一件艺术品。

瑞典学院总是为每一个诺贝尔文学奖获奖者设计独特的证书。设计师要尝试总结获奖人的作品中的人物以及氛围。有人猜测要以莫言获奖作品中的人物以及氛围为主题,他的获奖证书也许少不了红高粱的意象。

据中国新闻网电北京时间11点30分许,在莫扎特D大调的音乐中,中国作家莫言和其他获奖者一起,身着黑色燕尾服步入会场,他坐在前排左数第七个座位上。

从现场直播视频中看到,所有得奖者都身穿黑色燕尾服。莫言从口袋里掏出白色的卡片,上面应该写着获奖词,他与一众获奖者落座。莫言神情平静,燕尾服里边穿纯白色衬衫,打着纯白色领结。莫言旁边坐着今年的医学奖获得者山中伸弥。

在众获奖者落座后,诺贝尔基金会董事会主席马库斯·斯托屈发表讲话,讲台上铺着深蓝色地毯,背后是诺贝尔的铜像,墙上装饰着很多鲜花。现场气氛庄严肃穆,所有来宾全都身着盛典西式或者民族礼服出席。

（8）每位同学通过多种渠道认真搜寻近一段时间发生的娱乐事件信息,选取其中的一个进行本地化娱乐新闻采写,要求不得少于700字,配有现场采访图片3张,制作成PPT,全班展示,指导教师现场评分。

---

① http://news.163.com/12/1210/23/8IDBSPBM00014JB6.html#from=relevant.

项目三　新闻记者主要新闻采访任务类型

任务五　深度报道采访

深度报道是现代媒体很流行的一种报道形式。它不完全等同于新闻传统的报道形式——通讯,而是增加了更多的新闻元素,又吸纳了通讯的报道之长——故事性特征。深度报道意在"深度",它常常是对新闻背后的新闻的一种深入挖掘,这些新闻多深藏于复杂的新闻事件当中,需要新闻记者运用敏锐的洞察力与睿智,才能从表象当中挖掘出新闻事实的本来面目。

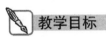 教学目标

通过教学实训,使学生具有现代媒体业中深度报道的采访能力。

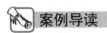 案例导读

蒙牛突然换帅引发业界猜测[①]

(2016年)9月15日中秋团圆夜,蒙牛乳业突然发布重大人事变动公告,执掌蒙牛4年多的孙伊萍突然宣布辞职,而接替她的是来自蒙牛的第二大股东——法国达能系卢敏放。一时间,蒙牛换帅事件引起广泛关注,业内对其离职原因也众说纷纭。

蒙牛第三任总裁辞职

9月15日深夜,蒙牛发布公告称,孙伊萍已辞任公司执行董事、总裁和战略及发展委员会成员。拥有达能系背景的雅士利总裁卢敏放从孙伊萍手中接过帅印,出任蒙牛总裁。

…………

2012年4月,在时任中粮集团董事长宁高宁的钦点下,作为中粮指定的"空降兵",孙伊萍接任杨文俊成为蒙牛第三任总裁。

…………

官方说法　孙伊萍因个人原因辞职

对于孙伊萍的辞职,蒙牛官方的说法是:其因个人职业发展需要向公司董事会辞任,董

[①] 胡笑红.蒙牛突然换帅引发业界猜测[N].京华时报,2016,有改动.

事会接受了她的辞呈。四年多来,孙伊萍带领蒙牛团队,持续推进"国际化+数字化"双轨战略,重点打造明星品牌,专注提升产品品质,液态奶和酸奶的市场份额继续保持行业第一。对于孙伊萍任职总裁期间做出的努力与贡献,董事会给予充分肯定和感谢。

对于接任者卢敏放,蒙牛方面特别表示,这是经中粮集团推荐、董事会一致通过。蒙牛董事会相信,在卢敏放的领导下,蒙牛乳业将继续聚焦品质与创新,为消费者提供更多更好的高品质产品。

....

业界分析　可能因业绩问题离开①

"上市公司高管辞职,说是个人原因其实是官方的一种措辞",乳业专家王丁棉表示,作为中国乳业巨头,孙伊萍的离职肯定备受关注,但是她的离职理由确实值得怀疑,应当主要还是因为蒙牛的业绩问题"逼迫"她必须离开。

据悉,蒙牛高管聘任任期一般3年为一个周期,孙伊萍此次任期按理应到2018年4月份,如今辞职显然并非因任职到期。

....

但值得注意的是,销售增长的蒙牛上半年净利润却是大幅下滑,而下滑的主要原因是蒙牛控股公司业绩下滑。其中现代牧业今年上半年首次巨亏5.66亿元;另外雅士利今年上半年业绩也是大幅下滑。而伊利今年上半年净利润却是大涨20.63%,达到32.11亿元。

在孙伊萍接管蒙牛之前,蒙牛与伊利的业绩相差无几。……

....

抑或与中粮换帅有关

对于孙伊萍的辞职,也有业内人士向记者表示,这可能与中粮集团董事长宁高宁离任有关。有说法称她在蒙牛很强势,甚至有点"专横"了,以前大家对她敢怒不敢言,如今不满的情绪就全发泄出来了。

今年年初,担任中粮集团董事长11年的宁高宁调任中华集团担任董事长,原中储粮董事长赵双连接任中粮董事长、党组书记。

孙伊萍是宁高宁当年钦点的兵,这在业内已是公开的秘密。……

....

有原蒙牛高管称,孙伊萍上任后,确实制定了公司长远规划,但是她个人比较强势,以前的老蒙牛人陆续被清理出局,包括负责市场品牌的赵远花、负责财务的吴景水等。"这些事情都引起大家的不满,在宁高宁离职后,也促成了孙伊萍的离职。"

....

---

① http://finance.qq.com/a/20160917/008652.htm,有改动。

专家说法　不排除达能未来控制蒙牛

孙伊萍离职,接任的卢敏放压力可想而知。摆在他面前的不仅仅是如何完成缩小与伊利差距的任务,还有该如何拯救已把奶粉业务全部整合到雅士利的蒙牛业务。

对此,卢敏放这样表示:"蒙牛是中国乳业的领军企业,我期待和强大的蒙牛团队一起,全面提升企业运营效率,进一步强化渠道和营销体系,成就蒙牛百年营养健康食品公司的梦想。"

在王丁棉看来,中粮方面选择达能系的卢敏放执掌蒙牛,不排除资本运作高手达能未来有进一步控制蒙牛从而达到控制这个巨大市场的野心。

…………

"对于中国这样巨大的市场,达能如果选择退出只会更没面子,此时只能再回头,寻求资本路线进入",王丁棉表示,孙伊萍执掌蒙牛期间一直在推进蒙牛的国际化,而这给了达能机会。这几年,达能通过数次增持,并且高溢价现金支付,最终成为蒙牛的第二大股东,潜伏多年的达能未来还愿意心甘情愿成为第二大股东吗?这实在是难以预料。

这是一篇典型的产经深度报道,主题是报道蒙牛乳业的总裁孙伊萍的辞职事件。新闻记者为何要选择这样一个题材来进行深度报道?这个题材"深"在哪里?"高"在哪里?"广"在哪里?这篇深度报道的主要内容架构是怎样的?

工作任务

(1) 认知深度报道的新闻线索发现方法及其采访技巧。
(2) 能够对深度报道进行客观、全面的采访,深入地挖掘令受众青睐的故事性材料。

实施流程

一、术语解释

1. 深度报道

深度报道是一种针对重大新闻题材进行全方位报道的新闻样式。它系统地展现了新闻事件的发生、发展、结果等来龙去脉,特别是对新闻事件发生的原因做出详尽的分析,对新闻事件的未来走向从多个角度进行预测分析。因此,深度报道为受众提供的不仅是新闻事件本身,而且还有新闻事件中的人物和故事以及这些人物和故事发生的背景,由此延伸报道了"新闻背后的新闻",以满足受众对新闻的深度详尽所需。

2. 深度报道的特征

深度报道是来自西方的舶来品。第一次世界大战、第二次世界大战期间,为了满足受众了解战争的深层次原因以及战争发生的深厚背景而崛起的。其英文意为"In-Depth Report",法国称其为"大报道"。我国的深度报道兴起于改革开放之后,以当时的《南方周末》最有影响力。

深度报道就是提倡对新闻要"追根溯源,求其真相,判其出路",其故事的完整性、信息的全面性、逻辑的深邃性是消息以及其他的新闻题材所无法比拟的。同时,为了深度报道的影响力,新闻记者不是只采写一篇二三千字的新闻稿件就了事,而是强调新闻六要素中的"原因""结果"由点到面、从表面到深度(包括新闻现象、行业纵深、专家论点、事件背景等)统统进行系统考量,使受众阅读后有欢畅淋漓的满足感。这就要求新闻记者要充分运用发散思维以及逻辑思维的能力,把深度报道的特色展现出来。

具体来说,深度报道的特征主要有以下五个方面。

(1) 题材的重要性。

能进行深度报道的内在要素首先源于该新闻事件题材重大(不是某一局部细小事件,而是事关全局的事件),或者该新闻事件的报道对象多为重要的人物(政界或商界的名人、要人),或者与受众的利益密切相关(受众人群关注度高),或为社会各界关注、大众评说的热点(舆论焦点)。其次源于其现实意义重大,富有强烈的现实针对性和时代感,是广大受众迫切需要了解的事实。深度报道不能是过去的事件,因为其不具有新闻价值。不过,若过去发生的事件今天却第一次知道真相,这也是具有新闻价值的。

(2) 材料的翔实性。

材料的翔实性表现在深度报道所展现的大时间、大空间、宏观的、微观的、多侧面、多角度、全方位等方面,既回顾过去,又剖析现在,也预测未来。特别是深度报道中要有典型的人物和故事作为支撑,如果新闻记者不能充分占有材料,就难有什么深度报道。

(3) 内涵的深刻性。

深度报道通过对大量、丰富的材料进行深度加工,有现场、有故事、有分析、有思辨,也有预测,挖掘新闻背后的新闻,揭示新闻事件深层的、发人深思的内涵与本质。

(4) 表现的综合性。

深度报道并非一种独立的体裁,只是一种报道表现方式,各种体裁均可以作深度报道,多种体裁的融合则更适于作深度报道。深度报道的综合性往往表现为体裁的综合、手法的综合、内容的综合等。

(5) 知识性。

深度报道为受众提供大量的背景材料,涉及古今中外各类学科知识,以满足受众的阅读需求。所以,深度报道对新闻记者的综合素质要求更强。

3. 深度报道的类型

深度报道一般分为单一式与集合式两大类型。单一式与集合式又可以细分为不同的形式。

(1) 单一式。

单一式深度报道由一篇以新闻事件、新闻人物为主体的深度报道构成。就其内容特点来说,单一式深度报道又可以分为提出问题类、综合概括类、分析解释类、对比揭示类、典型传播类等多种类型。

① 提出问题类。

即只提出问题,这种问题一般是典型的、有普遍意义的,但又为大众所忽略的问题。文中虽不对问题进行解答,但能引发受众深层次的思考。

② 综合概括类。

即对某一方面或某一主题之下的众多事实,加以归纳综合。

③ 分析解释类。

即对某些较复杂的新闻事实,或新出现的、人们普遍关注而又迷惑不解的新闻事实进行分析、解释,揭示其实质、意义,预测其发展趋向等。

④ 对比揭示类。

即通过双方性质不同的事实进行对比,以此来揭示主题。

⑤ 典型传播类。

即对工作中的典型经验或教训进行详细叙述、深入分析。

(2) 集合式。

集合式深度报道是针对单一式深度报道这个概念而言的,即指以 2~3 个单一式新闻事件、人物深度报道为主体,又集合了相关事件、人物的专访、评论、背景链接等多种形式所组成的集合式深度报道系列。

集合式深度报道分为连续报道和系列报道两种。

① 连续报道。

连续报道就是对新闻事件或新闻人物在一定时间内持续进行的报道。其适用于反映正在发展过程中的事物、正在进行的事件或其他较重要的题材。连续报道有以下三种形式。

a. 进行式(跟踪式)连续报道。

进行式(跟踪式)连续报道着眼于事物的连续性,以事件发展的顺序为线索,以时间为特点,不断地发消息。任何一个事物都有一个发生、发展、高潮、结局的过程,是呈阶段性的,是在运动中发生变化的。一些事物的本质暴露、高潮出现、症结显示常常需要一个过程,由浅到深、由简到繁、由表及里、由渐变到质变,不可能一次完成,一次新闻报道也难以反映出事物真实的全貌。采用进行式(跟踪式)连续报道,可以让受众了解事物的全貌,也是吸引受众的一个好办法。

b. 反应式连续报道。

在进行了重要新闻事件或重要典型报道之后,会引起方方面面的社会反应,把这些多方面的反应再次通过媒体公之于众,把文章做足,这样会给受众留下深刻的印象,这就是反应式连续报道。

c. 追溯式连续报道。

追溯式连续报道是以新闻事件或新闻人物为报道起点,通过连续报道的方式,追溯、联系其过去的历史、起因,理清事件发展的历史脉络,使新闻报道立体感、深刻化。

② 系列报道。

系列报道即对于典型新闻事件、新闻人物,从不同的角度、不同的侧面、不同的层次,用不同的体裁与形式进行的一系列报道(消息、特稿、评论图片、背景链接、专访等集中在一起呈现给受众)。报道逐步展开,逐步深入,点面结合,给受众以重磅炸弹式的深刻印象。

系列报道着眼于选材的重大性、复杂性、多面性,常常以问题为线索,从提出问题、分析问题到解决问题,逐步深化报道内容,使报道形成一个全方位的整体,有点有面、有高度有深度、有背景有专访的这样一种系列报道。

一条新闻能否作系列报道,首先取决于这个新闻题材的重要性,是否事关全局,是否有足够大的营销力度,是否能起到震撼的效果。另一个因素还取决于媒体的版面是否充足,播出的时间是否充足,如果这两个条件有一个不具备,那么,系列报道很难实现。

一般来说,系列报道可以细分为纵深式系列报道和并列式系列报道两种。

a. 纵深式系列报道。

即抓住一个问题深入挖掘新闻背后的新闻,逐步呈现新闻事件的全貌。

b. 并列式系列报道。

即对一个新闻事件的不同侧面,进行全方位、多侧面、多角度的报道,通过这种多方面的展示,以便受众进行判断和取舍。

二、工作要点提示

(1) 新闻记者要善于发现影响力巨大,适合写成深度报道的重大新闻题材。

(2) 新闻记者要尽量采用多重视角,对重大新闻六要素进行梳理。

(3) 新闻记者在采访新闻六要素"原因""事件"以及"结果"时,至少有 3 个以上的事实作为依据。

(4) 新闻记者要注意验证基本事实、人物观点的真实性。

(5) 新闻记者要注意配合系列报道中的背景链接、人物专访等各类题材集中呈现。

三、方法技巧

1. 选取重大报道题材

能够进行深度报道的新闻一般在题材的重要性、显著性、时新性上都比较突出,新闻事件本身就具有强烈的传播效果和影响力。因此,新闻记者采访深度报道的首要条件就是善于判断什么样的新闻题材适合作深度报道,由此选取的角度要与受众的切身利益紧紧相扣才好。一般而言,突发性事件由于时效性的限制,很难做出深度报道。反而是新闻背后的新闻或者是问题新闻在探究其深度的原因时,往往能进行深度报道。

例文 3-30

兵团农十二师搬迁　构建首府北城

晨报讯:(记者　唐成荫)　正是农十二师师部整体搬迁至百园路一带的大举措,使得乌鲁木齐这个城市向北延扩了 423 公顷,同时也使得乌鲁木齐将要达到的"占地 1000 平方公里、拥有人口 600 万～800 万"的发展目标不再是一个遥不可及的梦想。

"北扩东延西进",拉大城市骨架

日前,乌昌党委书记、乌鲁木齐市委书记在兵团十二师与乌鲁木齐经济技术开发区(以下简称经济开发区)签署经济合作框架协议上透露,乌鲁木齐的建成区面积现在是 230 余平方公里,随着乌昌经济一体化的推进,未来城市建成区面积将快速扩展,城市人口将由现在的 300 余万人最终发展到 600 万～800 万人,建成区面积最终将扩展到 1000 平方公里左右。乌昌经济一体化的范围除了乌鲁木齐市、昌吉州,还包括农十二师和农六师。

为什么在乌昌经济一体化的大骨架内还涵盖了农十二师和农六师这两个非乌鲁木齐政府的所辖之地,主要是由于这两处均处于乌鲁木齐与昌吉的连接点的结合部位置。两个均在西北郊,这两个原municipalities均属于兵团管辖的地域,将来会在乌昌一体化的大背景下纳入乌鲁木齐的统一规划发展经济圈内。

据悉,2003 年年底,市委、市政府提出城市"北扩东延西进"的发展战略,2004 乌鲁木齐市北扩新区分区规划(2004—2020 年)编制完毕,按照跳出旧城建新城,把城市建设的触角向周边拓展,集中财力、物力、人力加快头屯河区、东山区两个城市副中心建设进度,进而形成乌昌经济一体化的战略构想,而农十二师的地理位置恰巧在首府东山区与昌吉的连接带上。

于是这样一个连接点的重要地域在去年 7 月在乌昌经济一体化的总框架下被纳入了首府北扩的重要议事日程,《农十二师新师部控制性详规》被主管首府北扩的政界要人、专家一并通过,由此而带来的农十二师师部从现在的大寨沟搬迁至原属于农十二师地辖的百园路一带,原属于兵团一家管理的农十二师,现在已纳入乌鲁木齐城市北扩发展的统一大骨架内。这样与首府头屯区仅一河之隔,与昌吉仅 7 公里之隔的农十二师新师部让乌昌经济一体化在首府北扩地域上再无障碍。

无独有偶,乌鲁木齐市市长乃依木·亚森在乌鲁木齐 2007 年政府工作报告中更加确切地提出了推进乌昌经济一体化是解决我市未来发展方向的根本途径。由此在产业布局上以米东新区、头屯河城市副中心为依托,以 312 国道、216 国道为产业发展轴,逐步形成以乌鲁木齐为中心的"一城两轴"的空间发展格局。在推进新型工业化进程中按照乌昌地区工业发展布局,加大乌昌联合招商力度,使一批大企业、大集团落户乌昌地区,切实增强乌昌地区工业实力;全力把乌昌地区建成全疆的制造业中心。同时在旅游业发展上,按照大旅游、大产业的定位,全力打造具有乌昌特色和市场前景的绿色旅游精品。实行财政统一,在城市建设上加强乌昌地区城市布局规划,重点编制城市群空间布局、城市交通网络、生态环境、基础设施等专项规划。强化重大基础设施建设项目的统筹与管理,合理调整和布局交通、通信、水利、电力、供排水、环境保护等重大基础设施建设项目。

现在乌昌经济一体化办公室就在首府2路车终点站的轴承厂扎营,而在老百姓眼里,常能感受到乌昌一体化带来的交通便利、电信畅通、北郊商品住宅小区成片崛起的种种益处。

但是,2路车终点站的一道铁轨让人们对首府与市郊还是有了比较清晰的认识。现在正是由于农十二师师部的搬迁,使得人们对于首府的北扩又有了新的展望。栗智书记说,农十二师所辖区域(百园路新师部)今后将置于乌鲁木齐市城市发展的中心区域内。

农十二师新师部挥土兴建"大城小市"

"今年9月,农十二师师部搬迁百园路将会顺利完成"。这是日前农十二师建设局的张晓德副局长对记者的一番言语。

百园路在哪里?百园路在2路车终点站机械厂的以北一带。事实上这条位于首府北郊的百园路,历来聚集着日出而作、日落而息的兵团农工,以农十二师养禽场为主,辖括了五一农场、三坪农场等地域,总体人数不过6000人左右。而在今年"十一"以前,这片423公顷土地,将成为农十二师新师部,其整体城区的规划人口要达到6.5万人。这是一个新的城市,也是首府北扩分区的中心城区。

随同农十二师师部搬迁的还有农十二师的社保中心、公检法等二十多个部门。现在新师部主体楼已经进入后装修阶段。

据了解,新城市随着农十二师新师部的落成,总体分为四个功能定位:一是城市北扩分区的中心区(指新师部所在地);二是以纬一路、百园路、北外环路和北京西路所围合的农十二师新师部行政区;三是围绕行政区南北而展开的城市综合商贸文化中心;四是以北外环路为界的南北两侧形成的健康性居住小区。

同时还形成了北京路和天津路的交通发展轴线,百园路的生活发展轴线,联系南北两区的商业景观轴线和纬一路两侧的文化景观轴线。这个新城区的规划是由兵团有关部门专门聘请同济大学专家做的,享用期为20年,为此兵团一个部门也付出了上百万元的代价。

之所以农十二师师部需搬迁，也有其自身的因素。据悉，由于历史的原因，农十二师虽然师部在市中心的大寨沟一带，但其所辖104团、三坪农场、五一农场、头屯河农场、西山农场、养禽场6个农牧团场以及芳婷公司、农垦乳业集团公司等10个企事业单位却呈鞍状环绕乌市。

最早农十二师叫兵团乌鲁木齐农场管理局，2001年，由于兵团农十二师地处乌鲁木齐市近郊，是我区实施西部大开发战略率先发展天山北坡经济带的前沿，因此在党中央、国务院的亲切关怀下，农十二师结束了由兵团、乌市双重体制领导的历史，改制成师，成为兵团一个年轻的、规模较小的一个师。

但是，令农十二师感到尴尬的是，其师部占地仅15亩左右，对于管理其分散的6个团、10个单位来讲非常不便。尤其是师部地处首府中心，发展空间有限，与其撤局建师的战略构想极不相称，由此为了农十二师整体发展的需要，也为了适合首府北扩的大局发展，去年7月，乌鲁木齐市规划管理委员会通过了《农十二师师部控制性详细规划》，也由此拉开了农十二师师部搬迁的序幕。

为营造这个新城市，市政府与兵团政府已经投入了数亿元对这一带的基础设施大兴土木。从供电、供暖、供水，到道路、交通等一应俱全。其中仅供热这一块，兵团就投入了1亿多元，辐射面积达到290万平方米，不仅为农十二师新师部提供供热，还辖括了天津路以西、以东92万平方米的区域。在这种速度逼人的态势下，燃气、电信等垄断一方，纷至沓来，各自划分出自己的势力范围，而此中最具有敏感嗅觉的莫过于房地产开发商，因为在首府中心已经没有成片的稀缺土地资源的情况下，农十二师新师部搬迁所营造的新城市，造就了这些房地产商又一个利润超值的"处女地"；虽然原养禽场地处首府北郊，但这里的学校、医院等城市基本功能已有一定的建树，尤其是这里的高级中学，历年在高考中均名列前茅，不亚于首府的重点中学，所以人们对这里能拔地而起一个小城市并不惊讶。

农十二师有关负责人称，要完成423公顷的整体城市建设，至少需要几十亿元和数十年的建设时间。

兵地融合的开发区新模式

虽然这边的农十二师新师部还未举足跋涉至百园路，可那边，农十二师与乌鲁木齐城市的融合发展已在紧锣密鼓之中。3月1日，在经济技术开发区与兵团农十二师签订了合作"乌鲁木齐经济技术开发区兵团农十二师分区"的框架协议之后，四月初，此规划的控制性详规已在有关专家的评审中通过。知情人士称，如果一切顺利的话，4月底，"乌鲁木齐经济技术开发区兵团农十二师分区"应进入前期施工阶段。

据悉,"乌鲁木齐经济技术开发区农十二师分区"开发建设分近、中、远三期进行。一期重点开发104团的一连、二连、奶牛场约10平方公里范围;二期开发三坪农场、五一农场沿乌昌一级公路两侧部分区域;三期开发西山农场所辖部分区域。三期开发共约70平方公里土地,计划用15~20年时间完成开发建设。

之所以经济开发区与农十二师如此闪电式"蜜月",经济开发区副主任刘喜涛告知,土地瓶颈制约经济开发区这个国家级的开发区发展已经不是一天两天了。

他给记者讲述,前不久,一家世界500强的汽车企业,对新疆的汽车消费市场潜力非常看好,尤其对新疆现在还没有自己的汽车制造工业空白颇感兴趣。他们的企业代表告知经济开发区,给他们1000~2000亩的开发区用地,他们可以把汽车制造厂设在经济开发区。此信息既让经济开发区的管理者兴奋,又让他们头痛。因为,单凭政策优惠、服务等方面,经济开发区并不比内地的其他国家级经济开发区差,但是一提到这么大的一块土地资源,本来在土地资源上就捉襟见肘的经济开发区,此时就更不敢承诺;况且现在在全国土地资源紧俏的情形下,国家对各类开发区的土地政策也是适度收紧,经济开发区管理者只能忍痛割爱,放弃了这个招商计划。

在这种情况下,农十二师师部搬迁,无疑给经济开发区的发展平添了羽翼。

据悉,属于农十二师管辖的104团,恰巧与经济开发区二期接壤,因此,随着农十二师师部的搬迁,104团与经济开发区的合作就成为顺理成章之事。目前104团两个连与经济开发区的一期合作,正是市委、市政府对经济开发区二次创业的战略构想之一,是把经济开发区所具备的政策、品牌、体制优势与农十二师的土地资源、地缘优势的相互融合。

刘喜涛告知记者,有了这块70平方公里的土地和高标准、高规格、高起点的开发标准,建立开发区的风能产业园及吸引一些大型的汽车、建材、生物制药等国内外大型企业落户这里将不再是一个梦想。

与此同时,拥有土地资源优势与地缘优势的农十二师,也可以"借船出海",开拓新的产业领域,加快城镇化进程。

据悉,与经济开发区合作的这70平方公里土地,历来以种植业、果蔬业和畜牧业为主,由于受益于首府近郊的优势,这片土地上收益率每年在以8%的速度增长,这在以农、牧业为主的生产方式中,效益已是比较可观的。据农十二师招商局的一位负责人告知,每年供应首府的粮、菜、肉中,有1/3来自农十二师这些团场。

尽管如此,随着农十二师师部搬迁,农十二师整体的产业结构调整也势在必行。对于一个新兴的小城市来讲,高科技、物流、农业深加工等项目的引进,无疑会给这片土地带来产业升级的巨大变化,它必将成为经济开发区主导产业链延伸的"承接地",成为乌昌区域经济发展的新的"增长点"。

农十二师抓住了这个机遇。

记者了解到,在"乌鲁木齐经济技术开发区兵团农十二师分区"框架协议中显示,农十二师可以选派干部到经济技术开发区任职,经济技术开发区也可以选派干部到农十二师交叉任职。谁能说这不是一个兵地融合经济的示范区呢?

目前,"乌鲁木齐经济技术开发区农十二师分区"前期招商引资势头看好,目前报名登记入驻的企业已有50余家,2007年计划招商引资30亿元。

【例文评析】

例文3-30所涉及的新闻题材是位于新疆首府乌鲁木齐近郊的农十二师师部搬迁。虽然农十二师只是新疆的一个兵团师,但是由于其特殊的地理位置——与首府乌鲁木齐接壤,特别是切合了乌鲁木齐城区"北扩东延西进"的发展战略,因此,这个兵团师部迁址于乌鲁木齐城北的百园路,就引发了乌鲁木齐城区北扩战略下市场的各方面强烈反应。这个题材是重大的,因为它牵扯到一个首府城市的发展战略,牵扯到兵团地方融合发展战略。本文记者从"城区北扩东延西进"战略、农十二师新师部挥土兴建"大城小市"构想、兵地融合的开发区新模式三个主题思路的采访构建,采访了农十二师为何要搬迁至百园路、为何要构建"大城小市",它与首府城市的合作发展给双方带来了哪些双赢的机遇等,引导受众纵深地了解这样一个新闻事实。

2. 触及矛盾,内容翔实

深度报道是对报道对象多角度、多层次、多侧面、多变量的全方位反映,因此,要从新闻事实本身(新闻六要素)以及新闻的背景、专家评论等方面对该新闻事件进行全方位采访与材料构建。在这类采访中,有些新闻事件本身也是社会焦点矛盾所在,新闻记者在采访时,应正视现实,不回避矛盾,对矛盾的起因、发展、结果等有一个全方位的采访,事出有据,仔细验证。深度报道正是在触及社会矛盾与碰撞之中才彰显其深度与感染力。

例文3-31

新疆乐亿多超市陷入内讧困局

4月16日,开业不到4个多月的乐亿多超市(以下简称乐亿多)董事会、监事会发生内部大战,现任乐亿多董事会以《新疆乐亿多商贸有限公司告全体股东书》的名义,撤销了监事会,导致新疆首家以供货商为股东的大卖场陷入经营危机。

记者采访时了解到,加上此次罢免,乐亿多的董事会已经先后撤销了两届监事会,而这一次被撤销的监事会成员,是董事会自己选出来的。

监事会被董事会"炒鱿鱼"

唐立萍是乐亿多9人监事会成员中的负责人之一,又是一家经营食品的供货商。4月17日一早,她手中拿到了一份乐亿多109名股东(包括实名股东和隐名股东)大多数手中已经拿到的一份《新疆乐亿多商贸有限公司告全体股东书》。

该告全体股东书的主要内容称,"自3月份以来,以唐立萍为首的个别人,在杨廷武任董事长期间享有特权的股东(无返佣、无节庆费、自己收款、独家经营等)不甘心丧失既得利益,以欺骗引诱等不正当手段,误导不明真相的实名股东及隐名股东联名签字,违反公司章程及《公司法》非法成立清算小组……又非法以乐亿多的名义组织股东会议,进行欺骗宣传,恶毒攻击按法律程序选举产生的董事会,煽动超市职员离职,导致超市全体员工思想混乱,部分员工离职,致使超市工作无法正常进行、销量急剧下滑,五一促销活动无法正常展开,给公司造成了无法挽回的损失,同时也严重损害了全体股东的根本利益。"

为此,乐亿多有8项声明,其中最后第七项、第八项声明称,鉴于原监事会不按照公司及公司章程履行职责……4月11日选举产生了新的监事会,原监事会自动解散。唐立萍等少数人必须承担由此造成的一切直接或间接的经济损失。由此,自4月16日起,乐亿多9人监事会成员被董事会一纸文书罢免。

唐立萍拿到这份告全体股东书时非常气愤,她认为,这份告全体股东书中认为她是前任董事长在任期间"享有特权之人"这番话语完全是不实之词;她受公司监事会的委托,行使监事之责进行查账等行为,完全属于正当,可是告全体股东书中却认为她"蓄谋已久""欺骗引诱股东",这些言辞已对她个人名誉造成损害,构成侵权,同时乐亿多现任董事会的这种行为对她对公司的正常经营也造成损害,是一种打击报复。由此,唐立萍已经聘请了律师,准备起诉。

就此,记者也采访了以乐亿多王明勤为代表的一些股东,王明勤也认为,告全体股东书是对唐立萍等监事会成员进行报复。

新疆万和律师事务所的律师认为,按《公司法》的相关规定,乐亿多董事会、监事会的选举均应由股东大会超过2/3的股东投票产生。那么这二者的罢免也应由股东大会超过2/3以上的成员通过才能罢免。

"监事会"被"炒"缘由

乐亿多9人监事会成员被董事会"炒鱿鱼"事出有因。

据经营洗化用品的乐亿多隐名股东之一王明勤告知,她的货在乐亿多3个多月卖了1万多元,可到现在为止,给她的结款只有1500元;因此,在乐亿多大多数股东的要求下,4月9日晚8:30—9:00,以刘涛为执行董事的现任董事会在沙区公务员培训中心召集乐亿多公司股东大会,到会股东约50人左右。

会上,唐立萍受监事会的委托上台发表了几个提案。

当唐立萍指证"董事会对某些供货商(指金龙鱼食用油供货商)多结款、甚至超结款占用全体股东资金的情况视而不见"时,会场立刻炸了锅。随后,金龙鱼食用油及销售电器的两家多结款的供货商虽然进行了种种解释,但前来参与股东大会的多数股东都不认可,会场里吵闹声仍不绝于耳。最后以董事会为主的十余位股东生气地离开了会场,这次股东大会终以不欢而散告终。

唐立萍认为,这些超结款的个别供货商给乐亿多带来了负毛利,实际上是一种侵占公司全体股东的利益行为。而这几位多结款和超结款的供货商就是公司董事会某些成员利用自己的职权为自己谋利之举。

对此,王明勤也证实,几位多结款和超结款的供货商中,卖油和卖电器的供货商本人就是董事会的成员之一。

就此记者采访了乐亿多财务部有关人员,该负责人表示,他对以上财务数据不能表明任何态度。

4月11日,现任董事会便选举产生了新的监事会。16日以正式文书告知了全体股东。

而事实上,据记者了解,在此之前,乐亿多就已经发生过董事会、监事会等管理高层的频繁更迭的事件。

据悉,2月8日,在乐亿多的一次股东大会上,乐亿多原5名董事中的其中4名罢免了时任乐亿多董事长兼法人不过一月有余的杨廷武;而在春节之前,由乐亿多为其经营之利,专程从北京物美请来的经营管理高层也人走楼空。离去的原乐亿多总经理王轶毅告知记者,投资方违约参与经营管理,使乐亿多无法正常经营,故他离开了乐亿多。

之后,乐亿多增选了董事,形成了以刘涛为执行董事的新董事会。

对此,记者电话采访了现任乐亿多执行董事的刘涛,他告知记者,他现在的确主要负责乐亿多的投资、经营与管理。他也认可了现任董事会与以唐立萍等为代表的监事会发生严重矛盾,并已产生新的监事会之事实;当记者问及董事会与监事会发生分歧的原因,刘涛表示,一两句话说不清楚,需要与记者面谈。而当记者与他约定第二天面谈时,刘涛又告知记者,这一段时间他都很忙,以后再约。

第二天,记者亲自去乐亿多面见刘涛,到后被告知,刘涛到工商局办理法人变更手续去了;其助理告知,刘涛将是变更之后乐亿多的新法人。

可是当记者第三天再次拨通刘涛的手机时,刘涛的手机已变成秘书台,再也不回记者的电话。后刘涛电话告知记者,现在他在上海出差,等回来后再谈。

记者随后拨通了乐亿多前任董事长杨延武的电话,希望从他那里求证一些事实,但杨延武的电话也一直是秘书台守候。

乐亿多何去何从?

一位乐亿多的知情股东告诉了记者目前乐亿多的经营现状数字,1月份销售额800多万元,2月份285万元左右,3月份150万元左右。现在高层的现状是,董事会无董事长,监事会无监事长。

4月21日,记者赴乐亿多,一上二楼,正对电梯出入口有60~70平方米的塔磊珠宝柜台已人去楼空,几家卖小食品、服装的隔挡也挂起了布帘子。

一位不愿透露姓名的乐亿多股东表现出他的担忧,不知道自己是否能拿回公司借自己的1万元借资款和2.5%的股权套现资金,还有自己的货款。

而刘涛的助理告知记者,这段时间,乐亿多的经营明显好转,由于实施了3天结款的新规定,比起以前这月末结上月款的60天结款期来讲,受到供货商的欢迎,营业额也同比以前上升了10%左右。

王明勤告知记者,他和一些供货商现在已不给乐亿多供货,因为旧款未结,即便现在3天一结款,可是她在乐亿多一天的营业额不过5万元左右,连自己公司的成本都不够,拿什么来给上游的供货商结款?

有关人士分析,现在乐亿多的现状,事实上沿袭了内地一些地方原诺玛特资金断裂后,供货商进行自救,结果——解体的老路。因为,109位包括实名股东、隐名股东组建的公司,由于投资主体过多,众口难调,不按现代企业管理的模式运行、参与管理,所以卖场经营很难正常有序地进行;再加上乐亿多一开始是想让经营与投资分离,但在其实施的过程中,这种决策未能成功运行,董事会内部出现步调不一,现在这种困局就是其必然的结果。

最让乐亿多众多股东担心的是,眼下谁会来接乐亿多的盘呢?

【例文评析】

例文3-31选取的是一个充满了社会焦点矛盾的题材,涉及企业管理中董事会与监事会,董事会与股东间的责、权、利等现代企业制度运行的问题。在我国社会主义市场经济的发展中,这类问题具有典型性。另外,就乐亿多本身而言,前期大股东是具有外资背景的诺玛特,后面又是由109名供货商组成的大股东接管,而现在这109名供货商之间又发生内讧,其经营过程中起起伏伏的事件,使其在当地有一定的知名度。因此,这个题材触及的问题是比较尖锐的。然而也正是由于本文触及了矛盾焦点问题,所以记者在采访时一定要将事件的来龙去脉、前因后果了解清楚;正因为事件当事人双方存在水火不容的矛盾,所以记者在采访时一定要在采访当事人双方的说辞之后,引入第三方的观点来进行验证,即除了引入发生矛盾的监事会成员唐立萍和现任法人刘涛的观点以外,还需要引入其他的供货商、律师、专家等的观点以及客观事实来佐证,用客观立场来叙述。这样做的最终目的就把一个纷繁复杂的矛盾事件,运用翔实的内容多角度、多侧面客观地展现出来,让受众在阅读后自己去做出的判断。

3. 强化人和故事的写作

深度报道一般篇幅很长,要想让受众一口气能有兴趣地读完,关键在于采访时采访对象要典型。尤其是要现场观察采访对象的音容笑貌,将事件的曲折了解清楚,将采访对象富有特色的语言行为记录下来,有声有色,并加以整理和提炼。当新闻记者把一篇新闻报道采写成让受众饶有兴致的故事来读,那么作为受众来讲为何不读下去呢。例文3-31最大的看点就是新闻记者将该超市董事会与监事会发生矛盾前前后后的曲折故事了解得非常详尽,先采访一个矛盾单体——监事会的代表唐立萍与董事会的代表刘涛,后转入多个矛盾单体——多位供货商,最后通过专家、律师、相关供货商一一破解矛盾的症结之处。所以最后写出来的新闻报道是曲径通幽、峰回路转、环环相扣,受众很容易读下去。

四、注意事项

(1)深度报道由于是重大题材,往往新闻的看点在于那些不是一眼就能让受众看到的事实,而是那些隐蔽的、复杂的、为人所不知的新闻事实。这就要求新闻记者的敏感与睿智都应时刻具备,这样才能挖到隐性的新闻材料。

(2)深度新闻报道具有一定的风险性,因此也需要新闻记者具备深厚的社会知识,并坚守职业操守。

(3)在采访矛盾焦点深度新闻时,新闻记者容易先入为主。所以,新闻记者要注意多进行日常积累,用事实来说话。

(4)在进行社会矛盾焦点问题的深度报道时,新闻记者应具有风险意识,要带好必要的采访设备,留下相关证据材料。

五、实训操作

1. 深度报道新闻线索的发现步骤

(1)关注焦点事件。

焦点事件一般处在舆论漩涡之中。之所以会处于舆论漩涡的中心,一定是与绝大多数受众的利益有密切的关系。这类事件既具备了时新性的特质,更具备了显著性、重要性的特质。因此,只要它一出现,就会引发大量受众的关注,形成舆论,以此为视角,新闻记者所发现的新闻线索必然会成为深度报道的好题材,如医患矛盾、错判冤案等此类焦点事件。

（2）关注问题事件。

问题事件常常是以负面新闻的面貌出现。因此,它常常会被当事人人为地隐藏下来。即便是新闻记者想要了解事实的真相,也会遇到想象不到的困难。同时,这类事件发生的时候,常常会牵扯众多的复杂矛盾,多方利益在事件中角逐。但越是如此,新闻记者越是能够发现新闻背后的新闻,从而引起受众的共鸣。因此,问题事件常常是深度报道的首选,如强拆、物业纠纷等此类事件。

（3）关注高度事件。

高度事件是指所发生的事实具有全局性的事件。它可能意味着一个划时代的变革,一段重新改写的历史,一篇从未出现过的崭新篇章。需要提示新闻记者的是,高度事件常常需要新闻记者运用发散思维和联想思维能力来发现,将发生的新闻事件与党和国家的大政方针联系起来,这样才能达到一定的高度和深度,彰显其新闻价值的最大化。如南方冰冻雨雪持续导致使用煤告急,股灾、金融危机等此类事件。

（4）关注与受众切身利益关联度大的事件。

与受众切身利益关联度大的事件本身就是民生新闻。如果这样的新闻事件又具有相当的普遍性,与老百姓的切身利益息息相关,那么这类报道所受关注的程度可想而知。这类事件最常发生在公用事业领域,如大面积的水、电、暖、气等突发事件都是深度报道的好题材。

例文 3-32

上海再现排队离婚潮：堪比 2011 年地产调控时[①]

"你来晚了,上午的号码发完了。"

8月31日上午9点50分,《经济观察报》记者来到上海市徐汇区民政局,还没等记者开口,门口保安便第一时间告知了这个消息。

8月底开始发酵的上海离婚买房潮,关键字眼是"排队"和"限号"。不同年龄段的夫妻涌入到各区交易中心,他们中的大部分,之所以选择暂时结束婚姻,只是为了获取更多的买房名额以及更低的首付和契税。

这波离婚潮的涌现,始于8月下旬的传言——上海将继续加强对楼市的调控,广为流传的细则中甚至对离婚买房有了明确的政策约束。

---

① http://news.sohu.com/20160904/n467561657.shtml,有改动。

历史总是惊人的相似,2011年"新国八条"发布以后的5年来,每次房地产调控收紧之际,一线城市的离婚率就直线上升。

……

都是"传言"惹的祸?

此轮离婚潮的涌现,最根本的原因,是政策传言引起的恐慌。

今年以来,上海地王频出,在静安百亿地王诞生后,上海一周内陆续叫停了4幅地块的出让。……

这番动作让外界纷纷猜测新一轮调控的可能性。8月25日,上海开始传言新政出台,其实施细则(第四条)也在各个社交媒体广泛传播:即离婚不足一年的购房者,限购及贷款政策按照离婚前的家庭情况处理。

令大众哗然的第四条细则,针对的是"假离婚"买房,如果属实的话,这在上海历年来的调控中还是首次。恐慌的购房者一瞬间都挤到了民政局。他们抢着在新政落地前办理好离婚手续,从而搭上"假离婚"的末班车。

……

巨大的舆论压力下,8月29日,上海市住房城乡建设管理委(以下简称住房委)表示,关于近期社会上有关购房信贷新政的传言,没有研究过此类政策,将继续严格执行3月25日发布的《关于进一步完善本市住房市场体系和保障体系促进房地产市场平稳健康发展若干意见》。

但在被称为"史上最严调控"的"沪九条"发布前夕,上海市住建委同样"辟谣"过,政策最终还是出台了。"次次都辟谣,次次都和传的是一样的,不敢相信了。我不想错过最后的机会。"罗奇说。

……

利益和风险

拿婚姻作赌注,利益和风险兼有。

上海金融与法律研究院研究员、知名专栏作家傅蔚冈对《经济观察报》表示,"假离婚"的源头是限购政策,"与其指责当事人以婚姻作为谋私利的工具,还不如讨论为什么有催生离婚的政策"。

……

上海杜跃平律师事务所主任律师杜跃平对本报表示,"假离婚"在法律程序上是合法的,因为法律无法判断当事人内心确认的假离婚为事实证据。为了买房假离婚是寻求经济的理性,钻政策法律的空隙,是寻求税、费、利的好处以及买得房屋赚取自认为的上升红利。

杜跃平说,"政府相关部门的政策,不应成为假离婚成批出现的导火索、发酵剂,这是可悲的。个人选择假离婚,可以理解,但是不可赞同"。

……

【例文评析】

(1)例文3-32这篇深度报道线索的发现来源于耳闻目睹的渠道。新闻记者路过民政局外,见到排着长长的离婚队伍,好奇心使他问出,原来这些都是前来"假离婚"的夫妻,其目的是为了获取更多的买房名额以及更低的首付和契税。

(2)这个新闻事件具有显著性特征。本来,对于老百姓来说离婚事件纯属隐私问题,新闻记者也没有探问的必要。但是,眼前的新闻事件已经不仅仅是个人离婚问题,而是出现了离婚潮,并且一号难求。这在当今社会是很反常的现象。从另一个层面来分析,社会的组成细胞是每一个家庭,家庭里面的核心就是夫妻。现在出现这样的离婚潮,其与老百姓每个家庭息息相关,影响很大。所以其显著性、时新性非常突出。

(3)这个新闻事件具有一定的高度和深度。房价问题是老百姓经济利益中分量最重的一块。房价政策怎么制定涉及老百姓的切身利益,数额巨大、影响力强、传通性巨大。新闻记者以一个看似不起眼的离婚都拿不上号的事件作为采访的起点,由这个起点把受众引入看到的离婚潮(所以拿不上号);转而引出受众的疑问"为何会出现离婚潮";最后追溯出现离婚潮的原因是由于传言上海要出台房价调控新政,新政中的第四条是"离婚不足一年的购房者,限购及贷款政策按照离婚前的家庭情况处理",就此通过多位专业人士的分析得出,此次离婚潮的出现就是上海市民为了赶在房价新政出台之前而获取更多的买房名额以及更低的首付和契税的心理因素所致。

(4)这个新闻事件触及了房价调控的政策制定、社会稳定以及老百姓的经济利益等问题,与此同时北京、深圳、天津等中国一线城市纷纷出现离婚潮现象,此文一出引发受众的共鸣。

2.深度报道新闻的采访步骤

(1)新闻记者发现能够写成深度报道的重大题材。

(2)新闻记者确认新闻线索的真实性。

(3)新闻记者提炼重大新闻题材的价值最大化角度,即令受众最震撼、最具有影响力、显著性最突出的角度。

(4)新闻记者提炼出报道主题后,将该报道的当事人详细列出来,同时列出目击证人、政府层面相关行业的负责人以及行业专家采访人选。

(5)无论一篇深度报道有几个小主题,都需要新闻记者将每个小主题的典型人物故事

（能说明主题的故事情节事实）采访翔实,以故事感人。

（6）在采访时新闻记者要做到三角定位法,即一个事实要有不同层面的三方来证实。

（7）新闻记者要按照新闻六要素进行全面采访,尤其对"原因""结果"做详尽的采访。

（8）新闻记者要注重细节和新闻背后的新闻的采访。

（9）新闻记者要留下所有采访对象的联系方式,以备在写稿时进行二次补充采访。

（10）新闻记者要注意姓名、职务、数字等关键词的准确记录。

（11）在整理采访内容时,新闻记者将内容按照重要性用符号标记出来。

例文 3-33

头屯河区 1.3 万亩荒山兴建大学城

虽然是零下 20 摄氏度的严冬,位于头屯河区的南部荒山却显示出勃勃生机。1.3 万亩的荒山范围内一座现代化的大学城正在拔地而起。

六所高校争进大学城

位于火车西站最边缘之处的头屯河南部荒山,自有头屯河区以来就一直沉睡在荒芜之中。可是现在第一所高校——新疆现代职业技术学院（以下简称现代职业技术学院）已经在这里建成 2 万多平方米的主教学楼一栋,2.5 万平方米的学生公寓楼,6000 平方米的食堂、物业及其他基础配套设施 8000 平方米。为此一期建校工程,现代职业技术学院投入 5600 余万元,今年 5 月,该校学生将正式入住此地。现代职业技术学院董事长刘秘书告知,该校在头屯河南部荒山占地 3300 亩,2006 年春季开始建设。现已绿化荒山面积达 2100 亩,待全部建校工程完工需要整体投资 1.6 亿元左右。

就在现代职业技术学院准备整体搬迁之时,另一所首府重点高校——乌鲁木齐职业大学（以下简称市职大）也在随时准备进军头屯河南部荒山开工建新校址。

据了解,市职大在头屯河南部荒山占地面积为 2080 亩左右,荒山绿化的前期工作已陆续进行之中。年前,市职大又收到了来自乌鲁木齐市市政府的贺岁大红包,市政府明文 2008 年将投资 1.2 亿元确保市职大头屯河南部荒山新校址的开工建设。至此市职大的头屯河南部荒山新校址建设将进入实质性的建设阶段。

无独有偶,已经在头屯河南部荒山被批准进山建校的新疆高等工业专科学校、新疆职业大学、新疆广播影视学校、新疆机电职业技术学院,它们的占地面积分别在 1800 亩至 1000 亩不等,它们已在乌鲁木齐市规划局完成建校规划,待相关手续办完后,进入荒山建校已是在日程之中的事。

与此同时,那些闻"大学城"之风而动的另外一些新疆高校,也想挤进大学城,……记者从头屯河区政府了解到,现已批准以上6所高校进入该区南部荒山建立主校区,整体占地面积达到1.3万亩左右,每年约有3万高校学生在这里就读,基本上以高等职业技术院校为主,头屯河区政府将在市政府的鼎力支持下,投资上亿元在今年进行"大学城"的水、路、电等基础设施建设,预计3年内,头屯河区大学城(包括6所高校)将全部建设落成。

"大学城"的双赢与西进战略

新疆高校扎堆办校,而且还是在荒山上扎堆,这在新疆的历史上还是头一回。

为何有如此之大规模举动,因为近一两年来首府地价涨幅均在全国前列,首府中心已经没有可供职业院校扩张的土地,即便周边有几处也是地价高得吓人。……使得首府急剧扩张的高职院校望而却步。

但是,位于首府的高职院校又必须扩张。由于这三年以来,高职院校的毕业生动手能力强的特点,使得其在新疆就业形势看好;尤其是自去年起普通高校不允许招收专科之后,使得位于首府的数所高职院校生源迅速膨胀,高职院校每年的生源平均增幅约在30%左右。

位于首府河南路一带的现代职业技术学院是在原新疆医科专科学院基础上改制而来的一所民办高职院校。由于专业性独特,该校的就业、生源一直呈年千人规模增加。可是,自2004年改制以来,他们一直分为四地,分别在铁路局党校、建委培训中心、粮校和兵团民族师范学校四处租用教室,培训4000余名高职学生。没有自用学校的痛苦,让现代职业技术学院备受成本的煎熬,每年仅校舍的租用费就在400万元左右;再加校舍分散、路途不便等交通、通信成本,每年学校的成本开支均比有自我校舍的学校多出一两百万元。

同样的情况也在其他几所高职院校出现。据悉,市职大在与市成教院合并之后,两校仅高职生加起来人数就接近万人,再加上中职等其他类型学生,在校生规模达到1万多人。可是全校300亩的土地面积无论怎样将就,还是让现有校舍相当拥挤。

…………

而就在这时头屯河区政府,根据乌鲁木齐市政府一纸"荒山绿化"之文,把自己所属的南部荒山向这些亟待扩张、又苦于地价太高的高职院校伸出了橄榄枝。这个《乌鲁木齐市荒山承包管理办法》(〔2002〕第37号)规定,凡是进行荒山绿化的主体,土地是无偿提供的,其所绿化土地中,70%用于荒山绿化,30%可用于建设开发用地。这也意味着原来制约首府这些高职院校发展的地价问题迎刃而解,同时也解决了现在制约各高职院校进一步发展的土地瓶颈。

其实,头屯河区之所以把原来已经划拨给新疆百商集团等一些大企业开发的南部荒山,转头划拨给高职院校开发,深层目的还在于提高自己的文化层次,为头屯河区培养新一代的产业工人,做人才储备。

……………

新疆财经大学教授殷少明认为,乌鲁木齐城区的发展除了北扩的战略以外,还有一个西进战略。头屯河区的发展已成为首府的西进战略之要塞。以前,由于历史的原因,头屯河区相对于其他中心区的发展来讲相对滞后。近几年,头屯河区建了自己的工业园区,像蒙牛等一些大企业相继落户。头屯河区还依托西站等铁路集散地的优势建国际物流园,乌鲁木齐经济开发区二期也落户西山一带,这一切都预示着在中心城区用地紧俏的局面下,首府城区的发展正在向北、向西延伸。这不仅仅是一个双赢的局面,更为重要的是在首府西进的战略中迈开了重要的一步,头屯河区的城市副中心功能正在逐步完善,首府整个城市的发展更加合理。

【例文评析】

(1) 发现能够写成深度报道的重大题材。这篇深度报道的线索来源于是本文记者听到一位在大学工作的朋友说他们学校要搬迁到头屯河区南山的新校区时,就已经对这个事件有点兴趣。后面这位朋友又说已经有3~4家高校陆续都会迁到此地,记者便敏锐地感受到这可能是首府第一次办大学城的重大题材。

(2) 确认新闻线索的真实性。随即本文记者就去了头屯河区政府了解这个事件是否是真实的。结果确认了此事的真实性,并且本文记者还得知现在正在为大学城的建设铺设公用设施的工程(水、电、路等)。

(3) 提炼重大新闻题材的价值最大化角度。如果从平常的角度来考虑,这仅仅是头屯河区的一个开发建设项目。但是,从整个乌鲁木齐城市规划发展来讲,这是第一次将七八所高校集中于一起开发建设,形成规模化高等教育的氛围,意义非凡。另外,该事件与乌鲁木齐的西进战略发展联系在一起,这个高度有利于使这条新闻价值最大化。

(4) 提炼出报道主题后,首先将该报道的当事人详细列出来。

① 头屯河区政府。

② 已经签署合约落户的6所高校,如现代职业技术学院、市职大、新疆高等工业专科学校等(以现代职业技术学院和市职大为大学城学校里的主要采访对象)。

③ 行业专家:新疆财经大学教授殷少明。

(5) 按照新闻六要素进行全面采访,尤其要对"原因""结果"做详尽的采访,采访的主要内容是:

① 何时有了建大学城的想法？何时被批复？

② 地点在何地？为何选在南山？

③ 大学城的具体规划，6所高校的具体占地规划（从头屯河区政府了解，6所高校印证）。

④ 大学城开发建设的"双赢"原因：高校赢在何方？（从高校了解）；头屯河区赢在何方？（从头屯河区政府了解）

⑤ 大学城的开发建设对城市发展的影响：首府发展的西进战略（采访专家殷少明）。

（6）采访时新闻记者要做到三角定位法，即一个大学城建设的事实要有头屯河区政府、6所高校和大学城规划被乌鲁木齐市政府审批不同层面的三方来证实。

（7）注意高校进驻大学城的人物和故事（以现代职业技术学院和市职大为典型），头屯河区选址建设大学城的人物和故事。

（8）新闻记者要留下所有采访对象的联系方式，以备在写稿时进行二次补充采访。

（9）新闻记者要注意姓名、职务、数字等关键词的准确记录。

（10）在整理采访内容时，新闻记者将内容按重要性大小用符号标记出来。

3. 集合式系列深度报道的采访步骤

（1）新闻记者选择那些重大的、事关行业整体、全局性的、有影响力的题材作为系列深度报道的题材。

（2）新闻记者提炼系列深度报道中每一篇独立报道的主题：

① 寻找受舆论关注的重大新闻焦点事件作为开篇主题，引导后续报道出炉；

② 对新闻焦点事件背后的深度挖掘（一般是站在行业或全局来挖掘这个新闻事件带来的划时代的变化）；

③ 运用专家、事件焦点人物与新闻记者展开的对话访谈来表达人物的观点（体现报道高度）。

（3）根据所提炼的每篇独立报道的主题，运用多角度、多侧面的采访方法准备每篇相应的材料。

① 筛选每个独立篇章中受舆论关注的新闻焦点事件，着力于采访该新闻事件中的人和故事；

② 对于新闻焦点事件背后的深度挖掘，着力于采访行业或全局的大变化的现实及背景材料，以此体现深度；

③ 针对专家与事件焦点人物，新闻记者展开的对话访谈着力于采访被访谈人物对行业变化或全局变化的观点，以此体现高度。

（4）新闻记者要注意核实材料的来源、出处、人名、地名、职务、数字等。

（5）在采访前，新闻记者要规划好现实发生的事件材料、深度报道所需材料、专访所需材料以及背景连接材料，并规划好大主题与小主题、点与面、深度报道所需材料与背景连接材料之间的逻辑结构。

例文 3-34

报道一　新疆棉业掀起整合风暴

今年，新疆棉业"躁动不安"，日前，华润轻纺在首府设立办事处，试水新疆棉业；这使我们不由得拾起上半年国内两只"巨鳄"纷沓而至新疆棉业的记忆。6月6日，新疆德隆集团与玛纳斯县全面达成棉纺产业合作框架协议，德隆集团在玛纳斯的棉纺工业园"开张"；紧接着6月8日，中纺棉花进出口公司（以下简称中纺棉）"跻身"呼图壁棉业，控股新组建的新疆中纺棉锦华棉业有限公司，业内人士认为，新疆棉业的"战国时代"已经到来。

北疆之争

沿天山北坡经济带的棉业种植加工，昌吉州应是最富有潜质也是最有魅力的地区。

据了解，在全国优质棉基地中玛纳斯历来位居第二，年产优质棉5万吨以上，呼图壁在北疆的产量仅次于玛纳斯，年产优质棉2.5万吨以上。就像两颗明珠，它们尽享着邻近首府带来的交通、信息等各种"好处"。

6月6日，国内资本巨鳄——德隆集团的棉业部负责人黄三星及助手出现在玛纳斯，他们此行的目的是——玛纳斯棉业。德隆集团在玛纳斯将投资6亿元建设占地5000亩的棉纺工业园，5年内，10万锭棉纺项目、20万吨食用油项目和3万吨棉浆板及红麻浆项目将在德隆手中一一变为现实。德隆集团有关人士称，玛纳斯最终的棉纺项目将突破30万锭，累计投资也会突破10亿元。

无独有偶，仅仅两天之后，中纺棉——中国最大的棉花贸易商"中国纺织品进出口总公司的全资子公司"，迈开进军新疆棉业的第一步——整合呼图壁棉业。

中纺棉的新疆之行更带有一些"神秘"色彩，中纺棉的代理人孙兆龙只是笼统地告知，其整合呼图壁棉业的宗旨在于发展棉花的出口贸易及棉副产品的深加工。

然而，当问及中纺棉具体打算如何运作时，孙兆龙却给记者留下了一些悬念："这是商业秘密。"

据称，中纺棉此次整合呼图壁棉业，是因为双方长久以来就有着良好的合作关系，所以首选呼图壁。

而令人颇感兴趣的是，孙兆龙此行还对南北疆几个重要产棉区进行了"秘密"考察，虽然孙兆龙现在并不愿意透露考察的"结果"，但中纺棉"做大"的心迹可见一斑。

有关专家预测，德隆集团、中纺棉两只巨鳄的北疆棉业之争只呈初起之势，更大变数可能在今后一两年之中，可以肯定的是新疆棉业现在已聚集了越来越多资本的目光。

南疆之变

在此之前，德隆集团与新疆棉花产业（集团）有限责任公司（以下简称新棉集团）新棉集团已在南疆有过一番较量。

南疆地区历来是我区棉花的主产区，全疆每年150万吨的棉花当中有70％以上来自于南疆，其中，喀什是全国最大的产棉区，年产棉花25万吨左右，在新疆各产棉区中举足轻重。

在这片辽阔的、适宜优质棉生长的土地上，德隆集团和新棉集团，无疑是其中两个最有实力的角逐对手。

据了解，自中华人民共和国成立后，自治区供销社、自治区棉麻公司一直起着棉花购销主渠道作用。

1999年以后，国家有关部门三令五申要求放开棉花流通体制，鉴于棉花轧花将逐步会被蚕食等种种情况，在2001年9月，新棉集团在新疆棉麻公司的基础上改制而成，总资产达60亿元，自治区供销社控股52％，堪称国内也是我区最大的棉花经营龙头企业。

然而，让这个龙头企业真正感到威胁的，却是德隆集团。

2002年9月4日，德隆集团与喀什地区供销社签订了框架协议，称以10亿元整体收购整合喀什地区11个县的棉麻、棉纺织业及新兴棉纺织有限公司。

这意味着喀什棉麻公司将首先从新棉集团原来的版图上被划走。

新棉集团有点"上火"，从集团最高领导人到最基层一班人马，立刻赶到喀什，但"为时已晚"。

然而，事情的最终结果却完全出乎人的意料之外。

今年5月8日，最终与喀什地委书记史大刚握手签署正式棉花产业合作协议的不是德隆集团，而是新棉集团。

这让新棉集团有了第一个得意的整合之作，也让业内人士一头雾水。

据了解，德隆集团在与喀什地区商量具体操作收购事宜时出现"故障"。

据知情人士透露，有权威部门测算，要整体收购喀什棉业，约需100亿元资金，因此德隆集团一开始测算的以10亿元资金收购喀什棉业的想法似乎太过于乐观。

喀什地区棉麻公司王建民曾透露,1998年喀什地区棉麻系统亏损挂账就达10亿元,目前历年累积亏损挂账约19亿元。王建民的说法正好佐证了专家对收购喀什棉业整体资金量的预测。

于是,当德隆集团高层对整体收购喀什棉业举棋不定时,去年年底,新棉集团找到喀什当地政府洽谈合作。

经过半年多的协商,新棉集团与喀什地区正式签订协议:新棉集团对喀什地区现有的11个县(市)棉麻公司、7个棉纺厂进行重组。

新棉集团高层就此曾对媒体透露,"负资产按零资产并购,有净资产的由我们与对方商量出资并购,新棉集团在喀什棉业整体投入不会太大,约为12亿～15亿元。"

喀什地区有关人士也认为,自治区新棉集团收购地区棉麻公司,更可谓"顺理成章"。

喀什棉业的购并风波,到底是德隆集团"金蝉脱壳",还是新棉集团"乘虚而入",业内一时也无法说清。

德隆、新棉握手阿克苏棉业

与喀什棉业购并也有类似之处的阿克苏棉业购并却有了点"新主题"。

阿克苏地区年产棉花20万吨左右,德隆集团是最早进入这个地区的棉业整合的,紧接着新棉集团也随即介入,然而阿克苏地区政府很有"耐心"。

今年4月22日,在乌鲁木齐假日大酒店内,阿克苏地区政府和德隆集团、新棉集团共同达成框架协议,在新组建的新疆托峰棉业股份有限公司里,塔里木棉花集团(隶属阿克苏地区)控股51%,德隆集团和新棉集团共同参股49%。

新棉集团和德隆集团从昔日幕后的购并对手,到今日的幕前能彼此携手,一位业内人士分析说,这是双方在互相"借势",德隆集团虽然在资本市场上长袖善舞,但在棉业领域却是初来乍到,需要借助新棉集团的资源和网络优势。

而新棉集团也需要德隆集团资本和经营机制上的强力支撑,因此双方"一拍即合"。

阿克苏地区更是"一石三鸟"。

资本角逐

2003年,对新疆棉业来讲可谓不平静的一年,各路资本角逐也成为焦点。

据了解,新疆年产棉花3000万吨左右,优质棉种植1500万亩左右这个数字是全国棉花总产量的1/3。

这样一个惊人的"量",成就它能够成为全国最大的商品棉基地,也成为各路资本竞相角逐的瑰宝产业。

据自治区外经贸厅的资料显示自去年下半年以来,我区棉花出口势头一路上扬,今年上半年更是急剧飙升,甚至出现了内销价格高于出口价格的少有局面。

据新疆喀什地区有关人士告知,仅喀什每年就有200余名来自浙江的私商贩棉,他们控制着一定数量的棉花资源,在新疆当地租用轧花厂加工,然后售卖给江浙等地的棉纺厂。

受其影响,全疆的棉麻公司"主渠道"棉花收购量已从2001年的80％锐减到2002年的60％。

这些私商棉贩不仅令"主渠道"——棉麻公司们"头疼",也令刚刚进入棉业的民营资本、区外资本"头疼"。

德隆、中纺棉、华润之所以不远万里,并耗资惊人地来新疆"跑马圈地",控制原料主产地的绝对优势是其棉纺产业做强做大的基本条件,也是对付私商棉贩的最好办法。

据了解,棉花期货预计将于年内上市,新疆也在国内三大棉花交割区之列。有关期货人士分析,在期货市场,企业如果单纯进行投机交易,手中没有原料,交易风险将会很大,企业如果手握相当数量的原料,交易风险就小得多。

新棉集团、德隆集团、中纺棉、华润在新疆棉业的跑马圈地,从某种意义上来说,就是掌握原料产地,进而取得战略资源优势,谁又能说与即将开启的棉花期货市场无关呢?

"还有源源不断的各种资本甚至国外资本在窥视新疆棉业。"德隆集团一位高层说:"再多几个大集团进入新疆棉业也能容得下,因为新疆的市场太大了。"

报道二 德隆棉业资本图谋[①]

德隆集团正将资本的种子播撒在新疆望无际的棉田里,并期待着一个新的产业梦想。

此次,德隆集团出手棉业可谓有备而来,但一路走来却磕磕绊绊。从喀什到阿克苏,从南疆到北疆,德隆集团还从未在整合一个产业时遇到这么多对手。实际上,德隆集团自己也明白,"这个市场太大了,绝不是一家能玩得了的"。

资源的潜在力量

从去年开始,德隆集团的目光就投向了新疆主要的产棉区,从喀什到阿克苏,再到巴州。德隆集团收购的主要对象是当地的棉麻公司和轧花厂,作为收购棉花的国有"主渠道",它们手中控制着绝大部分市场份额,谁得到了这些资源,谁就可以主导当地的收购市场。

---

① 孙民.德隆棉业资本图谋[N].都市消费晨报,2003,有改动.

未来,德隆集团将会像它的番茄产业一样,用资本的方式不断巩固和扩大棉花资源产业链。按照一位业内人士的推测,这个产业链将囊括从棉种、播种、生产、加工、销售到技术支持的所有环节,将与农户直接挂钩甚至让大户入股,实行订单农业。

然而,在得到了玛纳斯县的棉花资源后,德隆集团一位高层表示,近一两年德隆集团将潜心运作玛纳斯和阿克苏两地的棉花产业。其言下之意似乎是"不再收购其他地区的棉花资源",但目前新疆的棉业收购风暴才刚刚刮起,德隆集团真的就此罢手吗?

做期货交易商?

从股市起家的德隆集团在期货市场上却鲜有涉足,或许棉花期货的即将推出将给德隆集团提供一个全新的扬名之所。

对于此前难觅德隆集团涉足期货市场踪迹的原因,一位期货业人士戏称是由于国内大部分期货品种规模偏小,"像德隆集团这种习惯于一掷千金的大腕级资本玩家,玩起来恐怕不过瘾"。而即将推出的棉花期货规模当在500亿元左右,有足够的空间令其闪转腾挪。

实际上,更合理的解释是德隆集团如果单纯以资金进行投机交易,手中没有原料,交易风险将会很大,熟谙资本之道的德隆集团显然不会干这种傻事。

数年来,棉花期货一直是业内关注的焦点,作为中国最大产棉区的新疆也一直希望能让这一新的期货品种落地新疆。然而,最终因新疆综合等各方面的因素,而花落河南郑州。

2003年4月,郑州商品交易所关于棉花期货的上市准备工作已经基本完成,在新疆,交割仓库的设立准备工作也已基本到位。

"因受'非典'的影响,不得不将6月上市日期推迟,从目前来看,年底推出的可能性比较大。"新天期货一位不愿透露姓名的工作人员称。

"实际上,目前疆内的棉业整合行动与棉花期货的推出有着直接的联系。"该人士称,没有棉花期货,谁也不敢玩。如2002年,棉花是一个大牛市,棉价卖到了每吨14万元,2003年,棉花收购价高达1.7万元/吨,而新疆的棉花成本在8000元左右,利润接近一倍。但在2000年,棉价每吨只有6000多元,可以说是种多少赔多少。

而推出棉花期货后,通过期货的"套期保值"功能,可以有效地规避市场风险。

在采访中该人士表示,期货市场巨大的资本蓄水池功能也为德隆集团等资本玩家提供了一个有效的融资通道。毕竟这样大的一个产业,对资金的需求无疑是巨大的。

有未经证实的消息称,德隆集团已聘请了一批期货专业人才参与棉花期货的研究。一位证券界人士表示,德隆集团将来参与期货的运作并不奇怪,这不仅是产业的需要,也是德隆集团的拿手之戏。

ST 中燕的使命

ST 中燕西飞新疆,和德隆集团的棉花产业息息相关。

如今,在乌鲁木齐市宏源大厦的 16 楼,ST 中燕与德隆棉业比邻而居,其亲密程度可见一斑。而在 ST 中燕的经营范围中也早已加上了"棉花的收购加工和销售、棉麻制品的制造和销售"。ST 中燕已俨然是德隆集团承载其棉产业未来的旗舰。

但 ST 中燕却可谓命运多舛,当初,德隆集团看中 ST 中燕,认为它是一个不错的"壳",先后投入数千万元,本想轻松搞掂,没想到一度深陷泥潭。

直到去年八九月间,德隆集团有关人士还表示,对 ST 中燕的收购是一次失败的收购。并称,德隆集团有意放弃 ST 中燕,令其退市,当时,ST 中燕在二级市场上的表现也犹如"一江春水向东流"。

然而,到了年底,ST 中燕却奇迹般地死而复生,短短数月,德隆集团对 ST 中燕的态度发生了如此大的转变,究竟是什么原因不得而知。

但一个事实是,2002 年 9 月 4 日,德隆集团与新疆喀什地区供销社签订了整体收购喀什地区 10 个县价值十几亿元资产的棉麻和棉纺织业及新兴纺织有限公司的协议。

虽然该项目最终并未成功,但作为德隆集团对心仪已久的棉业的首次出手,在时间上似乎暗合了 ST 中燕命运的转折,这不禁让人怀疑:德隆集团要进入棉业的迫切改变了 ST 中燕的命运。

ST 中燕的一位高层人士在谈到 ST 中燕的未来发展时,表示首先要做的是完成亚麻的产业整合,之后将是棉业的整合。

显然,棉业的整合也已纳入 ST 中燕的发展规划之中。同德隆集团进入的每一个传统行业一样,在其身后都会有一家上市公司来具体打理,如汽车零部件行业的湘火炬、果蔬业的新疆屯河、电动工具行业的合金投资等。这些上市公司除了具体的经营管理以外,它们还有一个重要的使命,那就是为该产业发展融资。

面对棉麻业巨大的产业链条,ST 中燕的担子显然不轻。

打造"德隆制造"

有人说在德隆集团的身上或多或少可以看到一些美国股神巴菲特的气质,但与巴菲特处身实业之外、笑看风云淡的宁静雅致不同,德隆集团更愿意事必躬亲。

实际上,以资本为手段和切入点来进入并整合传统产业已成为德隆集团的"招牌",从德隆集团耀眼的资本之光中蔓延出的是其另一个梦想——德隆制造。

此次,德隆集团潜身棉业,其操作思路和方法恐怕也概莫能外。

据德隆集团一位高层介绍,德隆集团两年前就开始对新疆乃至全国的棉花资源、棉纺织工业及产业链进行了深入调研,并制定了涉足棉产业的详细发展战略。

德隆集团董事长唐万里此前也表示,进入新疆棉花产业是一项战略决策,他们将利用新疆棉花的资源优势,做大做强棉花及棉纺产业,并进入国际市场。

此前,德隆集团对新疆亚麻产业的整合就可以看成是其未来全面整合棉产业的一块试验田。

2002年年初,当德隆集团将目光转向纺织业时,伊犁有3家亚麻企业正面临破产,德隆集团拿出2亿元收购了这三家企业,通过注资和整合,使德隆集团旗下的亚麻产业迅速拥有了中国最大的亚麻种业公司,集培育优质亚麻种系、麻种植、麻加工和麻纺等产业于一体的基本构件。

但是这仅仅只是整个整合策划的一端,随后德隆集团在欧洲收购了一家有150年历史、名叫Hahex(希尔泰克)的亚麻制品公司,收购成功以后,通过这个企业的品牌和营销网络,获得了国内亚麻原料及产品通往终极市场的通道。

对于德隆集团来说,这样的操作模式已不新鲜,但却屡试不爽。

6月6日,德隆集团在玛纳斯县为其棉纺工业园举行了奠基仪式,这个计划投资6亿元、建设占地5000亩的棉纺工业园,将用5年的时间建设完成10万锭纺棉项目、20万吨食用油项目以及3万吨棉浆板和红麻浆项目。

显然,这一项目的启动已经在向世人表明德隆集团对"德隆制造"的渴望与信心。

报道三 棉业之变,划时代的转折

专访人:新疆农业厅棉花办公室主任　　马玄

德隆集团董事长　　唐万里(引自《中国工商时报》)

新疆棉花产业(集团)有限责任公司总经理　　徐延毅

打破一家垄断

记者:作为全国最大的商品棉基地,新疆的优势、弱势在哪里?

马玄:新疆有全国最大的优质棉基地,并被国家确定为棉花优势产业带,具有丰富的光、热、水、土资源,有良好的植棉自然条件,在面积、总产、单产、调出量、商品出口率、人均占有棉花资源等七个方面位列全国第一。因而新疆有发展棉花产业优势的基础。

但是,新疆的棉花如果仅停在原料的出口,那么其附加值还远远没有被开发。因而经营流通体制的彻底放开搞活,提高棉花附加值,引入大企业集团竞争机制恐怕是我们必须面对的弱势。

记者:民营资本、区外资本的进入会给我们的棉业带来一种怎样的变化?

马玄：政府对于像德隆、中纺棉、华润等这样有实力的大企业集团的介入一直是持支持的态度。只有大企业集团的进入，才能使我们各地的棉花资源优势最后变为产业优势；也只有大企业集团的介入，才能使我们原有棉业格局发生一定变化，实现良性竞争，增强抗风险的能力。

这样也同时解决了一直困扰我们难以解决的棉花流通体制问题。

记者：你预测一下将来新疆的棉业格局会是怎样的？

马玄：在大力抓好畜牧业、林果园艺业的同时，通过内涵挖潜，使我区的棉花产业继续成为农民增收的一个亮点，这是我们追求的目标。

为此，到本世纪末，我们的棉花要稳定在1400万亩左右，内涵挖潜，提高单产和品质，增强单位面积收益的思路，加快棉花产业的经营步伐。

新疆棉业将来会出现几个大的产业集团共同经营，一家垄断的"主渠道"可能不会存在。

提升竞争力

记者：新棉集团为何要大张旗鼓地实施整合战略？

徐延毅：我们如果没有货源，市场的经营风险就会很大，常常是国际市场需求一紧俏，我们的棉价就会100%的上涨，而国际市场棉花一过剩，我们的棉价又会100%下降。

现在我们整合的目的，就实施订单农业这一块来讲，增强了自己抵御抗风险的能力。

另外，想做产业，没有一定规模的原料、流通环节、下游纺织企业来支持，是做不起来的，你就不会在这个市场中占有相当量的份额。

记者：新棉集团是否在将来的新疆棉业市场格局中，仍能占有龙头的地位？

徐延毅：将来的事情有很多不确定因素，这取决于我们自己把棉花产业做得怎么样。

新棉集团有其固定的资源与网络优势，但新棉集团也有一般国企的通病，我们希望能在同先进企业的整合过程中，学习新的理念、管理模式，使自己在锻炼中不断成长，把自己从计划优势变为市场优势。

纺织新概念

记者：德隆集团为什么要进入纺织业？

唐万里：首先这是个传统产业，同时又是中国加入WTO之后的相对优势产业，更是新疆的基础产业。德隆集团是在新疆发展壮大的，我们有强烈的责任感帮助家乡完成棉麻优势资源向产业资源的转化。

记者：德隆集团为什么选择亚麻产业作为第一突破口？

唐万里：纺织业本来不是我们的主要产业目标，介入其中纯属偶然，而亚麻进入我们的视线更是源自一个故事：

德国绿党的创始人克朗兹先生，对当年希特勒用荨麻制品很感兴趣，因为荨麻制品制作得好可以用来做防弹衣，但是德国毕竟土地有限，克朗兹进一步扩大生产时受到限制。

结果，痴心不改的这位克朗兹先生通过查资料"划地图"发现比德国还要适合荨麻生产的中国伊犁河谷，并且通过德隆欧洲公司与新疆德隆取得了联络。

我们在和克朗兹先生的接触中洞察到了麻纺产业的前景，况且亚麻行业在整个纺织业中占的比重不到1%，整合的难度和风险相对较低，而一旦整合成功，则可以顺利进入棉纺、毛纺等相关产业，也恰好在此时，伊犁州的3家亚麻企业面临破产，州政府在我们收购过程中给予了德隆集团最优惠的政策扶持，使我们拿到了一个有现成产业链、现成市场的企业，伊犁州也实现了国有资产保值增值，解决了职工就业。

记者：德隆集团在纺织业的整合目标是什么？

唐万里：在整合伊犁亚麻企业的时候，我们提出过一个目标过程。

首先要成为中国重要的麻种植及加工商之一，中国重要的麻种子生产商之一，中国重要的麻纺厂之一，以此为契机逐步进入棉纺、毛纺等相关行业，进而整合欧洲的服装加工业及营销网络，形成全球化的德隆大纺织概念，建立在世界叫得响的德隆品牌。

【例文评析】

2003年，全国棉价上涨，棉花产量占全国1/3的新疆主产棉区，来自全国各地的资本在这里开始了一场跑马圈地的较量，对于这样一个关乎国家棉花供需平衡的行业重大题材，两位新闻记者共同合作，深入采访，积累了大量的资料，最后形成了集合式深度报道，其报道步骤如下。

(1) 收集发生变动的经济新闻信息——全国棉价上涨所带来的新疆棉花市场格局的变化，这个题材切入的角度在全国棉业市场是具有时新性、震撼性以及影响力。

(2) 确立主题——仅用一篇深度报道很难把新疆整体棉业市场的情况说清楚，因此，本文记者采用深度报道中的系列报道形式从多侧面、多角度的报道，更显其高度与深度。

(3) 此系列深度报道的大主题为"白色产业大变局"，下设第一篇深度报道，其主题为最具时新性和震撼性变化的市场篇"新疆棉业掀起整合风暴"；第二篇的主题为产业深度考探，选取了当时在全国都颇具影响力的产业资本大鳄——德隆集团所做的"德隆棉业资本图谋"来具体解剖一个新疆棉业资本整合运作的个案；第三篇为市场观点高度探究分析,其主题为专访"棉业之变,划时代的转折"。这三篇新闻报道组成一个系列报道,把"白色产业大变局"从市场的平面、纵深和高度三个角度加以展现,让受众对新疆棉业大变局的事件有一个全面的了解。

（4）材料的翔实——这篇系列报道:第一篇,需要采访新疆棉业掀起整合的现实发生事件,即德隆集团整合玛纳斯棉业、中纺棉整合呼图壁棉业等相关材料,注重事件中人和故事的叙述描写;第二篇,德隆集团涉足棉业的战略图谋事件材料以及深入原因剖析的采访材料;第三篇,针对当时新疆棉业市场上两大棉业巨鳄负责人、政府主管负责人对这个市场的格局发展变化而阐释的观点性材料。采访的难度、深度都体现出集合式系列深度报道的特点。

（5）鲜活、典型的事件实例——选取不同类型、不同所在地涉及新疆棉业市场的投资主体、经营主体、政府主管部门等在新疆棉业市场整合前后的心态故事来说事。强化主题,引人入胜。

（6）将这些材料逐一验证,特别是人名、地名、职务、数字、年代等。

这个集合式系列深度报道以"白色产业大变局"为总题,其采访首先以新疆棉业掀起整合风暴为新闻报道的起点,着眼于事物发展的连续性,以事件发展顺序为线索,下设"整合事件""整合后市场深度变局""人物专访"三条主线,以此来把这个重大新闻事件发生、发展、高潮、结局的全貌展现在受众的面前,受众在读完这三篇报道后,就会对新疆棉业为何发生整合风暴、资本大鳄整合背后的利益链条以及这种整合将会给新疆棉业的发展乃至全国的棉花市场带来怎样的影响有一个全景的了解。受众不仅了解了新闻事件本身,而且也了解了政府对这个市场变化的态度、整合企业和被整合企业对这个市场变化的态度。这组集合式系列深度报道之后,后续新疆棉花市场乃至全国棉花市场的发展变化依然会受到媒体的跟踪报道,这样就形成了有关新疆棉花产业大变局的系列报道,形成了报道的深度与高度,引起经济界的关注。

4. 校内实训基地实训

学生利用院报、校报等进行深度报道新闻线索的发现、采访的实训。

5. 校外实训基地顶岗实习

学生利用校外新闻媒体进行深度报道新闻线索的发现、采访的综合实习。

六、总结点评

（1）深度报道首先源于新闻记者能够发现与判断出进行深度报道的新闻题材。突发性事件的报道由于受到时效性的严格限制,不适合进行深度报道;反而是突发性事件的延伸报道、新闻背后的新闻等具有复杂性、曲折性、重要性的新闻题材适合进行深度报道。

(2) 深度报道的灵魂在于确立好新闻主题,选择适合的新闻结构,占有翔实的新闻材料。

(3) 新闻记者不能不顾客观事实而把一个消息题材拔高到深度报道去写作,也不能忽视新闻事件的内在价值而浪费了一个值得受众期待的深度报道题材。

(4) 深度报道需要新闻记者积累深厚的社会知识与工作经验方能完成。

七、拓展提高

(1) 像日本发生 9.0 级特大地震这样的新闻事件适合进行深度报道吗?

(2) 面对王家岭煤矿透水事故这样的新闻事件,作为一位新闻记者应该采取什么样的形式进行报道?怎样使其新闻价值最大化?

(3) 在进行深度报道时,新闻记者应该怎样根据题材选择报道的结构?

(4) 深度报道在语言方面有什么要求?

(5) 集合式系列深度报道应侧重哪些报道层面的主题?

(6) 请你根据身边的问题新闻、新闻背后的新闻,选择重大、复杂的报道主题写一篇 3000 字以内的深度报道。

(7) 下面这篇报道成为深度报道的理由是什么?新闻记者的主题确立在哪个角度?这篇报道在大主题下面又设了哪些小主题?新闻记者是通过采访哪些事实材料来支撑其主题的?

恒大加入万科股权之争　许家印或意在进入董事会①

············

8月4日晚,中国恒大公告称,其已收购共 5.17 亿股万科 A 股,占万科已发行股本总额约 4.68%,总代价为人民币 91.1 亿元。

万科 A 股也在当日再次登上了龙虎榜,截至 8 月 4 日收盘,万科 A 股涨停收于 19.67 元/股,成交额达 69.83 亿元。而万科 H 股也上涨 3.22%,收盘价位 18.60 港元/股。

在万科股价低迷、宝万暗战之际,恒大为何此时加入战团?恒大在公告中表示,万科拥有非常好的财务状况,其买入万科是因看好这家公司。

有知情人士指出,恒大对万科资产和团队觊觎已久,以许家印的性格,买入万科不会只是玩票性质,而可能意在进入万科董事会,介入万科业务,甚至谋求成为重要股东。具体做法或是作为某一方股东的接盘者,或自己继续在二级市场增持,或二者兼而有之。

对比宝能,投资者更看好恒大作为股东的能力。旷日持久的万科股权之争,会否因许家印的介入带来多赢局面?

恒大的突袭

如果不是突如其来的一则爆料,恒大或将在万科股价波动中继续低价吸筹。

---

① 张晓玲,周智宇.恒大加入万科股权之争　许家印或意在进入董事会[N].21 世纪经济报道,2016,有改动.

8月4日,市场传言恒大和许家印买入万科股份已达2%。自13点17分起,万科A股突然出现直线拉升,一度上涨5.59%至18.88元/股,随后出现短暂波动并再次迅速上涨,并于14点50分左右涨停,收盘于19.67元/股。……

据知情人士透露,恒大在8月4日本拟买入超过4.9%的万科股份,逼近举牌线,但由于当日市场变化太快,打乱了原来的计划。不排除接下来恒大还将继续增持。

这是否是许家印A股买壳策略的一部分?事实上,恒大近期的资本动作引人瞩目,除了万科,恒大在资本市场已多次任性地"买买买"。……

然而上述这些举动都不及买入万科重磅,这等于宣告了,恒大正在积极介入处于胶着的万科股权大战,在宝能、华润、安邦、万科盈安合伙的棋局中插入关键一子。

万恒合并的想象

尽管恒大在公告中表示买入万科为公司的投资行为,但在熟悉许家印的人士看来,他的出手绝不是这么简单。

《21世纪经济报道》记者多方求证获取的信息显示,恒大和许家印并非宝能的支持者,且恒大此前曾向宝能洽购万科股权未果。而许家印和王石团队的关系目前则不明。……

而恒大对于万科的觊觎和野心,也通过此次增持显现。接近恒大的人士称,许家印绝不仅仅是财务投资,未来或还将通过各种方式吸纳和接手万科股票;恒大若成为万科重要股东,会比房地产操盘能力较差的宝能更适合;而恒大和万科的业务,也可以形成互补与协同。……

公开资料显示,恒大2013年以来大幅转舵一二线城市,而其目前的管理运营团队并没有完全跟上,万科管理团队在这方面可以对其形成支撑;同时,对比恒大,万科的三四线城市项目并不多。二者如若合并,更容易协同,将产生中国房地产行业的一家真正的巨无霸。

另有接近万科几方股东的人士认为,万科股权之争旷日持久,总要有个结果。当下各方都套在里面,骑虎难下。如果许家印能最后接盘,比如买下宝能持有的万科股票,应该是一个各方都能接受的结果。至少万科这家公司不会垮掉。……

(8) 每位同学通过多种渠道认真搜寻、选取一个重大新闻事件进行本地深度新闻采写,要求不得少于2500字,配有现场采访图片3张,制作成PPT,全班展示,指导教师现场评分。

任务六 人物专访

人物专访在20世纪末21世纪初中国传媒业呈现出蓬勃之势后,以其实录性、现场感、真实感颇受受众的青睐,无论是电视、广播、网媒的现场直播,还是纸媒的人物专访,其落脚点都是一个——体现新闻面对面的真实性。人物专访的题材非常广泛,大到对国家政策的解读,小到对新闻焦点人物的专访,形式生动活泼。

通过教学实训,使学生具有现代媒体业中人物专访的综合能力。

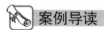

对话 2014 年度法治人物王雄飞:担当源于责任[①]

刚刚过去的 2014 年,广东省广州市越秀区检察院检察长王雄飞获得了两个"高级别"的全国性荣誉——"全国模范检察官"荣誉称号和央视"2014 年度法治人物"。……

元旦前夕,在王雄飞有些局促但整洁的办公室里,记者采访了他。我们的对话就是从他不久前当选"2014 年度法治人物"开始的。

"我并没有什么过人之处"

记者:央视年度法治人物每年只评 10 个左右,能入选就不容易了,能当选其实更难。听说你最初还想把这个荣誉让出去?

王雄飞:也不叫让,就是觉得自己还不够,法治人物应该是在全国有影响的人物,我算不上啊,山外有山,人外有人,比我优秀的检察官多的是。

…………

记者:我注意到,2014 年以来,你多次在公开场合说过"我并没有什么过人之处"这句话,(你)为什么这样说呢?

王雄飞:我一直有个观点,人跟人的差别其实并不大,很多人的能力水平比我强。我这些荣誉,不过是特定时空下的一种反映,可能只是某种机缘巧合,我被推到了台前。

记者:尽管你不愿更多地说自己,但我觉得,每一项荣誉都不是凭空得来的,比如你的个人一等功,你的广东省"十佳公诉人",你的"全国检察业务专家""全国检察理论研究先进个人"等,这些都是实实在在、硬碰硬的,仅靠运气不行吧?

王雄飞:当然,荣誉里面肯定有个人努力的因素。2014 年以前,我获得的荣誉多是在执法办案、业务竞赛、理论研究方面的,我一直努力追求成为一个专家型的检察官。

"办案很多时候像'踩钢丝'"

记者:来的路上我做了点功课,发现你们院自侦办案很厉害,仅 2014 年,反贪局、反渎

---

① http://news.jcrb.com/jxsw/201501/t20150107_1465575.html,有改动.

局就立案100件106人,一个基层检察院的自侦办案量能突破百件百人,这很了不起。你们办了这么多,为什么这么拼呢?

王雄飞:这几年,我们每年自侦办案量都超过50件,2013年是80多件,2014年稍微多一点儿。多的原因是当前反腐败形势要求我们不断加大办案力度,……至于为什么这么拼,真没想过,可能就是案件推着人走吧,拔出萝卜带出泥,窝案串案盖子揭开了,不做也不行。如果说得"高"一点,可能就是一种"担当",一种责任感和使命感吧,……

记者:我看你们搞了一个"拘审衔接机制",字面上看不出多少名堂,细一了解,这个机制对办案人员尤其是对检察长的考验很大,职务犯罪嫌疑人传唤12小时或24小时期满后,在"零口供"的情况下就要立即采取拘留措施,这是冒风险的,假如拘后拿不下来怎么办?

王雄飞:是的,这个做法对检察长的压力特别大,……

记者:既然有这么大风险,为什么还要做,稳当一点不儿好吗?

王雄飞:风险肯定会有的,但我们是严格依照刑诉法的规定进行,包括对传唤时间的严格遵守、对拘留证据标准的严格把握。之所以敢于决断,是我们在充分初查的基础上获得了扎实的证据,手中有证据,决策才有底气。……

有人问我为什么要这么做,我说,这种办案模式对检察机关的意义不一样,这是检察机关真正意义上的依法自主办案,它没有借助任何外部门的手段,而且,"狭路相逢勇者胜",这一模式大大锻炼和提升了检察官的审讯突破能力和侦查办案水平。2010年起,我在海珠区检察院就做了,从海珠到越秀,实行了5年,至少办了300个以上的案子,没有出现办不下来的情况,主要是做之前我们的准备工作做得很细。

"没有比真相更重要的"

…………

记者:我看你们在办案中有一个"积极侦监,积极公诉"的理念,怎么讲?

王雄飞:说得直白一点儿,就是对真相的追求,咬定青山不放松。我认为存疑认定虽然有时无可避免,但往往是检控犯罪的败笔,没有真相何来正义?我觉得没有比真相更重要的了。

…………

王雄飞:无论是自侦案件还是刑检案件,探究真相都是非常重要的。……如果我们在批准逮捕时不察微辨伪,准确决断;在审查起诉时不条分缕析,完善证据,这个案件就没了。案子没了会造成什么?犯罪嫌疑人侥幸逃脱,被害人对法治失去信心。你也看到了,我们院大堂的浮雕上有一只威严的独角兽,这是正义的化身,辨是非曲直、识善恶黑白,检察官的使命就是发现事实真相,维护公平正义。我常和大家说,让被害人受到保护是一种正义,让犯罪嫌疑人受到惩罚也是一种正义,如果对于事实不清的案件,没有穷尽我们的努力,简单地作存疑不捕、存疑不诉,那么这两种正义都无法实现。

…………

这篇人物专访为何选取王雄飞这个人物？新闻记者专访所涉及的对话内容突出了这个人物的哪些特质？为何要这样突出？

工作任务

（1）善于发现新闻焦点事件。
（2）选准专访人物。
（3）提问最有价值的问题。
（4）保持记录的实录性。

实施流程

一、术语解释

1. 人物专访的含义

所谓人物专访，是指就某个新闻焦点人物，针对某个新闻焦点问题、新闻焦点事件进行的专门访问。它是现代传媒发展中一种非常活跃的报道形式，在采访上以人物、现场和新闻记者为三个要素，用纪实、对话的笔法，自由灵活地表达访问的实录内容。

2. 人物专访流行的原因

近年来，我国的传媒业中人物专访逐渐盛行起来，主要的原因在于：

（1）大量受众关心的新闻人物，受众不仅需要听见他们的言论，而且更需要看到他们说话的音容笑貌；

（2）受众的新闻需求越来越丰富化，人们不仅需要短平快的新闻报道，而且也需要深度的、访谈式的新闻报道；

（3）人物专访以其主题集中、现场感强、特色鲜明在新闻报道领域独树一帜；

（4）新闻的真实性特征在人物专访中一览无余。

3. 人物专访的特点

相比较于其他的新闻题材来讲，人物专访具有以下特点。

（1）针对性。

人物专访要比一般的新闻题材更加精挑细选专访的人物，更具有针对性。其所选取的专访对象必须是目前活跃在新闻焦点事件当中的"明星"人物——他们可能是新闻当事人，也可能是这个行业的专家，或者是新闻焦点事件的政府行业管理负责人。无论是政界、商界、娱乐界、学术界的名人、专家都可以作为专访对象，但前提是这些专访对象必须具有强烈的新闻焦点事件背景，以增加强烈的现实感与舆论关注度。

(2) 代表性。

新闻记者选取什么人、提及什么事,要求所选的专访对象具有代表性,亦即典型性。如果这个专访对象在某个新闻事件中并非焦点人物,那么舆论中心的漩涡就不可能波及他;如果这个专访对象不具备典型性,那么专访这个人物的新闻影响力也是有限的。同样的,对于一个国家新政的解读,也必须是具有代表性的行业或学术专家人物,这样与他的对话才具有典型性,并具备一定的高度。

(3) 时机性。

人物专访报道的推出讲求时机性。在新闻焦点事件爆出的同时,人物专访的新闻价值就会水涨船高。专访对象因新闻焦点事件而生,也因新闻焦点事件而没。当受众对新闻焦点事件越是弄不清楚的时候,就越是需要焦点人物或者行业专家与受众直接对话,澄清事实,解读新闻事件。

二、工作要点提示

(1) 认知人物专访的采访特点。
(2) 学会人物专访的采访技巧。

三、方法技巧

1. 精选专访人物

(1) 新闻人物、新闻人物+名人(新闻专访首选对象)。

事因人生,人因事显。新闻事件如果没有人的存在就是一潭死水。相反,如果某人因为新闻事件成为新闻焦点人物,那么,他的经历、爱好、见解以至于家庭状况都为广大受众所感兴趣。所以,人物专访离不开新闻焦点事件。如在富士康员工的跳楼事件里,新闻焦点人物就是富士康的总裁郭台铭。对他的专访有助于受众认知富士康员工的跳楼事件以及该企业对跳楼事件的态度、采取的措施等。如果该新闻焦点事件中的新闻人物具有相当的知名度,那么这个新闻人物就拥有了专访人物的双重身份(新闻人物+名人),那他就更会是各媒体进行专访追逐的人选。

(2) 新闻焦点事件知情人。

有些人可能不具备知名度,但因为某个新闻事件而成为新闻焦点事件的目击者、当事人,他是能把新闻事件的现场情况、事件始末、历史背景、未公开的内幕情况公布出来的知情人士,自然而然他就成为舆论漩涡中的新闻焦点人物。如为了纪念世界反法西斯战争胜利70周年,台儿庄战役的幸存者作为历史见证人,是回顾当时中国人民抗日战争的知情人和见证人。

(3) 与新闻焦点事件相关联的专家、学者、行业主管、权威人士。

有些人在社会上本身就具有专家、学者、行业主管、权威人士的身份。每当国家的新政策出台或者一些重大的政治、经济等社会事件发生,由于他们在某个领域、行业的权威性、专业性特质,就会被选为采访对象,对这些正在出台的大政方针或未来的发展趋势进行解读和评价。如一些经济学家等就可以成为对我国经济新政策出台进行解读的专访人物。

2. 选准专访时机

人物专访的采访要选择访问的最佳场所和最佳时机,这是突出新闻现场感、新闻性,引起受众兴趣的最重要的一环。

(1) 抓紧现场访问时机。

新闻价值的最大化莫过于一个新闻事件让受众感受最新鲜、心灵最震撼、知晓欲最强烈的时刻,因为新闻每天都在发生,今天是热点的新闻,明天却不一定是热点,在这种情况下,专访时机最好选择新闻事件正在发生或正在发酵的阶段。

现场访问是通过把新闻人物置身于新闻事件刚发生的特定现场环境里,通过新闻人物对事件的叙述、感受、评价使受众具有真实度的感受性,从而带来由受众形成的舆论关注度。许多的新闻事件发生之时舆论的影响力很大,但事过境迁后其影响力就会被新的新闻事件所取代。如果新闻记者在时过境迁后再去采访新闻当事人,一是新闻当事人对事件的回忆是有遗忘性的,二是不能达到新闻影响力的最大化程度。

(2) 受众最关心的时间段。

新闻每天都在发生,在这种情况下,新闻记者的访问时机最好选择在新闻事件正在发生或正在发酵的阶段。尤其是当一个新闻事件的当事人饱受争议或者该新闻事件的来龙去脉、是非曲直不是很清晰,这个时候受众就会自发地产生一种要弄清事实真相的强烈欲望,这个时点是受众最关心该新闻事件的时刻。新闻记者可以通过多方求证还原事实真相,客观地摆出多方观点,让受众自己去得出结论。

3. 谈话的实录性

实录性主要是指新闻记者与专访对象谈话的内容的真实反馈,专访对象的观点可以通过现场专访过程的一问一答来直接展示。因此,在进行人物专访时,新闻记者不能东拉西扯、不着边际,也不能过多地议论、描写和抒情。

(1) 提出新闻事件中的尖锐问题,一语击中事件的要害,了解受众的关注点。

2010年10月,张艺谋拍摄的《山楂树之恋》公映后引起很大的反响,该影片入围了柏林国际电影节水晶熊奖,并获得香港电影金像奖最佳亚洲电影和华表奖优秀故事片奖等多种奖项。2010年10月24日,记者柴静在中央电视台《面对面》栏目中专访该片导演张艺谋所问的第一个问题就是"你说过一句话,你说其实每拍一部电影,导演都有一句想说的话,但我不知道对于《山楂树之恋》这部影片,你想说的这句话是什么呢?"张艺谋:"那种心动的感觉……"因为《山楂树之恋》上映后,也有各种不同的评论声音,而在专访张艺谋时,受众最想听到的是张艺谋自己对这部影片的评价。所以,柴静的第一个问题就切中要害。

(2) 保留谈话个性,体现人物风貌。

人物专访因人不同,所记载的谈话内容也各不相同。言为心声,有的专访对象幽默风趣,有的专访对象淡雅自如,有的专访对象庄重严肃,有的专访对象粗犷豪放。这些专访对象的谈话个性和人物风貌都具有独特的魅力,有助于受众理解专访的主题。如前利比亚领导人总是在帐篷里接受专访,这个访问地点就能够反映出专访对象的特点。

(3) 专访时注意现场气氛的烘托。

为了使现场气氛轻松而自然,有的新闻记者会利用各种各样的方法来烘托气氛,或以小事引领,或以实物引领,或以环境引领。但是,新闻记者要注意烘托气氛不可以主次颠倒,人物专访的真正目的是根据专访主题来提问题。如有的新闻记者专访华为总裁任正非时为了烘托气氛,提出了一个这样的问题:"你现在已经70岁了,接班人问题怎么样呀?"任正非笑着说有多位比他年纪还大的商界老朋友也还奋斗在一线,精力很旺盛,自己也还不老,只是个"70后"嘛。这番话语对活跃专访现场的气氛非常有帮助,最主要的是表现出任正非的音容笑貌、个性特征。

四、注意事项

(1) 新闻记者要注意,不是所有的人物均可以做专访,而是要依托新闻事件来选择新闻人物进行专访。没有新闻事件依托的人物,本身就不具备新闻专访的价值。

(2) 在进行人物专访时,新闻记者要基本上保持对人物言语的实录,不可以自我杜撰,更不可恶意篡改。那样对新闻人物是一种名誉上的伤害。

五、实训操作

1. 人物专访的采访步骤

(1) 发现能够进行人物专访的新闻焦点事件。

新闻记者要发现能够进行人物专访的新闻焦点事件,这种新闻焦点事件必须是近三日在受众的心目中具有重大影响力、震撼力,与受众的切身利益有较大关联,而且具有持续发酵的舆论效应的新闻事件。因为这类新闻焦点事件正处于舆论的漩涡中心,关注度高,当事人会依托新闻焦点事件而熠熠生辉,事件会依托焦点而呈现巨大影响力,二者相辅相成,产生直接与名人对话的真实感。

(2) 精选专访人物。

精选专访人物是人物专访采写成功的关键。在一个新闻焦点事件中,不一定所有的当事人都能成为专访人物。新闻记者一定要选准在某个新闻事件中有影响力,处于事件焦点或舆论漩涡中心,具有专家身份或名人效应,具有重要性价值等特征的人物,因为这类人物的一举一动本就符合"不平常的人+平常的事"的新闻模式,使他们始终处于舆论的风口浪尖上。如果在他们的身上再发生重大的"不平常"事件,那么这类人物必然会引起受众舆论的强烈关注。

(3) 问题设计的逻辑思路严密。

新闻记者在进行人物专访时所提及的问题应涉及新闻事件的本质、焦点,回答受众最想知道的内容。同时,所提问题应逻辑思路严密,先问什么,后问什么,环环相扣,主线脉络清晰,不能东一榔头西一棒子,让受众看完摸不着头脑。同时,新闻记者所提问题还应具有高度和深度,使新闻价值最大化。最后,新闻记者所提问题应把控谈话的主题方向,防止专访对象的回答偏离主题,浪费了宝贵的时间和版面。

(4) 新闻专访的问题不宜过多。

在提问时,新闻记者要充分考虑版面限制、播出时间限制等问题,所提问题不在多而在精,紧紧围绕主题,一般以 4~5 个问题为宜。同时,提问的语气尽量用开放式语气而不宜用封闭式语气,如提问时尽量多用"怎么发生的""为什么会发生"的语气,而不要用"是不是这样"的语气。另外,还应保留专访对象的谈话风格,体现专访对象的个性特征;要尊重事实真相,尊重专访对象的本意,不能歪曲或者将自己的观点强加于专访对象。

根据例文 3-35 运用案例加旋转木马法进行人物专访的实训。

例文 3-35

英国不仅要加入亚投行　对丝路基金也很感兴趣①

……………

Q(记者姓):英国政府加入亚投行有着什么考虑?

吴百纳:我们很高兴未来能加入亚投行,近期德国、法国、意大利也表达了加入意愿,我们这样做是因为我们相信亚洲需要进一步加大基础设施投资,我们希望在这方面分享英国的技术经验。亚洲基础设施的进一步发展将有利于亚洲的经济发展,也有利于世界的经济发展。英国希望在这方面发挥建设性的作用,不仅仅在经验分享方面,也希望在亚投行初创时期,就可以凭借我们的国际金融经验来帮助亚投行形成更好的机制。当然我们的加入还需要征得其他国家的同意。

Q:您认为英国可以在亚投行中扮演什么样的角色?

吴百纳:我们希望可以为亚投行做出贡献和支持。在金融实践领域,分享如欧洲投资银行的国际金融经验。近期瓦努阿图(编者注:南太平洋岛国,3月13日遭受超强飓风袭击,造成严重财产损失和人员伤亡)遭受飓风袭击也给我们一个巨大的启示,即亚太地区对基础设施的需求和投资量都是非常大的,英国希望确保亚投行从建立之初就以高标准运行。

Q:据您所知,亚投行的决策机制是什么样的?英国政府的出资比例大概占多少?

---

① http://finance.jrj.com.cn/2015/03/23130319001103.shtml,有改动.

> 吴百纳：亚投行的决策机制对于我们投资者和其他创始成员国都是非常重要的，对此，英国政府和中国政府进行了富有建设性的磋商，中国政府明确向我们表示，亚投行将代表着最高标准的管理机制。所以我们希望在亚投行创始之初，就同中国政府保持密切合作，分享多边机制的治理经验，确保亚投行以高标准运行。因为这将最终有助于亚太地区的经济发展。因为英国目前还处于意向创始成员国，要在成为创始投资国后和其他国家讨论后才能知道具体数额。
>
> Q：亚投行会不会成为亚开行和世界银行的竞争对手？
>
> 吴百纳：我希望不会。我们都知道亚太地区的基础设施严重不足，我们希望亚投行能够同地区其他多边金融机构共同发展，比如亚洲开发银行，并为自身找到一个独特的定位，发挥独特的作用，与亚开行、世界银行等都有很好的发展空间，能够共存。
>
> Q：2014年年底，中国出资400亿美元成立了丝路基金，同时表示丝路基金是开放的，欢迎亚洲域内外的投资者积极参与。英国投资者是否有兴趣参与丝路基金？
>
> 吴百纳：……丝绸之路在历史上是非常繁荣的，但是令人惊讶的是在当今世界丝路沿线的很多国家并不发达，所以这对于基础设施建设来说提供了重要的机遇。英国政府和英国公司都非常强烈地希望参与到这个进程中来，而且中方还强调一点，要通过经济发展为该地区带来稳定。英国希望这个构想能取得成功，未来把我们都联系得非常紧密。
>
> …………

（1）实训步骤。

工具：每个学生准备笔记本1本、笔1支；小组准备8开展板1个、彩笔若干支、剪刀1把、胶水1瓶；1间50平方米带有黑板的标准教室。

第一步：任务布置（5分钟）。

全班同学先独立思考"例文3-35的新闻记者为什么要选择英国加入亚投行这个事件作为专访事件""新闻记者在这段专访中提了几个问题""新闻记者提这些问题的用意何在"这三个问题，将问题的答案写在笔记本上。

第二步：教师提示（3分钟）。

指导教师根据这三个问题，针对全班同学提示几个关键词或关键点。

第三步：内圈交流（8分钟）。

让全班同学到标准教室，站成内外两圈，两圈的人数基本相等，男女间隔有序，学生两两面对面。内圈学生在5分钟内将问题的答案给外圈相对应的学生讲述完毕。外圈学生只准听和记录，即使有不同的观点也不许交流。

第四步:外圈交流(8分钟)。

外圈学生顺时针旋转5人,旋转后,外圈学生向与自己相对应的内圈学生讲述自己以及从内圈学生那里学习过来的成果,内圈学生只准听和记录。

第五步:内外混合交流(5分钟)。

外圈学生再逆时针旋转5人,回到最初的位置,与内圈学生一起相互交流自己学到的、听到的答案。内外圈学生相互取长补短,补充修正自己的答案。每个学生记录交流的全过程内容,形成自己的最终答案。

第六步:学生组成基础小组(15分钟)。

组成6人为一组的基础小组。小组中的每个组员将自己听到的、记录的融合在一起进行讨论,最后把经过小组讨论而形成的词条贴到展板上,选一个组员进行讲解。

第七步:教师点评(20分钟)。

指导教师在学生旋转学习中,深入到学生交流组中,观察并倾听学生交谈的内容,但不做讲解,即使学生的讲述是错误的也不更正,只记录下学生存在的问题与错误观点。最后,指导教师针对展板里学生的讨论结果、存在的问题,解析正确的答案并说明理由,以便学生加深印象。

(2)评析内容。

① 焦点事件选取。

当中国倡导的亚投行在发起创始成员国加入之时,美国却保持反对的态度。许多西方发达国家也在看美国的脸色而犹豫徘徊。在众多国家成为亚投行创始成员国后,英国也向中国提交了作为意向创始成员国加入亚投行的确认函,成为首个决定加入亚投行的七国集团发达国家。随后,法国、德国和意大利公开表示申请加入亚投行。应该说,英国向中国提交了作为意向创始成员国加入亚投行的确认函是西方国家看好中国未来经济发展、看重中国国际地位的一种态度,同时作为美国的同盟国也高调宣布加入亚投行创始成员国,可见美国的反对没有什么号召力和公信力。这一新闻事件具有重大战略意义,因此值得专访。

② 专访对象和专访时机的选取。

在专访对象和专访时机的选择上新闻记者选取了新任英国驻华大使吴百纳,她也是英国首位新任驻华女大使。专访时机选取了吴百纳大使新上任后首次举行记者招待会的契机。应该说,这个专访对象正是英国成为首个决定加入亚投行的七国集团发达国家之后的新任驻华大使,包括对华新政策等在内的新变化都聚焦在这位新任大使的身上,使其成为焦点人物。

③ 问题简短,主线明晰。

在专访内容上,新闻记者抓住英国加入亚投行这个核心问题,从英国为何要加入亚投行、英国将在亚投行中扮演什么角色,以及西方发达国家对于"亚投行会不会成为亚开行和世界银行的竞争对手"这些问题都做了正面的访谈,使得中外受众都能及时了解以英国为代表的西方发达国家对亚投行的态度,并站在世界范围的高度与深度来解析亚投行成立的重要意义。新闻记者对于谈话采访的把控能力很强,话题始终围绕着英国加入亚投行这个中心访题,即便是延伸话题也是由亚投行这个由头延伸到中英两国友好往来、互促发展,始终未偏离中英两国经济发展的大方向。

根据例文 3-36 运用案例倒推法进行人物专访的实训。

例文 3-36

争夺和博弈应在制度和规则下进行
——万科事件当事人王石、姚振华谈争端①

....

去年 7 月起,宝能系持续增持万科,到 12 月万科停牌前其股份超过 24%,成为万科第一大股东。"我们投资万科既是去年股灾时响应国家号召的救市行动,又是'新国十条'背景下保险资金对接实体经济的内在要求。"姚振华说,我们投资万科股票是希望分享投资回报,做万科的战略投资人。

"我刚开始接触姚振华时,他说宝能是想做财务投资者。"王石说,但明显宝能是想控制公司,做一些"想做的事"。

今年 3 月,万科宣布将以定向增发的方式引进深圳地铁作为战略合作者。这一方案遭遇宝能系及事件角力另一方华润的明确反对。"该重组方案严重违背上市公司和股东利益最大化原则。"姚振华说,经测算,万科对深圳地铁增发后,现有股东的权益将被摊薄约 5%。

"引入深圳地铁既能解决万科的股权之争,又符合万科的战略转型需求。具体的增发价格还可以谈,是个技术问题。"王石说,从长远利益看,由于获得了深圳地铁优质项目的"优先权",所有股东几年后的收益就足以覆盖摊薄产生的成本,合作能得到资本市场的最大认同。

6 月 26 日,宝能系提议召开临时股东大会,罢免包括王石、郁亮等在内的董事、监事,万科股权之争骤然升级。

姚振华这样解释宝能的想法:我们作为万科的第一大股东,投入最多,迫切希望万科能够健康发展。但本届董事会无视股东利益行事,强行要引进深圳地铁,我们这才提议罢免董事会和监事会,符合条件的人选依然可以通过选举重回岗位,这并非是外界所说的"血洗"董事会。

---

① 徐金鹏,蔡国兆,彭勇,孙飞.争夺和博弈应在制度和规则下进行——万科事件当事人王石、姚振华谈争端[N].新华通讯社,2016.

> 王石则认为,宝能在资本市场兴风作浪不是个案,举牌过南玻A、韶能股份等公司,都是强行进入,然后改造董事会。"宝能成为大股东才几个月,就要罢免整个董事会、赶走整个管理层。他们真有能力管好这家公司吗?这像一般投资者的想法吗?"
>
> ……
>
> 围绕万科控制权争夺,舆论广泛关注。国资委、证监会、保监会等监管部门都对此做出回应。
>
> 证监会新闻发言人张晓军7月1日表示,万科事件各方应着眼长远,把保护投资者利益、促进公司长远发展放在首位。
>
> ……

(1) 实训步骤。

工具:每个学生准备笔记本1本、笔1支;小组准备8开展板1个、彩笔若干支、剪刀1把、胶水1瓶;1间50平方米带有黑板的标准教室。

第一步:任务布置(5分钟)。

组成6人为一组的基础小组。小组组员思考下列问题:在例文3-36中,新闻记者的专访为何要选择王石、姚振华、张晓军这三个人物?新闻记者提问的方式是怎样的?这些问题之间有什么内在逻辑联系?报道中没有记者专访的问题显现,并把这些问题还原出来。

第二步:小组讨论(10分钟)。

每个基础小组的组员比较自己与同组其他组员的答案。小组组员相互讨论,各自说出理由,形成小组共同的答案。

第三步:小组制作展板(20分钟)。

将小组形成的共同答案以词条的形式贴在展板上。每个展板由各基础小组自行设计,要求富有创意、生动形象。所有的基础小组将展板贴在指定的位置。

第四步:小组展示(30分钟)

每个基础小组派一个组员做讲解员,另一个组员做记录员。讲解员仔细讲解本组的讨论结果,回答其他基础小组提出的问题,记录员认真进行记录。

第五步:教师点评(20分钟)。

指导教师针对每个展板的讨论结果以及存在的问题,解析正确的答案并说明理由,以便学生加深印象。

(2) 评析内容。

① 选择焦点新闻事件。

例文3-36中的专访人物都与成为舆论焦点的万科股权之争事件有关。该事件中股权争夺的焦点就是以姚振华为总裁的宝能集团通过二级市场的增持成为万科集团的第一大股东,并召开股东大会罢免万科集团董事局主席王石;王石等万科集团管理高层为了捍卫自己在万科集团的地位,也在多方应对。从事件本身来看,这二人正是该事件的焦点人物,万科集团是中国房地产业最大的上市公司,宝能集团是中国知名的集物流、保险等为一体的投资集团,所以该事件中的"名人＋知名企业＋大事件"三大要素使之成为新闻记者首选的专访新闻事件。

② 提问的问题触及实质。

该事件之所以能成为新闻事件,股权之争是焦点。因此,新闻记者所提问的第一个问题就是"宝能集团为何要成为万科集团的第一大股东"这个问题。对此问题,姚振华解释说是因为"我们投资万科既是去年股灾时响应国家号召的救市行动,又是'新国十条'背景下保险资金对接实体经济的内在要求""是希望分享(万科带来的)投资回报"。针对同样的问题,王石却认为"明显宝能是想控制公司,做一些'想做的事'"。

③ 客观提问的前提是针对矛盾双方都要提问实质问题。

作为新闻记者不能先入为主,偏袒某一方,而是要针对实质问题客观地向双方进行提问。例文 3-36 中的第二个问题就是记者问王石"万科集团为何要以定向增发的方式引进深圳地铁作为战略合作者"。王石回答"引入深圳地铁既能解决万科的股权之争,又符合万科的战略转型需求"。同样的问题姚振华却说"该重组方案严重违背上市公司和股东利益最大化原则""经测算,万科对深圳地铁增发后,现有股东的权益将被摊薄约 5%。"

④ 提问逻辑思路严密。

作为新闻记者,在提问时应事先拟好采访提纲,所提问题应逻辑思路严密、环环相扣,触及焦点,满足受众对真相的求知心理。例文 3-36 所报道的导火索就是宝能集团召开股东大会要罢免万科集团管理高层这件事,因此新闻记者紧扣主题,进一步提问矛盾的焦点"宝能系为何提议召开临时股东大会,罢免包括王石、郁亮等在内的董事会、监事会"。姚振华这样解释宝能集团的想法"本届董事会无视股东利益行事,强行要引进深圳地铁,我们这才提议罢免董事会和监事会",王石则认为"宝能(是)在资本市场兴风作浪……"。

⑤ 引进第三方的观点。

为了表示新闻记者的客观立场,例文 3-36 中还就同样的问题引入了两大公司的上级主管单位证监会的观点"万科事件各方应着眼长远,把保护投资者利益、促进公司长远发展放在首位"。

⑥ 提问时宜用开放式语气。

虽然例文 3-36 原文中没有新闻记者提问的问题,但是通过其内容还原可以发现新闻记者的问题均是开放式的。因为只有开放式问题,才能让访谈对象谈深谈透。如果是封闭式问题,专访对象就只需要回答"是"或者"否",不足以触及问题的本质,就更谈不上触及高度与深度的问题。

根据例文 3-37 运用完全行动法进行人物专访的实训。

例文 3-37

我不知道幸不幸福？[①]

记者：你是从什么渠道获知得奖消息的？

莫言：向媒体公开前 20 分钟，瑞典文学院的常务秘书给我打了个电话，通知我得奖的消息。

记者：在这之前你对这个奖有没有期待？因为你的呼声一直比较高。

莫言：没有太多的期待，因为我觉得这是一件很渺茫的事情。全世界有那么多优秀作家，中国也有很多优秀作家，一年只颁一次奖，只颁一个人，我觉得好像排了一个漫长的队伍一样。

记者：听说你小时候能背《新华字典》？

莫言：那时候书非常少，一个村子里几本书了如指掌，为了看书，想尽了一切办法，提前拿着自己仅有的几本书去跟人家交换，人家不感兴趣就帮人家干活，帮人家推磨、割麦子，换来阅读人家藏书的权利。……后来实在没书看了，就看《新华字典》，……有时候甚至把《新华字典》的错误都可以找出来。

记者：那个时候你几岁？

莫言：大概十来岁吧。……

记者：我很奇怪，你为何对书如此痴迷？

莫言：（当时）没有文化生活，就觉得这个东西能把你抓住，能吸引住你。我们家的人实际上都爱看书，我二哥也是个书迷。我们家原来有一条门槛，当时农村没有电，只有一盏小煤油灯。每天晚上这个煤油灯的火苗像一个黄豆一样么小，我母亲在锅灶上做饭，我们就一脚踏在门槛上看书。几年之后，那个门槛竟然被我们弟兄两个踏凹下去一块。

"严肃的文学不可能是热闹的"

记者：那么，文学对你意味着什么？

莫言：我当年在这个地方是人民公社的社员，天天面朝黄土背朝天，……在我早期的作品里边，故事、人物，有的是自己的亲身经历，有的是邻居的、亲戚朋友的经历，有的是听老人们讲过的故事，这是一批最原始、最宝贵的素材。这批素材成就了我早期的小说。……

[①] http://bbs.laoqianzhuang.com/thread-1942078-1-1.html，有改动。

记者：有不少评论说你获奖是中国当代文学进入世界主流社会视野的一个重大的文化事件，也是一个巨大的奇迹。你对这样的评论怎么看？

莫言：现在网上的评价五花八门，我最近也没有看。我觉着我肯定是一个中国作家，我的文学是我们中国文学的一个组成部分。

我个人得了诺贝尔文学奖，我觉得我没有权力代表中国文学。当然，得奖会在一段时间内让世界的目光更多关注中国当代文学，应该会发挥一些比较积极的作用。……

记者：长期以来，受各种因素影响，中国人已远离了文学，文学从20世纪80年代的舞台中心撤到了边缘，纯文学的读者越来越少，你如何看中国社会对文学的疏离？

莫言：我们一直认为这是一个令人痛心的现象，但是如果你冷静地想一下，就会发现这是正常的。……我们现在的这种感觉，跟汪先生当年面对着好莱坞电影对小说的压迫是一样的，现在更多了，又有网络，又有电视，但是我觉得严肃的文学作品，它不可能是热闹的，如果它特别热闹，它就不是特别正常。

20世纪80年代初期的文学热潮，一首诗歌万人传诵，一部小说能够引发一种社会性的轰动，为什么会那样？因为中国经过了十年"文革"的文学荒芜时期，突然思想解放，文学出来了，这个时候的文学，附载了很多不属于它的功能，所以这种轰动是不可能持久的，是非正常状态。

现在，很多人说小说会消亡，我觉得它永远不会消亡。文学是语言的艺术，而语言的审美功能是别的艺术作品所不能代替的。

……

记者：最后还有个简单的问题，巨额的奖金大家都很关心，你准备怎么用？

莫言(笑)：我准备在北京买套房子，大房子，后来有人提醒我说也买不了多大的房子，5万多元一平方米，750万元也就是120平方米。

（1）实训步骤。

工具：每个学生准备笔记本1本、笔1支；小组准备8开纸展板1个、彩笔若干支、剪刀1把、胶水1瓶；1间50平方米带有黑板的标准教室。

第一步：布置任务(5分钟)。

组成6人为一组的基础小组，指导教师提出问题：例文3-37的人物专访为何要选取莫言这个人物？报道中新闻记者专访的问题是根据3条主线设计的，请说明是哪3条主线？这些问题之间有什么内在逻辑联系？新闻记者提问的方式是怎样的？指导教师请每个组员独立思考以上问题。

第二步：小组讨论(10分钟)。

每个组员将自己独立思考的答案与小组的其他组员一起分享，然后小组组员相互交流，最终形成小组的答案,并以书面形式记录下讨论成果。

第三步:组成专家小组(15分钟)。

每个基础小组推荐1人组成专家小组。组成的专家小组获得各基础小组的讨论结果,同时在专家小组里交流本组的讨论结果。指导教师参与旁听并记录下讲解要点。

第四步:循环交流(10分钟)。

每位专家再回到自己所在的基础小组,向基础小组依次报告专家小组的讨论成果。基础小组根据专家小组的讨论结果,取长补短,最终形成本组的答案。

第五步:展示、评定成绩(15分钟)。

每个基础小组把本组最终的讨论结果制作成富有个性的展板,选一个组员进行讲解,其他的基础小组可以实时进行提问,展示组有义务回答。专家小组与指导教师一起为每个基础小组打分,成绩取二者的平均分值。

第六步:教师点评(20分钟)。

指导教师针对讨论、展示的结果,解析正确的答案并说明理由,以便学生加深印象。

(2) 评析内容。

① 新闻事件的选取。

新闻记者为什么要选择莫言进行人物专访?作为第一位获得诺贝尔文学奖的中国文学家引起海内外的关注是自然的,这个新闻事件具有极大的新闻价值。而且,在莫言获奖之际进行专访,达到了"人因事升,事因人显"的新闻价值最大化。如果错过了莫言刚获奖的这个时机,这则人物专访的新闻价值就会大打折扣,因为受众又会被新的新闻事件所吸引。

② 提问围绕主题。

专访莫言,新闻记者就要在访问的关键性问题上下足功夫,只有这样受众才会从对莫言的专访中体会该新闻事件的高度和深度。如获奖对莫言意味着什么?当莫言作为第一位中国文学家荣获诺贝尔文学奖时,他的心情是怎样的?这对中国又意味着什么?尤其是莫言对中国文学现状的看法等都是引发受众兴趣的问题。

③ 延伸问题体现时代性。

围绕着莫言获得诺贝尔文学奖这一事件,还可以延伸提出诸如"莫言是如何走上文学创作道路的""如何让现下的读者重新亲近文学"等问题。这不再局限于莫言自身获得诺贝尔文学奖这件事情,更重要的也是为现在中国文学的发展态势提出思考性解读。

④ 烘托气氛不离现场。

新闻记者在提出严肃的、具有一定高度和深度的问题之后,不妨提一个轻松幽默的问题"这么大一笔奖金,莫言会怎么花",对于这个问题的回答,既回应了普通受众最关心的问题,又会体现莫言的一些个人生活准则。

⑤ 展现人物的个性特征。

莫言作为第一位获得诺贝尔文学奖的中国人,他的一言一行都会有自己的风格。所以在尊重实录的基础上,新闻记者保留了莫言谈话的朴实和深邃的风格。

2. 校内实训基地实训

学生利用校报、校电视台等进行人物专访的实训。

3. 校外实训基地顶岗实习

学生利用校外新闻媒体进行人物专访的综合实习。

六、总结点评

(1) 人物专访选取的人物必须具有典型性、专业性和权威性,这"三性"是通过一个焦点新闻事件体现出来的,如果只为写人物而写人物,人物专访的新闻价值就成了无鱼之水、无本之木。

(2) 人物专访的问题应当触及新闻事件的实质,注意人物专访问题的数量不能过多,也不能游离主题太远。

(3) 如果专访的是国家首脑或者有影响的人物,新闻记者在写作完成后最好让采访对象本人审稿。

七、拓展提高

(1) 专访的人物一般以知名人物居多,新闻记者在访问时多少会有一种自卑心理,此时新闻记者应该怎样进行调节?

(2) 一篇人物专访是否规定了要访问几个人物?新闻记者应该如何把握专访人物的数量?

(3) 新闻记者在专访人物时常常会碰钉子,此时新闻记者应该怎样处理?

(4) 观察你身边的政界、商界、娱乐界要人,写一篇切合最新社会变化的人物专访(要求:所选择的人物具有典型性、时新性、变化性,字数在1000字以内)。

(5) 下面是法拉奇的几段精彩专访内容片段,请你分析一下她提问题的角度和提问的语气,为什么要这样提问?在遇到障碍时,她又是怎样迂回接近主题的?

奥里亚娜·法拉奇(以下简称"法"):阿布·阿马尔(阿拉法特在巴解组织中的化名),人们常常谈论您,却对您一无所知……

亚西尔·阿拉法特(以下简称"阿"):关于我,唯一应该说的是:我是个普通的巴勒斯坦战士。我很早就成了巴勒斯坦战士,我们全家成为巴勒斯坦战士是在1947年。正是在那一年,我觉醒了,明白了在我国发生了何等野蛮的侵略,类似这样的侵略在世界史上也是从未见过的。

法:阿布·阿马尔,让我们回到以色列人的话题上来吧。您说,以色列同你们作战总是受到重大的损失。您认为到目前为止,多少以色列人已被你们打死?

阿:我不能给您提供确切的数字,但以色列人承认,他们在同巴勒斯坦游击队交战中,人员的伤亡百分比高于美国人在越南伤亡的百分比,当然,这是就伤亡人数同本国人口的比例而言。一个很能说明问题的事实是：1967年战争后，他们在交通事故中死亡的人数突增了10倍。总之，在他们同我们作战或冲突之后，人们就会听到大量以色列人死在汽车里的消息，连以色列的报纸也这样说。因为谁都知道，以色列的将军们从不肯承认在前线损失多少人员。但是我可以告诉您，据美国的统计，在卡拉马战役中，他们的伤亡是1247人。

法：你们付出的代价也同样沉重吗？

阿：对我们来说，损失算不了什么，我们对死并不在乎。不管怎样，从1965年到今天，我们死了900多人。然而还必须考虑到死于空袭的6000市民和在监狱中受酷刑折磨致死的我们的骨肉兄弟。

另一个片段：

法：这场战争（第三次印巴战争）是兄弟间的战争。我对奥罗拉将军和尼亚齐将军（巴方军官）也都这样讲。他们都回答说："（印巴）归根结底是兄弟。"

英吉拉·甘地（甘地夫人）：不是归根结底，而是彻头彻尾。印度人和巴基斯坦人确确实实是兄弟。占领达卡后，巴基斯坦的军官和印度的军官在一起握手。我知道您对此会感到惊讶。但是您明白吗？1965年以前，在我们的军队和巴基斯坦的军队里您可以遇到彼此是兄弟的将军，他们是一个家庭里的兄弟，同父同母。现在还有这样的情况。我再告诉您，有那么一段时间，巴基斯坦和印度驻瑞士的两位大使是亲兄弟。唉，英国人强加于我们的分治是多么的不近人情！令人悲痛的情景我还记忆犹新……要是印度人和巴基斯坦人能团结在一起……

法：让我们继续来谈谈您，甘地夫人，谈谈一个不一般的女人的历史。您不愿意结婚是真的吗？

英：是真的，一直到18岁，我不愿意结婚。但不是因为我是一个鼓吹妇女参政的女人，而是因为我愿意把毕生的精力贡献给解放印度的斗争。约18岁时，我开始考虑结婚的可能性，但不是为了找个丈夫，而是为了生孩子。如果按照我的意愿，我要生11个孩子，我的丈夫只愿意生2个。

法：甘地夫人，您的丈夫已去世多年，您从来没有想过再结婚吗？

英：没有，没有。要是我遇到我喜欢与他生活在一起的人，也许我会有这个想法。但是，我从来没有遇到过这样的人……不，即使我遇到了这样的人，我也排除再结婚的可能。我的生活是如此丰富，为什么要再结婚呢？不，不，这是毫无疑问的。

另一个片段：

法（法拉奇）：基辛格博士，那么关于越南战争您有什么要对我说的？我觉得您从来没有反对过越南战争。

基（基辛格）：我怎么可能反对呢？即使在过去我不处在今天的地位时……不，我从来没有反对过越南战争。

法：施莱辛格（美国历史学家）说越南战争只是证明了50万美国人带着他们所有的技

术战胜不了装备极差、穿着黑色睡衣的人们。

基：这是另外一个问题。如果说越南战争是必要的,是一场正义的战争,而不是……作这样的判断完全取决于你在国家已经卷入这场战争时所采取的立场,而且你唯一能做的就是想方设法把它从战火中拉出来。总而言之,我的作用和我们的作用就是逐步减轻美国卷入这场战争的程度,以致最后使战争结束。归根结底,历史将判断谁做了更多的努力：是那些只批评别人,自己却不做任何事的人呢,还是像我们这些努力去缩小战争,最后结束战争的人?……

法：但是基辛格博士,您没有看到这是一场无用的战争吗?

基：关于这一点我可以同意。但是不要忘记我们参与这场战争的原因是为了制止北越对南越的吞并,为了使南越继续存在下去。当然,我并不是说我们的目标仅限于此……我们还有其他目的……但是今天我不是来判断越南战争是否正义,参与这场战争是否有用。我们怎么还在谈论越南?①

(6)每位同学通过多种渠道认真搜寻、选取一个重大新闻事件的当事人进行人物专访采写,要求不得少于1000字,配有现场采访图片3张,制作成PPT,全班展示,指导教师现场评分。

---

① http://book.sina.com.cn/news/b/2012-03-12/0918295879.shtml.

附录　新闻采访考核方式

项目教学法的考核方式特点,首先在于其打破了以往本科教育的卷面考核方式。这种考核方式并非全面否定本科教育的卷面考核方法,而是结合岗位任务的特征,以任务为引领,用岗位任务的完成与否来考量学生职业能力的获得程度;学生的综合素质也在完成岗位任务的过程中得以全面体现与升华。这个过程的实施,首先是为了与现实媒体对职业记者岗位任务的无缝对接。其次,这种考核方式比较注重对学生平时综合素质的训练与指导,平时学生成绩的构成占60%,期末占40%。项目教学法的考核特点如下。

1. 教学评价指标

(1) 改革考核手段和方法,加强实践性教学环节的考核,注重学生自评、互评以及过程考核和结果考核相结合。

(2) 突出过程评价与阶段(以工作任务模块为阶段)评价,结合课堂提问、训练活动、阶段测验等进行综合评价。

(3) 应注重学生分析问题、解决实际问题内容的考核,对在学习上和应用上有创新的学生应特别给予鼓励,综合评价学生能力。

(4) 注重学生的职业素质考核,体现职业教育的高技能性,职业素质考核分占30%。

2. 过程性考核方案

表1　发现新闻考核评价指标

发现新闻评价指标	评价标准	分值(100分)	评估成绩	所占比例
职业敏感气质	1. 职业敏感气质培养(好奇心、包打听、多思等)	10分		30%
每日关注新闻大事	2. 耳聪目明,能够把大政方针本地化成新闻线索	10分		
道听途说	3. 在日常生活中发现新闻线索	10分		
行业归口	4. 从自己的行业归口中发现新闻线索	10分		
培养新闻思维能力	5. 运用发散思维、联想、对比等思维能力发现新闻线索	20分		
职业敏感习惯	6. 长期坚持,养成职业敏感习惯,形成职业敏感能力	20分		
汇报答辩	7. PPT制作版面专业性强,发现新闻渠道通畅	10分		
	8. 汇报思路清晰,语言表达流畅	10分		
小组综合得分		100分		

表 2　新闻采访考核评价指标

特稿评价指标	评价标准	分值（100分）	评估成绩	所占比例
访前准备	1. 全面、充分、实用	10分		
预约	2. 技巧多样，掌控主动权	10分		
访中提问	3. 简练，以新闻六要素为中轴，开放式提问	20分		
记录	4. 记要点、忘点、个性特点	10分		
整理验证	5. 及时补充整理，三角定位法进行验证	10分		40%
提炼主题	6. 追寻最震撼、最贴近、最新的价值最大化角度	10分		
汇报答辩	7. PPT 制作版面专业性强，采访过程层次分明	10分		
	8. 汇报思路清晰，语言表达流畅	10分		
	9. 回答问题思路清晰，内容准确	10分		
小组综合得分		100分		

注重学生的职业素质考核，体现职业教育的高技能性。尤其针对新闻专业学生来讲，更强调学生学习的仿真性、实效性，职业道德与责任感，职业态度与耐挫力等在教学过程中的培养。职业素质考核分占30%。

表 3　职业素质考核

考核内容	评价指标	评价标准（总分值30分）	所占比例
考勤纪律（20分）	迟到早退、旷课	迟到早退一次扣2分，扣完为止；旷课一次扣3分，扣完为止	
职业习惯（30分）	每日关注新闻及各类信息，关注各种道听途说的信息	每日能说出2条新信息者加10分，1条者加5分，没有任何新信息者扣5分	
	晨会中积极报出自己的新闻选题	有新选题者加10分；有新思考者加5分；没有新选题，也没有新思考者扣5分	
	早晨必须在到教室或实训地点前吃完早饭	将零食带进教室，一次扣2分，扣完为止	
	选题在采访中流产，需向主管负责人说明情况	选题确定后在采访中遇到各类障碍不能如期采访扣10分，有不说明情况者扣5分	30%
学习习惯（30分）	上课带齐采访本、笔、相机、手机、钱、校内外采访必备工具	不带一次扣5分，带了3样以下者扣2分，扣完为止	
	按小组准备一份当天的报纸	不准备者扣5分，扣完为止	
	采访中通过多种渠道获取、验证材料，杜绝假信息	不验证者扣3分，假信息者扣8分，扣完为止	
	选题确定分配后，采访必须在2~3天独立完成，禁止抄袭	完成者加10分，完不成者视情况扣5~8分，扣完为止	
团队精神（20分）	小组协作	不与团队合作扣5分	
	资源共享	不能资源共享者扣3分	
小组综合得分	100分		

3. 期末考核形式

（1）每位同学综合新闻采访的各种技能（发现新闻、采访新闻），自我投入到社会中去，独立发现一条新闻，并同时进行独立采访。

6(2) 所选的新闻主题尽量不要重复，事件重复、角度不重复也符合要求。

（3）学生把独立进行的新闻采访作品，用 PPT 在全班展示出来，并从头到尾讲述自己发现新闻线索，如何选取、寻找采访对象，完成采访任务，构建新闻主题的全过程。PPT 所展示的图片不能少于 3 张，每张之中要有学生记者的身影，要有新闻事件的图示意义。

（4）全班组成不少于 5 人的学生评委＋1 人教师评委进行现场期末综合展示评价与评分。评委要制定规范的评分规则。

（5）PPT 存档。

参 考 文 献

[1] 刘海贵.当代新闻采访[M].2版.上海:复旦大学出版社,2003.
[2] 〔美〕梅尔文·门彻尔.新闻报道与写作[M].展江等,译.北京:华夏出版社,2004.
[3] 丁柏铨.新闻采访与写作[M].3版.北京:高等教育出版社,2014.
[4] 范敏.新闻采访实务[M].北京:北京交通大学出版社,2009.
[5] 李希光.初级新闻采访写作[M].北京:清华大学出版社,2013.
[6] 刘海贵.新闻采访教程[M].上海:复旦大学出版社,2011.
[7] 张征.新闻采访教程[M].北京:中国人民大学出版社,2008.
[8] 蒋贻杰.新闻采访与写作教程[M].北京:北京师范大学出版社,2010.